国家社科基金
后期资助项目
GUOJIA SHEKE JIJIN HOUQI ZIZHU XIANGMU

民国时期广东学人与中国西南研究

Guangdong's Scholars and the Southwest China
Study in the Republic of China

王 传 著

上海古籍出版社

2015年度国家社会科学基金后期资助项目（15FZS055）

国家社科基金后期资助项目
出版说明

  后期资助项目是国家社科基金设立的一类重要项目,旨在鼓励广大社科研究者潜心治学,支持基础研究多出优秀成果。它是经过严格评审,从接近完成的科研成果中遴选立项的。为扩大后期资助项目的影响,更好地推动学术发展,促进成果转化,全国哲学社会科学工作办公室按照"统一设计、统一标识、统一版式、形成系列"的总体要求,组织出版国家社科基金后期资助项目成果。

全国哲学社会科学工作办公室

目　　录

绪　论

一

近年来,民族走廊研究越来越受到学界的关注,加强相关研究,对于促进中国民族地区和边疆地区的发展、稳定,增进国家认同与中华民族凝聚力具有重要意义。中国西南幅员广阔,物产富饶,族群分布异常复杂,无论从文化、社会、历史、地理等哪一方面来说,都有其独特的异于他省的实像。自古以来,不同族群在西南区域范围之内外进行频繁的交流互动,使之逐渐形成了一条民族走廊。这个走廊是西南地区对外交流融合的重要孔道,也是中国目前文化多样性最为丰富、但经济社会发展相对滞后的区域。因此,了解西南区际和族际间的社会经济与文化历史互动融合的过程,对于促进西南经济发展、增进民族和谐均具有重要的现实借鉴意义。与此同时,从学理上总结前人关于西南研究的得失成败,先因而后创,对于中国人类学和史学的发展也具有重要的学术意义。

20世纪上半期中国西南研究具有重要的学术意义,但因涉及人类学(含民族学)、语言学、民俗学、历史学等不同学科,故而属于交叉边缘学科研究,常为人所忽视。国内外的史学史研究,大多纯以史官、史家、史学的成立及发展以及最近的史学趋势为范围,侧重史学成果的分析评论,较少论及人类学在中国的传播对中国史学发展造成的影响;同样,当前的人类学史研究,主要集中于人类学在中国的译介与传播,将其框定在人类学自有的学科脉络之中。上述两种研究取向,均忽视了由西方传来的人类学与中国现代史学之间的互动关系。

近代以来中国学术的进步,离不开西方学术的刺激以及对其的因应与吸纳。中国现代史学的形成也是在中外学术摩荡融合的情境之下发生的,除了西方史学在中国的传播和影响之外,西方人类学学科理论和方法对中国史学的影响也不容小觑,揭示其与传统史学的互动勾连,有助于深入理解中国现代史学发展的特质。要言之,如果离开西方分科治学对中学影响的学术背景,仅论及西方史学对中国史学的影响,孤立地观察中国现代史学的产生和发展,仿若冥行擿埴,扪烛揣钥,实未得真相,无法厘清近代史学的发展脉络。

中国现代意义上的西南研究始于对西南族群的调查与研究,最初只是少数历史学家和人类学家从事的一项学术研究工作。抗战军兴,国家的财力、人力都集中于抗战,致使学术界整体的研究工作前后不能相接,或者进行迟缓。不过,边疆民族研究并不包括在内,尤其是西南边疆民族的研究——这与其他领域的情况恰然相背,因而成为政学军界广泛关注的热点问题。众所周知,随着国民政府西迁,各学术机关亦相继迁至后方,大批从事历史学、考古学、语言学、人类学、民俗学等学科的专家也来到后方。抗战建国,开发西南,首先从认识和了解西南开始,于是西南边疆考察团风起云涌,获得了相当珍贵的边疆族群社会的研究材料,西南研究的成绩突飞猛进。

这一时期,拥有各种学科背景的专家学者们纷纷利用地理之便,从事深入的田野调查,将中国本土的史学学术传统融入西来的人类学、社会学、地理学等学科新知当中,分别从文化、社会、族群、历史、地理等方面研究西南,西南边疆的真实面貌开始显露于世,"西南边疆是学术研究的宝库"也日益成为学术界公认的事实,以致学界有人提出了"西南学"的概念,指出举凡研究西南诸省区域内任何一个问题,都可以成为专门学问,凡属于这方面的学术研究,可总称之为"西南学"。

由于学术深受政治的影响,西南研究几乎成为一种显学,一时风起云会,学界莫不以谈西南研究为识时务之俊杰,以致除历史学家、社会学家、语言学家与边疆社会有密切关系之外的一般不相干人士,也或劳驾远征,或闭门座谈西南问题,以自列于通达之流。揆诸史料,至少由研究的规模上来说,实有"空前绝后"之感,这主要表现在:一是个人或学术机关组织的调查活动猛增,二是有关西南研究的著述与刊物空前增多。当然,这种现象对于西南的学术研究而言是千载难逢的幸运,可是这种无计划的调查造成了旷费时间、浪费公帑、工作重复,且调查人员缺乏必要的调查理论储备和调查训练,使得调查与研究浅尝辄止,正式发表的调查报告或专论并不多见,甚至出现"完整的调查报告与专著少于当时研究机构成立之数目"的怪现象。另一怪现象是国人喜凑西南研究的热闹,公私机关的边疆考察团难以屈指,川康云南的道上，各团体成员去来摩肩接踵，使边区人士，目眩神摇，应接不暇。甚至有些团体，原来本是临时组织的一群"乌合之众"，至考察完毕，便各作"鸟兽散"，而有始有终、有"华"有"实"的深入实地调查研究，并不多见。况且，那些西迁来的高校和科研机构的相关调查和研究工作，大都随着战事结束后高校陆续回迁而归于消散。

难能可贵的是，自20世纪二三十年代开始，位于广州的中山大学与岭南大学的部分文史专家，利用地理之便，对中国西南进行了长达二十余年的调查和研究，在学界独树一帜。他们的研究工作，呈现出将西来的人类学、社会学等学术新知融入传统史学研究当中的特点，对于当代史学研究的跨学科科际整合的发展具有重要的方法论启示。

广东成为彼时中国西南研究的重镇，这是本书稿以"广东"为中心讨论民国时期中国西南研究的最重要原因。另外，还需要特别说明的是，本书以"民国时期广东学人与中国西南研究"为题，主要基于以下两方面的考虑。一是本书所讨论的西南研究的专家学者，都分别来自历史学、民俗学、人类学、社会学等不同学科，也有不少学者同时具有多种学科的背景，因而，笔者很难以某一具体的学科对他们的西南研究领域做出规范，所以用生活在广东的学人来概括这些具有跨学科背景的学者更加贴近实际。二是民国时期关于中国西南研究的领域非常广泛，其内容涉及西南民族史、社会经济史、考古学、民俗学、边疆历史地理等诸多领域，因此对于这些不同学科领域的研究，只能以"西南研究"来加以概括。

从史学史研究的角度来看，民国学人在西南族群社会研究中形成的理论、方法与研究成绩至今仍具有重要的学术价值。

首先，民国史家对于西南地区族群社会历史的调查和研究，搜集、整理了大批有关少数民族语言、文字和体质等方面的一手材料，为我们今天认识西南族群社会历史提供了有益的参考。同时，他们的研究成果，也贡献于中华人民共和国成立后的史学界的社会形态论争，成为建国之后少数民族识别工作所资取的宝贵历史资源。

其次，在中西学摩荡融合的背景下，居住在广东的民国学人，在西南社会历史的研究实践中，将西方舶来的人类学学术新知融入本土史学传统当中，逐渐形成了将人类学的田野调查与历史学的文献分析相结合的多学科交叉的研究范式，传统史学与人类学的自然结合表现得和谐而富于创意，形成了一批有价值的研究成果，对于当代史学研究的跨学科发展具有重要的启示。

最后，民国史家积极提倡西南社会研究，乃至发展成为一门专门学问——"西南学",西南学是近代西南研究趋于高潮的产物,反映出南方学界将西南社会中的某些文化特征看作是中国历史不同发展阶段在社会变迁过程中的遗存,因此,宏观上把握西南文化发展的整体特征,对于理解中国通史具有重要的启示;同时,民国学人还又考虑到西南大区之间具体的历史地理环境和文化发展的差异,对广东、四川以及西南边疆族群社会文化各自的特点进行了阐述,这种区域社会文化史研究的取径,对于当代史学研究具有重要的借鉴意义。

二

　　本书以位于广州的中山大学和岭南大学两个学术机构的部分史家为中心,讨论中国西南社会研究。从学术史的角度来看,关于民国时期广东学人的中国西南研究的既有讨论,下列著述最为重要。

　　学界对中山大学语言历史学研究所(下称"语史所")西南族群历史的研究成果主要有:王建民的《中国民族学史》(云南教育出版社,1997 年),是著指出杨成志的西南民族调查无论从调查的时间长度、深入程度及内容的专门化方面,都是民族学史上的重要事件;施爱东的《中山大学民俗学会与早期西南民族调查》(《文化遗产》,2008 年第 3 期)指出辛树帜领导的广西民族调查,是有组织的团队调查,提供了科学分工与合作的新范式,杨成志的西南田野调查在中国学术史上具有里程碑式的意义;刘小云的《20 世纪前半期杨成志西南民族研究述论》(《学术研究》,2008 年第 5 期),指出杨成志是西南民族调查与研究的先驱,他以中山大学为依托,训练出一批研究西南民族的杰出人才,中山大学因而成为西南民族研究的重镇。此类研究均肯定早期西南调查的典范意义,而未见其不足之处。

　　史禄国(S. M. Shirokogoroff)领导的西南民族调查是中国现代学术史上一桩公案,对于该案的研究,学界持有四种观点。一是费孝通在《人不知而不愠》(《读书》,1994 年第 4 期)中指出史禄国在西南民族调查活动后被中国学界误解的主要原因,是同时代的中国学者大多不能读懂这位"世界级的学者";二是台湾地区学者苏同炳的《手植桢楠已成荫:傅斯年与中研院史语所》(台北学生书局,2012 年),指出史禄国临阵脱逃,玷污了"中央研究院"(下称"中研院")历史语言研究所(下称"史语所")声誉,而傅斯年为了顾及史语所的颜面,多方为之文饰;三是何国强的《析中国民族学北派和南派的学术倾向》(《思想战线》,2005 年第 5 期)持论比较公允,认为史氏在云南调查中提前离队，应该批评，但理性来看，史氏有家属在身边，故不敢冒险，此乃人之本性，并非史氏之胆怯，相反，正因史氏的胆怯，衬托出杨成志的可贵精神，成就了他后来的创举；四是刘小云的《知行两相难：史禄国云南调查事件探析》（《学术探索》，2007年第4期）揭示了民国学人当时对人类学认知存在个体差异，尽管许多学人的治学观念已有所转变，但在具体实行时，仍然难以摆脱自身固有知识的牵绊。以上研究中，费先生的回忆文章虽从史氏的个性和学术风格入手分析，但其中不乏夹杂着复杂的感性认识在里面，缺乏说服力；其余三人的文章由于引用的材料均来自杨成志一方，受材料的限制，忽视了史禄国作为该事件主角的主体叙事和主体意识的表达，所得结论不够客观，最终也未能为这桩学术公案定谳。

学界提及岭南大学西南社会经济研究所的相关论著，主要是陈序经的几种传记和伍锐麟的调查报告集序言。如陈其津的《我的父亲陈序经》（广东人民出版社，1999年）、夏和顺的《全盘西化的台前幕后：陈序经传》（广东人民出版社，2010年）、郑潮波的《固守教坛：陈序经的人生之路》（海南出版社，2008年）、何国强为整理伍锐麟的调查报告集《粤海虞衡卌一秋》（国际炎黄文化出版社，2005年）而撰写伍氏的《逸事述略》等。这些论著均为对陈序经、伍锐麟在岭南大学时期工作和学术的介绍，但对岭南大学社会经济研究所的建制、运作以及在西南研究方面的学术成就及影响未曾涉及。

"九一八"事变后，日本在华北策划"五省自治"，华北、平津危急。为了粉碎日寇分裂中国的阴谋，以傅斯年、顾颉刚为首的学者，在学界发出"中华民族是整个""中华民族是一个"的呼吁，同时也引起了学界同行的质疑。目前学界关于"中华民族是一个"辩论的研究，主要有周文玖、张锦鹏的《关于"中华民族是一个"学术论辩的考察》（《民族研究》，2007年第3期），该文对顾颉刚、白寿彝、张维华、费孝通、翦伯赞等人关于"中华民族是一个"的论辩做出了系统的梳理，指出这次论辩是20世纪史学史上引人注目的一页，对中国民族理论的发展，产生了深远的影响。与此同时，周文玖又发表《从"一个"到"多元一体"：关于中国民族理论发展的史学史考察》（《北京大学学报》，2007年第4期），指出这次论争，对新中国建立后费孝通的"中华民族多元一体"民族理论，以及白寿彝"多种形式的多民族统一"的历史理论产生了重要的影响。同一年，黄天华在"1940年代的中国"国际学术会议上宣读《民族意识与国家观念：抗战前后关于"中华民族是一个"的论争》一文（《"1940年代的中国"国际学术会议论文集》（下卷），中国社科院近代史研究所、四川师范大学历史学院主办，2007年8月），认为周文玖两篇文章没有放在当时的时空语境下去解读这场争论,某些叙述不够准确,判断有失公允。他本人则从顾颉刚、费孝通、翦伯赞等人的民族观入手,分析其异同,解释论辩的缘由,最后指出论争各方"民族"观念的流衍与融合。在笔者看来,相对于周文玖之前的两篇文章,黄天华的文章除了在背景交代上略胜一筹之外,在主要内容和观点上并未超出周氏的论断。此后,北京大学马戎教授发表《如何认识"民族"和"中华民族":回顾 1939 年关于"中华民族是一个"的讨论》(《中南民族大学学报》,2012 年第 5 期),回溯了 20 世纪 30 年代末的这场关于"中华民族"的讨论,认为这是一次关于"民族"定义和是否保留"中华民族"提法的讨论,其对今后应当如何加强中华民族凝聚力和维护、巩固国家的统一具有重要的借鉴意义。

值得我们注意的是,关于"中华民族是一个"的学术讨论,最近两年再次成为学界关注的重点问题。台湾中研院近代史研究所学者黄克武讨论了抗战时期傅斯年、顾颉刚、吴文藻、费孝通、翦伯赞等人有关中华民族的论辩,他认为这场论辩的主旨是寻求国人之"团结",但结果却事与愿违,引发了分歧。分歧的背后是蒋汪内部与国共之分歧及权力的斗争(《民族主义的再发现:抗战时期中国朝野对"中华民族"的讨论》,《近代史研究》2016 年第 4 期)。中国社科院边疆研究所李大龙指出抗战时期学界关于"中华民族是一个"的争论,实则是一种表象,其背后的关键原因是论辩双方在对涉及东西方两套不同的话语体系的对接时出现了偏差,西方的"民族国家"的理论体系是否能够解释中国历史上族群聚合的历史及其带给中国的影响(《对中华民族(国民)凝聚轨迹的理论解读:从梁启超、顾颉刚到费孝通》,《思想战线》,2017 年第 3 期)。

以上六篇文章视野开阔,资料翔实,也从不同的侧面分析了这场讨论的来龙去脉,不过,他们均将这次论辩的焦点集中在顾颉刚、白寿彝、张维华、费孝通、翦伯赞等少数几个人物身上,对于同一时期以杨成志、吴宗慈、江应樑等从事于西南民族调查和研究的南方学人提出的不同意见,甚至是反对意见则完全没有涉及。另外,傅斯年等人提出的"中华民族是整个的"历史背景,除了日本在华北策动"五省自治"之外,尚与 1930 年代末日本在幕后支持泰国提倡"大泰国主义",妄图分裂中国西南边区的傣族聚居地密切相关,而这些在以上的几篇文章中则未能涉及。

综合而论,先行成果对民国史家与西南社会的研究有所涉及,然不足之处亦很明显。一是上述研究主要集中在杨成志、史禄国的早期民族调查的个案研究,而对南方学界作为一个学术团体在西南研究中的贡献缺乏综合集中的分析讨论。由于受史料的限制,对史禄国在西南民族调查中的具体评价尚未能有定论。二是过去学界对民国时期西南研究的成绩大多肯定，缺少批评性研究，也未能总结这一时期中国西南研究在方法论上的创新，不利于当前学界吸收民国时期的学人在中国西南研究中所获得方法论上的学术遗产，从而为中国史研究的再出发提供有益的参考。

三

本书以广州学界为中心，专门探讨民国时期广东学界对西南研究的学术史，相对于学界之前的研究，在研究的内容与方法上，有下列几处略有可述：

第一，清季民初，在合"华夏"与"四裔蛮夷"为一个"中华民族"的国族主义思潮的影响下，开启了现代中国的"西南民族研究"，抗战爆发后，其研究对象扩展为整个"西南研究"，乃至最终发展成一门专门的学问——西南学，民国史家西南研究对象内涵与外延的变化受到政治和学术发展的双重影响。

第二，在学术转型时期，中国人文科学自身发展没有催生出现代方法论体系，面对西学东渐的强大冲击力，从事中国西南研究的史家只能借助于移植西方的人类学、民族学等方法论来实现对中学的改造，但对于西学精髓的把握难免有"肤浅"之处。

第三，"云南调查事件"发生后，俄裔学者史禄国受到学界诸多非议，反映在学术转型时期，彼时中国学者的学术视野狭窄，对国际学术新潮的把握严重不足；而现下学界则在研究材料的选择上，也忽视了史氏作为该事件主角的主体叙事和主体意识的表达。

第四，"历史人类学"不是西方舶来品，这种跨学科的研究取向，也不是当下学界才有的学术理念。自人类学进入中国之后，在中国西南的学术研究实践中，传统史学研究中的历史文献分析与人类学、民族学田野调查自然地结合，表现得和谐而富于创意，并未见后来一些研究者人为制造的那种紧张。

"史无定法"，关键在于能否解决问题。本文采用传统史学史研究中以人物为中心研究的同时，尤注意学术机构的研究，通过以中山大学语史所和岭南大学西南调查所的运作理念和学术实践为考察视角，由个人扩大到群体，力图阐述两个研究所的同仁在中国西南学术研究中的成就及影响，努力揭示出研究所同仁的学术理路和学术诉求；运用概念史的研究方法，但又不完全停留在关键词的检索上,注意分析关键概念的使用与学术政治变迁的内在关联性;在内容的设计上,不追求"大而全","详人所略,略人所详",以专题研究为主所设计的若干专题,既要考虑其学术价值,又需要有较大的研究空间,从而真正推进该领域的研究进程。

最后,本书主要以民国时期西南地区具有某一特定治学风格或倾向的学人及其学术活动为研究对象,为使全文论述在概念上不致产生歧义和误解,特在此对文中多次出现的"西南"这一概念作一简要说明。

"西南"作为中国境内某一疆域方位的特指,其内涵较少受到自然地理单元划分的限制,而一直处于复杂的动态历史发展过程中。相关研究表明,自西汉时期起,就基本奠定了以"川、滇、黔"为西南的核心区域。至明代,广西也逐渐体现出"西南"省份的稳定地位,湖南、湖北、广东等省亦常被纳入该区,但尚不稳定和明确,似在"亦此亦彼"的游移状态中。近代以来,"随着川、滇、黔、桂、粤、湘、鄂等省呈现出沿边、沿海、沿江三大自然地带的联通关系,上述省份的内联性得以加强,以'西南'之一大区概念对其加以明确表述即成必要"。因此,在清末民初就已逐渐形成西南"六省说"(川滇黔桂粤湘)和"七省说"(川滇黔桂粤湘鄂),其中前者成为当时社会对"西南"范围的一种主流看法。①

同样,具体到作为南方的两所学术重镇——中山大学和岭南大学的专家学者,也基本上采用西南"六省说"。早在 1928 年,任教于中山大学的顾颉刚在一篇改作的《请纂修〈广东通志〉提案》中,就将广州作为"西南各省"之一。② 1932 年杨成志等人在广州成立国立中山大学西南研究会,该会以"唤醒政府及民众注意西南边疆问题与设施计"为宗旨,认为"我国西南范围,包括粤、桂、黔、滇、川、西康及西藏";③1937 年,中山大学文科研究所史学研究生江应樑在《云南西部民族考察计划》中将西南民族的地域主要分布定为"云南、贵州、四川、广西、广东、湖南诸省"。④ 陈序经在《西南文化研究的意义》一文中,认为西南研究的范围包括湘、黔、川、滇、桂、粤乃至海南等省份,⑤该文也作为《岭南大学西南社会经济研究所概况》的附录,用来说明西南研究的重大学术意义;另外,岑家梧在《西南民族文化论丛》一书中,也

① 张轲风:《历史时期"西南"区域观及其范围演变》,《云南师范大学学报》,2010 年第 5 期。
② 顾颉刚:《请纂修〈广东通志〉提案》,原载《香港华字日报》,题《朱家骅请纂修〈广东通志〉》,1929 年 1 月 8 日,收入《宝树园文存》卷一,北京:中华书局,2011 年,第 284 页。
③ 本会同仁:《国立中山大学西南研究会成立宣言》,《西南研究》创刊号,1932 年 2 月 10 日。
④ 江应樑拟,杨成志指导:《云南西部民族考察计划》,《国立中山大学日报》1937 年 7 月 8 日,第 7 版。
⑤ 陈序经:《研究西南文化的意义》,《社会学讯》第 7 期,1948 年 4 月 20 日。

将湘、粤、桂、川、黔、滇作为西南民族研究的地域范围。① 由此可知,民国时期,"西南"作为一个大区概念与我们今天的西南的区域概念有着明显的不同,特别是其中还包括了广东、湖南两省。

---

① 岑家梧:《西南民族文化论丛·序》,岭南大学西南社会经济研究所甲集第七种,1949 年 12 月,第 1 页。

第一章 现代中国西南研究的
学思历程

　　自清季民初以来,国人对于西南的关注与研究主要经历了三个历史阶段:晚清时期,国人鉴于英法以安南、缅甸、印度为前哨、跳板虎视中国,遂呼吁加强西南边疆的国防建设;时至民国前后,随着西方民族学译著在中国的传播,国内学者开始对西南民族进行零星的调查和研究;现代意义上的西南民族研究兴起于1920年代末,尤其在全面抗战爆发之后,随着全国主要的高校及研究机构陆续西迁,大批学者随之组织调查团队,深入高山纵谷,探求西南民族的体质、语言、文化及历史演变之轨迹。不过,这些调查大都随着抗日战事的结束和高校陆续迁回而归于消散。

　　事实上,在中国的西南学术研究的团体或个人中,只有地处西南的两所学术重镇——中山大学及岭南大学中,以杨成志、江应樑、王兴瑞、陈序经、伍锐麟为首的学者在西南社会坚持了长达二十余年的调查和研究。他们走出书斋,经年累月奔走于乡野民间,凭借深厚的学术积淀,加深了南方学界同仁对中国西南区域社会研究重要学术意义的认识。1948年底,江应樑代表南方学界系统地提出了建立"西南学"构想,这对于中国现代西南社会研究来说具有里程碑意义。鉴于这一构想长期被学界所忽视,笔者不揣浅陋,借助于概念史研究的方法,通过对不同时段中有关中国西南学术研究的三个重要概念——"西南民族研究"、"西南研究"、"西南学"作历时性考察,探析其背后蕴藏的丰富历史文化意涵,重构民国时期中国西南研究的学思历程。

第一节 "从幽谷爬上平地"

　　中国南方自古以来就有少数民族分布范围广、种类多的特点,蕴藏着丰富的民族学、人类学资源。加之地处"岭南亲海,热带民风,地理环境有利于全年进行田野工作",①独特的人文背景和优越的自然条件使之成为国内外学术团体和个人进行民族学、人类学调查研究的理想区域。民国初建,"五族共和",汉满蒙回藏广为政学军界所知晓,而对于被视为"非汉蛮夷"的西南边地的民族,由于缺乏深入的认识,人们时常将其笼统概括为"苗",或沿用外国传教士所谓的"非汉人"称之,是以,这一地区民族的历史文化成为彼时中华民族建构中最模糊而又亟待解决的"边缘"问题。因此,中国早期关于边疆民族历史文化的田野调查与研究大都集中在中国西南地区,西南民族也就成为了国族边缘探索的重要对象。② 在这一过程中,作为南方最高学府,中山大学的文史科同仁利用其地利之便与人才优势,对西南进行了长达二十余年的调查和研究工作,影响深远。

1926年,傅斯年任中山大学文史科主任,与顾颉刚共同创办语史所后,就"一直重视我国西南省区民族文化的探索工作,主张用科学的方法研究文史,通过实地调查考察和发行期刊等方式宣传普及人类学知识"。③应当说,彼时学界对于处在西南边缘地区的汉人以外诸民族的认识是异常模糊不清的。如过往称之为"苗"、"猺"、"獞"、"猡猡"等族,他们是否每一个称呼都是一个独立的民族? 抑或这些称呼,只是一两个民族称呼上的分歧? 要解决这些问题,"非经过严密的科学的考证,实在不容易断定"。为了理清中国西南部汉人以外各族的历史文化,语史所同仁决定出版一个专号集中讨论西南民族的分类问题。④

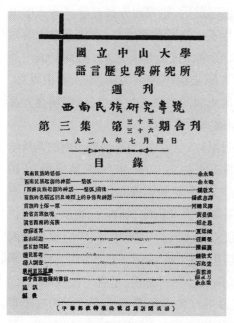

图1-1 《西南民族研究专号》

1928年7月,《西南民族研究专号》出版。语史所同仁为在学术

---

① 曾昭璇:《梁钊韬民族学人类学研究文集·代序》,北京:民族出版社,1994年,第4页。

② 王明珂:《华夏边缘:历史记忆与族群认同》,杭州:浙江人民出版社,2013年,第251页。

③ 容观夐:《建国前我校人类学》,中山大学人类学系、人类学博物馆编:《人类学论文选集(第三集)》,广州:《中山大学学报》编辑部,1994年,第2页。

④ 钟敬文:《獞民略考》,《语史所周刊·西南民族研究》第35~36期合刊,1928年7月4日,第77页。

上研究西南非汉民族文化、体质与语言的便利,第一次将分布在粤、桂、黔、湘、滇、川、康、藏、中南半岛的黎、猺(同"瑶")、畲、侗、仲、苗、罗罗、摆夷、羌戎、西番等族,以及中国史书上称为"有苗"、"三苗"、"南蛮"、"南诏"、"夷"、"黎"、"僮"、"蛋"(同"疍")等拥有各种旧名的民族,统称为"西南民族"。① 远在上海的《申报》在新刊推介词中写道:"中国学术界上作西南民族之集团研究,当自此专号始。欲继续研究西南民族者不可不读也"。② 不过,该专号所刊出的文章大多是地方文献的记载,很少有深入实地调查的内容,所以在学界各种"风凉话"或"恶意"的攻击随之而来。③ 面对来自学界的批评,顾颉刚一方面承认该专号登载文章的材料"多半是在地方志里寻来",价值不高,但同时又认为在中国西南民族研究的初期,该专号所起到的宣传作用远胜过文章的实际内容。对此,顾氏说道:

> (西南民族——笔者注)情形太复杂了,从前人也太不注意了;到了现在,我们方知道这是研究学问的一个大宝藏,于是这一副千金担子就压在我们的肩上! 我们秉承着时代给付的责任,愿意出力去干,但是一件事情决不是几个人做得好的,现在需要的经费呢,人才呢,都在哪里? 于是我们觉得,这还不是我们正式工作的时候,而是我们作宣传运动的时候。宣传运动的方法怎样? 是喊出这个名辞,是指出这条道路。宣传运动的目的是什么? 是激起人们的注意,是养成社会的意识。只要一般人懂得这方面的重要了,对于这方面有些好奇心了,我们就可得到许多攻错的同志和收受到许多无形中的助力。因为这样,所以今年春间出了一个"西南民族研究专号",现在又出这个"广西瑶山调查专号",在大众前揭出这一个题目,使得他们可以向这一方面看一眼,知道天地间有所谓"西南民族"也者,知道在学问界中有所谓"西南民族研究"的一回事也者。④

在顾颉刚看来,举凡一门学问从无到有需要一个渐进的过程,"幼稚是从出生到成长的历程中一个必经的阶段"。学界批评研究所同仁在西南民族研究过程中的诸多不足,这无益于学问的初步建设,更何况所有的工作均处在"预备

---

① 杨成志:《西南边疆文化建设之三个建议》,《青年中国季刊》创刊号,1939 年 9 月 30 日,第 291 页。
② 《国立中山大学语言历史研究所两种专号出版》,《申报》1928 年 7 月 4 日,第 5 版。
③ 余永梁:《编后》,《语史所周刊·西南民族研究》第 35~36 期合刊,1928 年 7 月 4 日,第 114 页。
④ 顾颉刚:《跋语》,《语史所周刊·瑶山调查专号》第 46~47 期合刊,1928 年 9 月 19 日,第 127 页。

期"阶段,希望学界不要"求全责备"他们的学术热情。① 顾氏又补充,在这知识饥荒的时代,"居然跑出来我们这班小孩子来,喊起'研究西南民族'的口号,虽则不度德不量力,但从有心学问的人听来,终究是空谷足音,稍稍打破这个沉闷的空气,应当责望将来的成就了。倘使教育家能够诱掖得好,我们这班人是不怕不能达到科学家的期望的。"所以他"诚恳的祈求"作为批评者之一的丁文江应以教育家的眼光来看待蹒跚学步的"西南民族研究"。最后,顾颉刚还不忘勉励同事们在西南民族研究方面,不畏困难、幼稚,"向前! 向前!向前! 从幽谷爬上平地,从平地升到山巅!"②这"一句千斤重的勉励语",饱含着"知难而上"的开拓精神,至今仍激励着身在中山大学的后辈学人。③

顾颉刚等人举起了西南民族研究的旗帜,很快引起学界的瞩目。由研究所同仁最早提出的"西南民族"一词,"后来逐渐为全国学术界所引用,而决定了今日固有的名词"。④ 1928 年 7 月,在傅斯年和顾颉刚的推动下,中山大学校方与中研院联合举行了中国历史上第一次对云南民族有组织的调查活动,在学界已形成相当的影响力。1930 年《燕京学报》编辑部在总结 1929 至 1930年学界十大学术消息时,将杨成志的西南民族调查与北京猿人头盖骨的发现、安阳殷墟发掘等学术事件相并列,足见此次调查在当时学界的影响。⑤

但是,傅、顾先后因故离职北上,以致研究所的西南研究基本处于停滞状态。然而,薪尽火传,杨成志终究没有辜负傅斯年和顾颉刚的期望,成为傅顾倡导西南民族研究的托命之人,也在傅顾的影响和鼓励之下始终笃志于西南民族研究的事业。杨成志在云南调查归来之后致函傅斯年,表示"以后愿以终身贡献西南民族的学问,克苦忍劳,以图有成"。⑥

第二节　西南研究会与《西南研究》

"九一八"事变后,中国东北沦为日本的殖民地,国内民族救亡运动急遽

---

① 顾颉刚:《语史所年报·序》,《语史所周刊》第 62~64 期合刊,1929 年 1 月 16 日,第 2 页。

② 顾颉刚:《跋语》,《语史所周刊·瑶山调查专号》第 46~47 期合刊,1928 年 9 月 19 日,第131 页。

③ 容观夐:《建国前我校人类学》,中山大学人类学系、人类学博物馆编:《人类学论文选集(第三集)》,广州:《中山大学学报》编辑部,1994 年,第 11 页。

④ 杨成志:《西南边疆文化建设之三个建议》,《青年中国季刊》创刊号,1939 年 9 月 30 日,第291 页。

⑤ 余逊、容媛:《民国十八、十九年国内学术界消息》,《燕京学报》第 8 期,1930 年 12 月,第1603~1626 页。

⑥ 杨成志:《杨成志致函傅斯年》,台北:台湾中研院史语所档案:元 64—9。

高涨起来。地处西南的学者们同样深受"救亡图存"使命的感召,他们认为西南与东北同占国防之要冲地位,然因山川间阻、交通塞碍、民风闭塞、政治废弛致西南地区的"锦绣山河,视同敝屣,富饶宝藏,蕴而不开,急待开化的无数边民,任其仍过野蛮生活"。此种现状,令凡关怀西南局势之人,莫不引为"奇耻大辱"。他们认为开发西南首先应对西南的地理实况、社会情况、民族分布、动植物及矿藏等四大方面进行明确的研究,"否则,徒唱高调,无裨于国计民生"。1932年1月,"应时势之要求",为挽救国家危亡,唤醒政府及民众注意西南边疆问题与设施,在国民党元老、中山大学校长邹鲁的支持下,杨成志主持成立"国立中山大学西南研究会",创办《西南研究》为会刊。[①] 该会以"研究西南问题,探讨西南实况及发扬西南文化为宗旨",下设理事会,由三名会员组成,理事会下设总务、调查、研究三部,分别执行研究会日常会务、调查、出版事宜。其中研究部下复设政治经济、边防外交、地理、农林组、生物、矿业地质、民族民俗语言、历史考古共八组。[②] 显然,相较于傅斯年和顾颉刚等人所倡导的"西南民族研究",西南研究会的成立,反映了杨成志等人在傅顾二人所倡导西南民族研究既有的学术基础上完成了一次跨越式的发展。

图1-2 国立中山大学西南研究会会员

首先,第一次提出"西南研究"的概念,并以此为研究会和会刊命名。从形式逻辑学上来看,相对于先前的"西南民族研究","西南研究"作为一个

---

① 《国立中山大学西南研究会成立宣言》,《西南研究》创刊号,1932年2月10日,第1~2页。
② 《国立中山大学西南研究会简章》,《西南研究》创刊号,1932年2月10日,封4。

概念,其内涵的减少,预示着概念外延的扩充。易言之,从"西南民族研究"
到"西南研究"的变化,体现了西南研究对象的范围进一步拓展。不过,由
于研究范围的急剧扩展,远超出研究会同仁的学术能力之外,因而只能借
助于中山大学其他系科同仁的研究成果予以弥补。如在《西南研究》创刊
号上介绍的中山大学生物学系关于西南动植物研究的论著就有黄季庄的
《广西瑶山之羊齿》,石声汉的《广东瑶山哺乳类报告》《湘南之哺乳类》,
任国荣的《广西瑶山鸟类目录》,陈兼善的《广东比目鱼之研究》《广东产
海马鱼及杨枝鱼之研究》等;①关于西南地理、地质方面的研究则有中山大
学地理系外籍教授克勒脱那(Wilhelm Credner)的《民国十九年云南地理考
察报告》《广东北江之交通运输》,地质学系哈姆安(Arnold Heim)的《国立中
山大学川边调查团旅行纪略》《沿云南府到打箭炉西康定府路上之地质考
察》等。②

　　研究会下设八个研究小组,一半以上小组的研究领域均属于自然科学
的范畴。如果说研究范围的扩大,对于这些原本属于自然科学研究领域的
专深内容,研究会的同仁难以深入把握尚可理解,那么,在社会科学方面的
研究也付诸阙如,不能不说是研究会同仁从总体上把握西南的学术愿望远
远超出了自身实际的学术能力范围。如杨成志曾委托新从日本学习考古学
归国的胡肇椿以"西南考古"为题为《西南研究》供稿,这令胡肇椿"十分为
难"。在胡肇椿看来,"考古事业不靠实地踏查不为功",若单靠金石书志的
记载去研究,其结论不堪检测。他虽有从事西南考古的宏愿,但由于没有机
会到西南一带做缜密的调查,所以无法完成命题作文。③ 从《西南研究》所
刊出的文章来看,西南民族研究虽是研究会同仁研究的基本内容,但他们努
力的方向又远远超出单一民族研究的范围,尤其在西南的交通运输以及政
治经济方面的研究也占有相当的篇幅,这反映出研究会同仁希望实现从总
体上掌握西南"实况"的愿望。

　　其次,明确提出"发扬西南文化"是研究西南的宗旨。"发扬西南文
化"是同盟会元老邹鲁为《西南研究》创刊号的亲笔题词,也作为西南研
究会的宗旨写入简章之中。根据杨成志的相关论述,我们试着从三个方
面去理解:

---

① 《介绍关于西南科学研究的国立中山大学生物学系出版物》,《西南研究》创刊号,1932 年 2
月 10 日,第 24 页。

② 《介绍关于西南科学研究的国立中山大学地理地质两学系出版物》,《西南研究》创刊号,
1932 年 2 月 10 日,第 58 页。

③ 胡肇椿:《广州考古事业之记略》,《西南研究》创刊号,1932 年 2 月 10 日,第 55 页。

第一，"发扬西南文化"，首先是发掘西南边疆民族的历史文化。

中国传统史家以"先通古后通今"为治学原则，古书价值至上。然上古之起源，茫然无稽，即使留下有关上古历史记载的文献，能否征信也属疑问。20 世纪20 年代，一批接受科学精神熏染的知识分子开始运用现代学术的眼光和方法去重读古书，重构古史。"古史辨"运动，正是在这一学术背景下展开的。[1] 随着人类学、民族学的输入，有学者提出重建上古历史的"先通今后通古"新原则。据此眼光与方法可以探究一切现存的原始文化，数十年间之重要发现，"向非旧

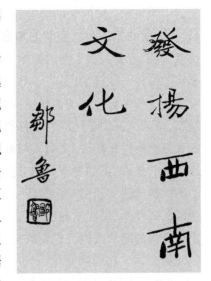

图 1-3　邹鲁为《西南研究》题词

史家所能悬想，而吾族演进之迹，亦于是庶几可辨"，其成果对于中国乃至对人类文化史也是一大贡献。[2] 实际上，这种观点受到人类学古典派社会演进论的影响。该学派认为，世界文明的发展遵循着由低级到高级的线性发展过程，现存落后民族等于文明人的史前祖宗，所以研究现存的蛮族便完全是研究文明民族的古史，甚至是史前时代。[3]

中国人类学和民族学研究的先驱——蔡元培曾论及民族学对古史研究的作用，曾说："至于中国历史上断片的事实，因吾国先史尚未发达的缘故，一时不易证明的，于民族学得了几种旁证，可以明了一点的，也就不少。"[4]在中古史研究中，也复如是。顾颉刚指出，"西南民族，为历史学中之大问题"，晋、宋南渡，中原世族托迹粤中者不少，这部分移民由于族谱具存，可以稽考，至于瑶、黎、僮诸部落，至今未尽同化，"殊风异族，触处可供研究。如能得一丰富之记录，对于学术界自有绝大裨益"。[5]

杨成志深知民族学对古史研究的作用，欲从西南民族的研究中阐发中国古代文化类型，寻找古史研究的旁证。他在一次对云南东陆大学师生的

① 江绍原：《中国古代旅行之研究〈导言〉》，上海：商务印书馆，1935 年，第 1 页。
② 黄文山：《民族学与中国民族研究》，《民族学研究集刊》1936 年第 1 期，第 1 页。
③ 林惠祥：《文化人类学》，上海：商务印书馆，1934 年，第 8 页。
④ 蔡元培：《说民族学》，原载《一般》杂志第 1 卷第 12 号，1926 年 12 月，高平叔编：《蔡元培全集》（第五卷），北京：中华书局，1988 年，第 110~111 页。
⑤ 顾颉刚：《请纂修〈广东通志〉提案》，原题《朱家骅请纂修〈广东通志〉》，载《香港华字日报》，1929 年 1 月 8 日，《宝树园文存》卷一，北京：中华书局，2011 年，第 285 页。

演讲中曾说道：民族学的研究在文化方面可做历史学的旁证、考古学的探讨、语言学的比较和社会学的考察。① 身处西南半开化的或未开化的山居民族，保留不少关于人类的原始文化，"中国古代社会的留痕，亦可借此求得事实的旁证与变迁的因果"，对于了解中华民族的过去、现在和将来趋势具有重要的参考价值。如他对罗罗的调查，"不特可明了其物质的和精神的生活型，拿来旁证中华民族的迁移和古代社会的实况，同时也可借此了解人类的和社会的进化阶段，文明人与野蛮人的差等分野"。② 民族学能够贡献于新学术的地方，正如史前史或考古学所具的特质一样，它打破"考据与臆测"的旧枷锁而建立新的"实验园"。③ 由此可见，杨氏试图通过对未开化民族地区的人类学、民族学的田野考察，窥测到史前社会文化的遗留，以补充先史研究中的断片或佐证先史研究过程中的相关结论。

第二，"发扬西南文化"，尤应注意阐发广东文化的特质。

"九一八"事变后，受到国内时局的影响，南方学界对于北国锦绣河山失守深感愤懑，将挽救民族危亡大任的希望寄托在近代具有光荣革命传统的广东。1932 年 8 月，中山大学历史系主任朱谦之联合师生发起"南方文化运动"。他声称抗战以来，"在反抗强权的战线上，北方已经绝望了，中部富于妥协性质"，南方是中华民族复兴的唯一希望。在朱氏看来，北方在政治上表现为保守的文化，其特质为服从而非抵抗，只有南方才真正表现革命的文化，其特质就是反抗强权，这正与中国民众团结抗日相契合，所以决心从事南方文化之建设运动。④

由朱谦之发起的南方文化运动，"给广东文化界以很大的影响"。⑤ 黄有琚认为，自太平军的兴起、戊戌政变乃至孙中山先生所领导的国民革命，都是南方文化的急先锋，在思想上它把欧西近代的新思潮融入中国固有的旧文化之中，而创造出一种最适合于中国社会现代需求的文化。⑥ 谢富礼认为南方文化运动即是珠江流域的文化运动，假使"珠江流域文化运动提倡

---

① 杨成志：《从西南民族说到独立罗罗》，《新亚细亚》第 4 卷第 3 期，1932 年 7 月 1 日，第 20 页。

② 杨成志：《中国西南民族中的罗罗族》，《地学杂志》1934 年第 1 期，第 2、44 页。此文为作者在法国巴黎大学攻读人类学博士学位时，于 1933 年参加巴黎"中国社会科学研究会"的一篇演说稿修改而成。

③ 杨成志：《今日中国人类学与民族科学的贡献》，《广东日报·民族学刊》第 1 期，1948 年 5 月 17 日，第 4 版。

④ 朱谦之：《南方文化运动》，《现代史学》第 1 卷第 2 期，1933 年 2 月 10 日，第 36~37 页。

⑤ 朱谦之：《奋斗二十年》，《朱谦之文集》第 1 卷，福州：福建教育出版社，2002 年，第 74 页。

⑥ 黄有琚：《珠江流域的文化和中国民族的复兴》，《现代史学》第 1 卷第 2 期，1933 年 2 月 10 日，第 66、67 页。

不起来,民族的危机自然是势不能免,而我们也愧对祖宗在天之灵了"。①

这一影响,随着抗战的深入,更加凸显出来。1935 年 9 月,校长邹鲁在中山大学新生开学的演讲中谈道:中国历史上的典章文物都集中于北方,而近百年来,却呈现出相反的趋向——由南而北。广东因与外洋接触机会增多,得风气之先,在政治和经济上产生了新思潮,人才辈出,其民族性不愧为"南方之强",孙中山、康有为、梁启超、洪秀全等人是广东人杰出的代表。这是地理上优越产生的结果,而非个人狭隘的地域观念所致。② 1939 年,中山大学历

图 1-4 朱谦之

史系教授郑师许也撰文宣扬"广东精神",认为地理环境、气候环境、种族环境三因素共同塑造了广东人诚实、俭朴、刻苦、耐劳、勇敢、活泼等优良的民族特性。③

由上可知,在广东宣传南方文化运动,既受现实的历史背景的影响,又有特殊的社会文化资源为支撑,故对学界有如此之影响。

受"南方文化运动"的影响,杨成志深知广东作为西南地区的重要组成部分,其文化特色显著,因此也非常注重发掘广东社会文化的历史价值。相对于前文所述的几位提倡广东精神的代表而言,杨成志的论证更加细致入微,曾谓:"中华民族与文化之表扬,当分地区研究,以各地区探讨所得之结果,分编汇辑始能洞悉全国人文之蔚蓝……苟能本科学之搜求,作系统之阐发,亦中华整体人文中一部分之新发见也。"④其《广东人民之构成分布及其文化》一文即为实践这一主张的代表作。该文以文化人类学的视角,借助于考古实物和历史文献综合分析,系统阐述广州人民之由来与构成、地理分布、文化表现等问题,寄希望于广东文化能"展其所长,补其所短",贡献于社会。文章认为一个民族的文化能够生存与延续并非偶然,广东千余年以来,

① 谢富礼:《南方文化运动之历史的根据:对于朱谦之先生南方文化运动理论的意见》,《现代史学》第 2 卷第 1、2 期,1934 年 5 月 25 日,第 330、337 页。

② 邹鲁:《中山大学的使命》,《国立中山大学日报》1935 年 9 月 12 日,第 3、4 版。

③ 郑师许:《广东民族性之地理环境因素》,《国立中山大学校刊》1939 年 6 月 25 日,第 1、2 版。

④ 杨成志:《广东人民与文化·自序》,广州:中山大学研究院文科研究所,1943 年 11 月,第 3 页。

民族系由史前居民、秦汉时之蛮夷,以及后来之广府、客家、福佬、瑶、畲、黎、僮、蛋,甚至欧番黑混种人等诸族血统混合融化而构成,在文化上深受中原、海外文明之浸染,在这种独特的自然环境和文化环境中孕育出独特的"广东型"文化,在近代史上表现出优异的创造精神和发展能力,"影响全国甚巨"。① 其后,在该文的基础上又扩展成《广东人民与文化》一书,在抗战期间出版,对于"发扬广东人民的创造性,进而创造革命的三民主义的广东文化",具有"重大的贡献和意义",获教育部特别嘉奖。②

第三,提出研究"西南文化"的路径。

全面抗战爆发后,国内知识精英汇聚于西南,西南研究呈现出蓬勃发展之势。杨成志针对过去西南文化研究的不足,根据自己的研究体验,提出了西南文化研究的三个基本立场。(一)"非书本的,系科学的"。西南文化研究须摆脱"传家法宝"的观念,即跳出前人"书本"即"学术"、"文化"的窠臼,"若非从科学的民族学下手",绝无"收获"。(二)"非想象的,系事物的"。过往关于西南历史的文献记载,大都是作者个人想象力的臆断。而文化是一种事物,其组成、发展、传播、混化、凑合、改变,非闭门造车式的书呆子,不能只用想象来获得。因此西南文化的探讨,"非先把个人的成见扫除清楚,换以客观的事物审察,断未能得到新的发见"。(三)"非空论的,系实践的"。文化系一种事物,有其成因才有结果。然其事实上,有因未必有其果,有果未必得其因,需要经过实践的严密视察,分析、比较透视文化的内蕴,绝非空论所能知其真型。因此,本民族学、人类学以研究西南文化,至少应做到:(1)实地到各部族做田野调查,识别其活动的文化实况;(2)搜罗各民族物品,分析其静止的文化真型。通过动静两方面的结合,科学阐释其文化系统。若非如此,其研究成果不过是"空中楼阁"而已。③ 概而言之,研究西南文化切不可仍在故纸堆去寻解释,要研究者走出书房,从事田野考察,搜罗新材料,结合科学的人类学方法,开辟中国学术的新园地。

综上所述,自"九一八"事变后,以西南研究会的成立为标志,研究西南的宗旨在于"发扬西南文化",而西南边疆民族的文化及广东的文化因其独

---

① 杨成志:《广东人民之构成分布及其文化》,周大鸣主编:《杨成志人类学民族学文集》,北京:民族出版社,2003 年,第 332、355、356 页。

② 崔载阳:《广东人民与文化·序》,广州:中山大学研究院文科研究所,1943 年 11 月,第 2 页;《教育部奖励学术研究:杨成志教授得奖》,《国立中山大学日报》1943 年 11 月 22 日,第 1 版。

③ 杨成志:《研究西南文化的立场》,《大风》(香港)1938 年第 5 期,第 131~132 页。

特性而成为西南文化研究的两个最重要的组成部分。

第三节 西南学的提出

在广州的另一所高等学府——岭南大学,自20世纪30年代起也有一批学人开始中国西南学术的研究工作,并与杨成志为首的学术团队保持紧密的协作关系。1932年3月,岭南大学社会系教授陈序经和伍锐麟创设社会研究所,后更名为西南社会调查所。1948年秋,原西南社会调查所更名西南社会经济研究所,"以研究西南社会经济为宗旨"。①

为什么矢志于西南研究? 1948年4月,陈序经在《研究西南文化的意义》一文解释称西南既是中国传统文化的保留所,又具有原始文化的特征,西南又可说是原始文化的博览会,在中国文化史乃至一般文化学的研究上,具有极重大的意义,要探究中国固有文化的真相,只可于西南文化中求之。② 此文可看作是岭南大学西南社会经济研究所的研究纲领。

《研究西南文化的意义》发表后十余天,中国民族学会西南分会第一次年会在中山大学举行。会议议决在《广东日报》出版《民族学刊》,作为"西南会员共同发表研究工作的园地",使西南研究会内外研究人员"互相切磋,互作辩难"。所刊布内容包括民族学界诸家学说、研究方法、研究资料、长篇论文、简短消息等。③《民族学刊》自1948年5月17日至1949年9月30日,共刊出67期,刊载"兼容并包,细大不遗"的论文、译作及学术通讯计170余篇,涉及人类学、民族学的诸多领域,其中尤以南方民族史志之作为多,且大多是经过实地田野调查研究之后立论。执笔之人不乏如杨成志、陈序经、黄文山、罗香林、岑仲勉、董家遵、江应樑、王兴瑞、岑家梧、罗致平、戴裔煊、张为纲、刘杰、郑师许、龙非了等数十位在粤的民族学、人类学、历史学方面的专家学者。不难看出,在国共内战正酣之际,出版发行不便的情况下,依傍于《广东日报》发行的《民族学刊》已成为南方学者发表论著的重要学术基地,其所刊出的论文和译作至今"仍不乏有益的见解",对于推进西南

---

① 岭南大学西南社会经济研究所编:《岭南大学西南社会经济研究所概况》,1949年5月,第1页。
② 陈序经:《研究西南文化的意义》,《社会学讯》第7期,1948年4月,第1、3版。
③ 参见《发刊词》及《中国民族学会西南分会年会纪盛》,两文均载于《广东日报·民族学刊》第1期,1948年5月17日,第4版。

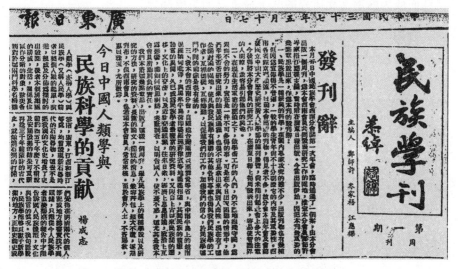

图 1-5 《广东日报·民族学刊》创刊号

文化和历史研究具有重要的学术意义。①

《民族学刊》第 8 期，全文转载了陈序经的《研究西南文化的意义》一文。不久，受陈序经的启发，主编江应樑又在该文的基础上发表五千余言的《西南社会与西南学》一文，代表了南方学界对西南研究的最新理论成果。

该文篇首交代了写作的缘由。1948 年 5 月，中国社会学会西南分会在广州召开年会，有人在会中提出了一个新产生的名词——"西南学"，意指西南边疆粤、桂、滇、黔、川、康诸省，以至西藏、台湾诸地，无论从文化、社会、民族、历史、地理等任何一方面来说，都有其异于他省的实像，以往西南各省因为僻处一隅，除广东外，地方实情皆因交通阻塞而不易为国人所了解。抗战中，由于全国的文化、政治、经济重心暂移于西南，而各方面专家学者也荟萃边疆，于是，不仅西南边疆的真实面貌开始显露于世，"西南边疆是学术研究的宝库"也日益成为学术界公认的事实。在这里，所谓"宝库"，不仅仅是指西南边疆，而是整个西南区域内的任何方面，但凡研究西南诸省区域内任何一个问题，都可以成为专门学问，凡属于这方面的学术研究，则可以总称之为"西南学"。

在江应樑看来，陈序经的《研究西南文化的意义》一文"正可以见出西南社会的重要意义"，如果"西南学"能成为一个学术上的专有名词，那么，西南学中最值得研究的部分应当是西南社会。他进一步申说道：

① 容观夐：《建国前我校人类学研究述略》，中山大学人类学系、人类学博物馆编：《人类学论文选集》(三)，广州：《中山大学学报》编辑部出版，1994 年，第 8 页。

　　虽然,到过西南的博物学家,曾誉云南为世界植物园,世界各地所有的植物,差不多都能在云南境内见到;虽然西南各地矿产类别之多及蕴藏量之丰富,是人所共知的;虽然,国际珍视的熊猫也是出产在西南边区,不过,这些都不及西南社会之具有多种组织形态,且有着无从估计的研究价值,不仅是横的方面,在现时世界各地所能见到的社会机体,除一二特殊情形者外,都可以在西南角落中见到,且在纵的方面,现代国家中已经没有了的社会制度或社会形态只留下了一个历史上的名词,我们却能在西南边区中看到现实的例证。

江应樑认为中国幅员广阔,自秦汉以降,除偶然的动乱时代外,中国的政治体制和社会结构基本上以整齐划一的方式演进,尽管各地语言、风俗有不同的差异,但社会组织、家族制度以及维持人伦关系的礼俗,各地基本相同而少有分歧。如果要寻求分歧,只能从位于西南的广东、四川以及边疆生活的少数民族社会中得到,因为只有这里保留着若干种始终未曾与主流文化混合的小支流文化。如以广东为代表的"由中国本位形态转向于现代资本主义社会形态的地域";以四川为代表的保有周秦以来中国农村典型的社会形态;以滇、黔、川、康、藏等西南边疆地带为代表的原始多种型社会。① 如此看来,就整个中国历史发展进程来说,西南边区、四川以及广东的社会是整个中国历史不同社会形态的典型代表。

　　相对于杨成志、陈序经等人从文化的视角来研究广东与西南的族群,江应樑则更偏向于研究西南的社会,二者具有相通之处。根据陈寅恪文化观的要义,"种族(民族)与文化"是研究中国历史与文化的关键,判别"种族(民族)"的标准是"文化"而不是"血统"。② 陈寅恪对"种族与文化"观的创见,对于西南族群社会的研究具有重要的指导意义。一个民族生命的历程,取决于民族文化的历程,整个民族的结合,除了血统之外,基本上以文化为主要因素,故一民族生命之开展,依靠的是该民族自身文化的创造力。西南地域之所以有别于神州异域,主要在于千百年以来,独有的自然地理环境孕育了卓具特色的区域社会文化。正是在这个意义上,江应樑认为:"文化是组成社会的中心基石,社会现象中包括文化的一个部门",从这个角度来说,

---

① 江应樑:《西南社会与"西南学"》,《广东日报·民族学刊》第32期,1948年12月31日,第8版。
② 彭华:《陈寅恪"种族与文化观"辨微》,《历史研究》2000年第1期,第166页。

江应樑充分肯定了陈序经的《研究西南文化的意义》一文在"西南社会的重要意义"。①

应当说,江应樑继承了陈序经、杨成志等人对于广东及西南边疆研究的看法,在此不再赘言。惟四川在西南社会研究上的特殊意义,杨陈二人却未曾提及,而这正是江应樑对西南学的发展部分,值得深入讨论之。

诸葛亮在《隆中对》中称"益州险塞,沃野千里,天府之土",非常简练地概括出西蜀经济富庶,地势险要,军事上易守难攻的特征。长江虽是巴蜀对外最大的商业性交通线,但是运出容易运入难,特有的地理环境造就了巴蜀对外交通闭塞的特点,这种"封闭性地理环境极大地阻碍了四川与内地广大地区的相互经济调剂,必然要导致部门、品种齐全的自给自足型农业生产结构的相对稳定"。② 经济结构是决定社会结构变化的主因,农业生产结构的相对稳定,必然会影响到社会结构的缓慢变化。

据江应樑的观察,四川的多数地方,尤其是川西一带,在两千年前已具备了膏腴的土壤、适合的气候、便利的水源等自然条件,至民国时,此种地理环境仍然未曾变动,这便决定了四川成为中国典型的农村社会。从中国历史上看,两千年来土地都被大地主操纵,至民国时期,时代的变动、经济结构的转变,使原有的地主放弃了土地的投资而从事新的经济投资,而在四川,此种转变虽已开始但尚未普遍,社会上最大的支配力量仍是一些有力的大地主,在一般的农村中,大地主与佃农的对比状况,仍是很典型的固守组织,有的县区,全县的耕地几乎全为三二人所独有,而全县的人民,除了极少数非农业阶层外,都全做了这三二人的佃户,这不禁使人们想起历史所记载的吕不韦、卓文君这类家庭的财富情况。因为四川是中国的谷仓,而这个谷仓为少数的大地主所掌握,争夺谷仓便成为国家动乱之源,"天下未乱蜀先乱,天下已治蜀未治",此非蜀人好乱成性,真正的原因却是这谷仓能影响到国家的动乱。这样典型的大地主农村社会,舍"蜀中外实也不易见之他处"。③

江应樑代表南方学界,提出了西南学的"详细说明",对于西南社会的研究具有重要的学术意义。④ 从"西南民族研究"到"西南研究",乃至最终成为一门专门的学问,是近代中国西南研究学术积累的必然结果,反映南方学

① 江应樑:《西南社会与"西南学"》,《广东日报·民族学刊》第 32 期,1948 年 12 月 31 日,第 8 版。
② 郭声波:《四川历史农业地理》,成都:四川人民出版社,1993 年,第 519 页。
③ 江应樑:《西南社会与"西南学"》,《广东日报·民族学刊》第 32 期,1948 年 12 月 31 日,第 8 版。
④ 杨堃:《边疆文物展览特刊·发刊词》,《正义报》(昆明),1949 年 4 月 20 日,第 6 版。

界将西南社会中的某些文化特征看作是中国历史不同发展阶段在社会变迁过程中的遗存,宏观上把握西南文化发展的整体特征,对于理解和研究中国通史具有重要的启示;同时,又考虑到西南大区之间具体的历史地理环境和文化发展的差异,阐述了广东、四川以及西南边疆社会文化的各自特点,这种区域社会文化史研究的取径,对于今天的学术研究也不无借鉴意义。

然而,问题在于,将民国时期的西南边疆、四川和广东看作是中国历史不同发展阶段的代表,所依据的前提条件是上述地区民族社会文化的发展均为独立发生且遵循着同一条发展路线。这种人类学古典演进派的学术观点,已为批评学派所诟病,因为在批评派看来,人类的很多文化系统并非一线进化的,不能简单地将各种不同文化当作文明直线中的不同发展阶段。一线演进论成立存疑,那么江应樑"以广东代表转变中的现代社会,以四川代表中国固有的农村社会,以西南边疆地带代表原始的多种型的社会"的论断也必将存在争议。

应当说,民国以来,国内从事西南研究的个人或学术团体不在少数,尤其是在全面抗战爆发之后,从事于西南调查和研究工作的个人和团体与日俱增,西南研究获得了一个千载难逢的机会。不过,据中央大学社会系教授马长寿的观察,彼时公私团体各种无计划的调查,不仅旷费时间,还浪费公帑,调查人员缺乏必要的调查理论储备和调查训练,使得调查研究浅尝辄止,正式发表的调查报告和专刊不多,甚至出现"完整的调查报告与专著少于当时研究机构成立之数目"的奇怪现象。总而言之,有始有终,有"华"有"实"深入实地进行的调查研究,并不多见。[①] 无独有偶,清华大学社会学系李景汉教授也有类似的看法。在他看来,虽然抗战前,"深入民间"进行"实际社会调查"等口号已引起了国人的注意,但所举行的研究也多限于沿海省份,而空前严重的国难使许多人来到内地和边疆,于是"开发边地"、"考察边疆社会"的呼声又成为极时髦的口号,但不幸的是大多数学者都是多说少做,"对于边疆的实地研究工作,直到现在仍然是多闻雷声,少见雨下"。因此,像江应樑那样既有理论又有实践经验,深入不毛之地,从事实际调查的学人,实在是凤毛麟角。[②]

由此,在笔者看来,以中山大学和岭南大学为代表的一批专家学者,既受过严格的人类学、社会学、历史学的学科训练,又对中国西南进行了长达

---

① 马长寿:《十年来边疆研究的回顾与展望》,《边疆通讯》1947 年第 4 卷第 4 期,第 1~4 页。
② 李景汉:《凉山罗罗之氏族组织:一个实地调查的介绍》,《边政公论》1941 年第 1 卷第 3、4 期合刊,第 16、17 页。

二十余年的数十次田野调查,先后出版研究报告或专著数十种,论文不下百余篇,在当时学界无疑是首屈一指。如中山大学有广西瑶人调查、云南罗罗调查、广东北江瑶人调查、西康罗罗及新疆民族调查、海南岛黎民调查、云南摆夷(傣族)调查、粤北乳源瑶人调查、贵州苗人调查、滇黔民族调查、云南澄江和贵州瑶族的调查等;岭南大学也有十余次社会调查,出版十余部专著,公开发表数十篇论文。因此,身处两个研究机构的同仁,均能在深入实地展开调查的基础上,对各西南族群社会的历史渊源及其社会结构、经济生活状况作出比较详备的考察研究。这些成就,都为中国现代意义上的西南民族研究作出了开创性的贡献。然而,令人始料未及的是,中华人民共和国成立后,人类学被视为"反动资产阶级学科"取消,除梁钊韬外,杨成志及其他的西南研究团队大多先后离开中山大学。紧接着,岭南大学作为一所近代教会大学也在全国院系调整的浪潮中被裁并。以杨成志和陈序经为首的学术团队遂宣告解散,这对中国西南研究来说是一次不小的冲击,"西南学"至此湮没于学界。

可是,无论是过往还是将来,西南民族研究都是民族学的一个重要研究领域,而西南学则如昙花一现,除了原有学术团队解散造成的影响之外,从学理上讲,一门新兴学科的产生,必有其存在的客观依据,从这个意义上来说,西南学的学科性质是什么? 成立的标志又是什么? 如果西南学成立,那么西北学、东北学是否也可以成立?"西南学"的概念能否像徽学、敦煌学一样广为学界所接受,成为专门的学问等等一系列问题,留给我们的思考远未结束。

第二章 中山大学语言历史学研究所与现代中国西南研究

　　一个以现代技术理念为基础运行的专业学术研究机构,可以为学人之间互相砥砺学问、发表并出版学术成果及参与学术交流提供一个专业技术平台;可以为学术团体营造一个相对稳定的物质支撑体系(主要是经费的稳定问题);可以形成聚集和培养符合现代学科发展方向的人材机制。本章主要通过阐述国立中山大学语史所的成立、工作旨趣以及实际工作成绩,来重点讨论研究所同仁举全所之力对中国西南民族研究所作出的具有开创性的学术贡献。

第一节 语史所的成立及其工作旨趣

　　1926 年,傅斯年结束六年多的旅欧生活,取道回国,应戴季陶、朱家骅等人邀请,于该年底就任中山大学文史科主任。[1] 次年初,即去函邀请顾颉刚至"中山大学办中国东方语言历史科学研究所",[2]这是目前所知关于语史所最早的筹备信息及最初的命名。[3]

　　6 月 20 日文史科召开教授会议:"议决设置语言历史学研究所,建议

---

[1]　梁山、李坚:《中山大学校史(1924—1949)》,上海教育出版社,1983 年,第 44 页。

[2]　顾颉刚:《顾颉刚日记》第 2 卷,1927 年 3 月 1 日,台北:联经出版公司,2007 年,第 22 页。无独有偶,朱家骅 1927 年 4 月 1 日在全校开学典礼上也提到过要在下学期"开办中国东方语言历史科学研究所",见王聿均编:《国立中山大学筹备之经过和将来之希望》,《朱家骅先生言论集》,台北:中研院近代史研究所,1977 年,第 257 页。

[3]　顾颉刚:《顾颉刚日记》第 2 卷 1927 年 3 月 15、25 日,台北:联经出版公司,2007 年,第 27、30 页。

图 2-1　中山大学时期的傅斯年

于校长。"①8 月,傅斯年正式就任语史所筹备委员会主任,②开始筹备工作,着力于"聘定教授,设置各研究组,招收研究生,成立各研究会,发行定期刊物及丛书等五个方面进行"。③ 10 月 16 日,正在江浙一带购书的顾颉刚,④因学校"连电促归",提前返校,⑤当晚筹备会召开会议议定刊物四种:

(1)《文史丛刊》　由文科主任及各系主任编之

(2)《语史所周刊》　余永梁、罗常培、商承祚、顾颉刚等编

(3)《歌谣周刊》　钟敬文、董作宾编

---

① 《本校文史科第四次教授会议记事录》,《国立中山大学校报》第 18 期,1927 年 7 月 25 日,第 9 页。

② 《所务实录》,《国立中山大学语言历史学研究所概览》(以下称《语史所概览》),广州:语史所,1930 年,第 54 页。

③ 《本所概述》,《语史所概览》,广州:中山大学语史所,1930 年。傅斯年在这一时期新聘定的教授主要有汪敬熙、俞大维、毛准、马衡、黄希声、珂罗掘伦、丁山、罗常培、庄泽宣、吴梅、俞平伯、赵元任、商承祚、史禄国、杨振声等 18 人(参阅:《本校文史科概况》,《国立中山大学校报》第 19 期,1927 年 8 月 25 日,第 18~19 页)。

④ 先前与顾颉刚在厦门大学时结下矛盾的鲁迅已在中山大学任教,所以顾颉刚一开始没有立刻辞职前往中山大学。直至 3 月 14 日,接到顾孟余书,"谓武昌中山大学经费设备俱感缺乏,嘱到广州中山大学"。加之顾氏再次接到傅斯年的来电,电文表示在对待"鲁迅问题"上与顾颉刚共进退,基本消除了顾颉刚的顾虑,终于"决去矣"。顾颉刚 4 月 17 日抵达广州,鲁迅遂表示辞职,傅斯年也为鲁迅反对顾颉刚入校而辞职。后由朱家骅等人的出面,一方面许鲁迅请假离校,一方面派顾颉刚到浙江一带为学校图书馆购书。顾氏随后赴江浙一带"借购书机会,得未见书甚多,开拓眼界,良以为快",不仅购得大批古籍善本,但凡杂志、日报、家谱、账簿、日记、公文、职员录、碑帖等都在网罗之中,共购回图书 12 万余册,碑帖 3 万余张,分别装入 120 余板箱,放置在语史所内,"教员参考教材,学生欲资深造者,皆觉其便"。容肇祖先生后来也回忆道:"顾颉刚在这几个月中购买的旧书善于选择,所得的很不少,有时价值很廉,把整个书店的书都买去,这是他为中山大学学生打下了研究国学的广博的基础。"参见:《顾颉刚日记》第 2 卷,台北:联经出版公司,2007 年,第 21~34、72 页。顾潮:《历劫终教志不灰:我的父亲顾颉刚》,上海:华东师范大学出版社,1997 年,第 113 页。顾颉刚:《本馆旧书整理部年报专号·卷头语》,《国立中山大学图书馆周刊》第 6 卷,第 1~4 期合刊,1929 年 2 月 1 日。《国立中山大学文科概览·史学系概况》,1930 年 10 月,中山大学校史特藏室藏书。东莞市政协编:《容庚容肇祖学记》,广州:广东人民出版社,2004 年,第 252 页。

⑤ 《顾颉刚教授返校》,《国立中山大学日报》1927 年 10 月 17 日,第 2 版。根据顾颉刚的回忆,当时购书的 6 万元尚未用完,学校"促归"。彼时已开学数周,回粤不完全是为了兼课,而是为了语史所的筹备。参见顾颉刚:《本馆旧书整理部年报专号·卷头语》,《国立中山大学图书馆周刊》第 6 卷,第 1~4 期合刊,1929 年 2 月 1 日。

　　（4）《图书馆周刊》　杨振声、顾颉刚、杜定友编①

　　24 日,位于学生宿舍东一排之二楼、三楼的语史所办公场地也布置就绪。② 这标志着,经过傅斯年、顾颉刚等人的努力,一个具有明确治学理念、集合了一批专业研究人员、拥有几种固定刊物及工作场所的现代学术机构已初步成形。

图 2-2　中山大学语言历史学研究所大楼全景

　　1927 年 11 月 1 日,《语史所周刊》创刊,顾颉刚③代表语史所同仁作了

---

　　①　顾颉刚:《顾颉刚日记》第 2 卷,1927 年 10 月 16 日,台北:联经出版公司,2007 年,第96 页。

　　②　《文史科研究所布置就绪》,《国立中山大学日报》1927 年 10 月 24 日,第 3 版。

　　③　《〈语史所周刊〉发刊词》的内容,让我们很容易就会想到一年后傅斯年作的《历史语言研究所工作之旨趣》,以至于连曾先后身处两所的董作宾也误认为这篇发刊词"必是孟真的手笔"(参见董作宾:《史语所在学术上的贡献:为纪念创办人终身所长傅斯年先生而作》,《大陆杂志》1951 年 2 月 1 日)。台湾地区学者杜正胜也认为《发刊词》所认定的内容如:"和其他自然科学同目的、同手段";"没有功利的成见,知道一切学问不都是致用的";"承受现代所研究学问的最适当的方法"。这三点"绝对是'傅斯年式'的,不见顾颉刚的踪影"。并且进一步论及:主张普及和致用的顾颉刚这时写下上述的宣言,显然是替傅斯年说话,可能因为傅是所长,秉其意思所作。所以《中山大学语史所周刊》发刊词的著作权不能如实地按《颉刚日程》所记的确定。顾颉刚之女顾潮先生曾向杜正胜出示未出（转下页）

一篇反映研究所工作旨趣的《发刊词》。

在顾颉刚看来,转型时期的中国学术界,要在"前人的工作之外开出无数条道路,不至据守前法,不能进步",就必须对自己所处的时代、学术研究的方向和范围、材料的状况和最新治学方法等问题有清醒的认识。针对这些问题,他在《发刊词》中指出:

> 语言学和历史学在中国发端甚早,中国所有的学问比较成绩最丰富的也应推这两样,但为历史上种种势力所缚,虽经历了两千余年还不曾打好一个坚实的基础。我们生当现在既没有功利成见,知道一切学问,不都是致用的。又打破了崇拜偶像的恶习,不愿把自己的理性屈伏于前人的权威之下,所以我们正可承受了现代研究学问的最适当的方法,来开辟这些方面的新世界。语言历史学也正和其他的自然科学同目的同手段,所差只是一个分工。

最后,顾氏又说道:

> 我们要实地搜罗材料,到民众中寻方言,到古文化的遗址去发掘,到各种的人间社会去采风问俗,建设许多的新学问! 我们要使中国的

(接上页)版的《颉刚日程》,亦即《顾颉刚日记》,日记载有:1927 年 10 月 21 日"作研究所周刊发刊词"。(参见杜正胜:《无中生有的志业:傅斯年的史学革命与史语所的创立》,杜正胜、王汎森编:《新学术之路》(上),台北:中研院历史语言研究所,1998 年,第 13 页。)同样,任教于德国波鸿大学与台湾政治大学的施耐德教授也根据《发刊词》中一些重要的论述与《史语所工作之旨趣》中的内容相同,故而认为《发刊词》出自傅斯年之笔。(参见〔德〕施耐德:《真理与历史:傅斯年、陈寅恪的史学思想与民族认同》,北京:社会科学文献出版社,2008 年,第 157 页。)在此,笔者考察《〈语史所周刊〉发刊词》的"著作权"问题或者说研究所的治学思想源于何处这一问题:如果我们将《发刊词》和 1926 年顾颉刚为《国学门周刊》撰写的《1926 年始刊词》以及傅斯年于 1928 年 10 月发表的《历史语言研究所工作之旨趣》三则材料进行比较对读,很容易为《〈语史所周刊〉发刊词》在学术史的地位以及顾颉刚是否秉傅斯年的意旨说话找出一个比较客观的答案。经过比较对读后,笔者认为从治学思想上来看,顾颉刚《1926 年始刊词》、《〈语史所周刊〉发刊词》以及傅斯年的《历史语言研究所工作之旨趣》三者之间明显具有一脉相承的关系,这表明无论在思想高度上还是日记留下的记载中都强有力地证明顾颉刚拥有《语史所周刊》发刊词的著作权,不是如杜正胜说的那样:顾颉刚"显然是替傅斯年说话"。相反的,从三篇文章的发表时间顺序上来看,顾颉刚的两篇文章分别要早于傅斯年 1~2 年之多,傅氏的思想反倒处处留有顾颉刚的"影子"。当然《研究所周刊》发刊词也有傅斯年的建议在里面,那就是傅斯年以"语言历史学"代替了顾颉刚在《1926 年始刊词》所提到的广义上的"国学",关于这点我们可以从 1926 年 10 月给顾颉刚的信中看到(这封信后来以《与顾颉刚论古史书》为题刊载在《语史所周刊》第 13、14 期上)。

语言学者和历史学者的造诣达到现代学术界的水平线之上,和全世界的学者通力合作!这一刊物是达到我们希望的先导,我们祝颂他的生命的逐渐发展,他的成就的逐渐增高!①

上述论述,无论在治学理念、方法还是内容上,都包含着一种新的意义。具体来说,首先是扩大了国学研究的范围,提示了搜罗材料的新路径。

如1923年,胡适在《〈国学季刊〉发刊宣言》曾倡导"用历史的眼光来扩大国学研究的范围",但观"其所举研究的对象,重点仍在传世文献方面(即用科学方法来整理各类传世的文字材料——笔者注)"。② 顾氏的治学虽深受过胡适的影响,但此时的看法实较胡适的上述观念有所突破,在他看来:

图2-3 中山大学时期的顾颉刚

如果青年们要研究科学,那么,他在故纸堆中找材料和在自然界中找材料是没有什么高下的分别的。为什么?因为高下的分别原是由应用上来的,材料的本身上是没有这种的分别的,只要你能在材料中找出真实的事实来,这便是科学上的成绩……我们因为要做真实的研究,所以在我们的眼光里绝对不受应用上的新旧的界限的牵绊,上至石器时代石刀石斧之旧,下至今日时髦女子衣服饰物之新,一律收集,作平等的研究。③

这种思想显然已经越出了胡适所倡导的用科学的方法来整理传世文献的思想藩篱,而将视域延及广阔无垠的自然界,通过田野调查或者考古,广泛搜集社会各个角落非文字的材料,诸如民间传说、歌谣、谜语、谚语、曲本、神话、童话、故事,以及被传统学术研究弃之不顾的档案、账本、契约、民俗物品

① 以上均见顾颉刚:《发刊词》,《语史所周刊》第1期,1927年11月1日,第1页。
② 胡逢祥:《"科学方法"输入后的中国现代史学之走向》,《学术月刊》2008年第3期,第115页。
③ 顾颉刚:《1926年始刊词》,《北京大学研究所国学门周刊》第2卷第13期,1926年1月6日,第3~5页。

・32・ 民国时期广东学人与中国西南研究

等。顾颉刚本人也于 1925 年 4 月 30 日到 5 月 2 日,与容庚、容肇祖等人组织一个"精悍的调查小组,用了三天的时间,进行了中国第一次有领导、有组织、有计划的庙会风俗调查"。①《发刊词》正是在这一实践背景之下明确提出"要实地搜罗材料,到民众中寻方言,到古文化遗址去发掘,到各种的人间社会去采风俗",而将这作为研究所同仁的工作旨趣,自觉地去实践还是第一次。此后,循此旨趣,研究所同仁在档案整理、少数民族语言记音、人类学、民俗学、民族学的调查研究等方面都做出了重要的成绩,扩大了史学研究的战场。

其次是提倡多种研究工具交叉并用,丰富了科学方法论的内涵。语史所倡导的"语言历史学与其他自然科学同目的同手段"之内涵究竟是什么?观顾颉刚《1926 年始刊词》一文,便可知:

> 所谓科学,并不在它的本质而在它的方法,它的本质乃是科学的材料。科学的材料是无所不包的,上自星辰,下至河海,变幻如人心,污秽如屎溺,没有不可加以科学的研究……研究国学,就是研究历史科学中的中国的一部分,也就是用了科学方法去研究中国历史的材料。所以国学是科学的一部分(如其是用了科学的方法而作研究),而不是可与科学对立的东西……因为研究科学必有一种研究的对象,而中国的历史材料也是一种可以做研究对象的东西的缘故……若说科学家仅仅能研究自然,研究工艺,而不能研究社会,研究历史,那么,科学的领域未免太小了,科学的伎俩未免太低了,这人的眼光也未免太狭隘了。②

国学和自然科学不仅在治学方法上有共通处,自然科学知识本身对于语言历史学的研究也同样是有用的。他说:

> 我们深知道别种科学不发达时,国学方面也要因为没有帮助而不得十分进展的,所以我们酷望别种科学的兴起。我们希望多出许多地质学家,从他们的研究里得到许多上古史料,补正我们考古学会的研究。我们希望多出许多言语学家,搜集了无数中国的方言和古语及外

① 王文宝:《中国民俗学发展史》,沈阳:辽宁大学出版社,1987 年,第 61 页。
② 顾颉刚:《1926 年始刊词》,《北京大学研究所国学门周刊》第 2 卷第 13 期,1926 年 1 月 6 日,第 3、4 页。

**图 2-4　中山大学语言历史学研究所教职员合影（前排左起余永梁、
商承祚、顾颉刚、沈鹏飞、黄仲琴、容肇祖）**

来语而加以研究,和我们的方言调查会提携并进。我们希望多出许多
医学家和科学家,把中医中药详加分析考查,说明中国古代医学在科学
的医学上的位置。我们希望多出许多动物学家和植物学家,把《诗经》、
《楚辞》、《山海经》、《本草》里的许多动植物名加以研究,说明中国古代
动植物的形状和分布区域。这种的希望一时也说不尽,数不清。总之,
我们这个机关并不是(也不能)要包办国学的,我们需求于别种科学的
专门人才之处真是非常的多。①

在此,我们不难明白顾氏所指:在具体研究的过程中历史学要利用诸
如人类学、社会学、地质学、考古学、语言学、医学、动植物学等学科的成果为
其研究提供工具。而对自然科学工具的运用,包含着两层意思,一是将自然
科学的知识直接运用于历史研究领域,二是将自然科学的方法引入史学
领域。

总上两点,他们在实践中秉此思想为指引,不仅打破了中国旧学范围和
治学方法的束缚,引起了知识上、思想上的一种深刻的改革,还直接推动了
历史科学和其他相关学科之间的交叉整合,并在此基础之上催生了诸如民

---

① 顾颉刚:《1926 年始刊词》,《北京大学研究所国学门周刊》第 2 卷第 13 期,1926 年 1 月 6
　日,第 9、10 页。

俗学、民族学、历史人类学、历史社会学等新兴和交叉学科的诞生。

第二节　西南族群社会的田野调查和研究

中国传统的学术研究以经史子集为对象,学术界对于田野考察的概念是陌生的。随着近代国门渐开,田野考察的方法也随着西方传教士、探险家和人类学家、民族学工作者的东来而传到中国。国内学术界有计划的调查工作发轫于北大国学门风俗调查会对风俗材料的收集,但是成效不大。语史所成立之初,尽管顾颉刚曾在《语史所周刊》发刊词中积极号召同仁"要实地搜罗材料",进行实际调查工作,并且也为语史所的成员所接受,但是无论是《语史所周刊》、《民俗周刊》抑或"民俗学会小丛书",起初尚且不能解决调查的科学性问题,更不必说真正将调查活动付诸实践。

社会学家何思敬认为民俗学的调查工作有三重困难:一是不被学界理解;二是无章可循;三是采访对象的不理解。① 正是这些困难的存在,语史所同仁虽然在不同场合表达了实际调查的重要性,却还是不能自觉地将田野调查付诸实践。比如,钟敬文在《西南民族研究专号》上发表《惠阳羣仔山苗民的调查》一文,虽名为调查,实际上文中所得的大部分材料来自"曾经到过那里一回",对那里情况颇习熟的一位黄姓朋友,连钟敬文本人也认为所得材料"恐或有靠不住的地方,并且太过于简略了"。事实上,钟敬文本人距离羣仔山也"只有一百多里路",但"为俗事的羁绊,只到现在还没有去",于是请托羣仔山附近的一位朋友调查一下,但是未等朋友材料寄来,就将文章出版了。② 如此草率获得的材料难免遭到学界的批评。丁文江在读到《西南民族研究专号》所载 14 篇文章及辛树帜和傅斯年的一篇通信后,认为除辛、傅通讯、任国荣的《猺山游记》以及石兆棠的《獞人调查》③之外,其余文章"大抵出于编译,错误极多。例如贵州之仲家,实与獞人言语相同,与苗无关,专号中误以为苗"。因而对这一专号中"所言皆非科

---

① 参见何思敬:《读妙峰山进香专号》,《民俗》第 4 期,1928 年 4 月 11 日,第 3~4 页。

② 参见钟敬文:《惠阳羣仔山苗民的调查》,《语史所周刊》第 6 期,1927 年 12 月 6 日,第 144 页。

③ 笔者案:实际上,根据石兆棠本人在文章"最后的留言",他的这篇文章也是"凭心上所记忆"而匆匆写出,也不是一次有计划的调查,他自己认为如果有机会"能回乡再切实作科学的调查,必能多有贡献"。参见石兆棠:《獞人调查》,《语史所周刊·西南民族研究专号》第 35~36 期合刊,1928 年 7 月 4 日,第 93 页。

学"的材料,"读之颇为失望"。① 顾颉刚也认为这些材料"多半是在地方志里寻来的材料……这些材料的价值不能很高"。② 作为《语史所周刊》主编的余永梁在专号后附文检讨:此专号"也是整理纸上材料多,实际调查的少",因而"不很满意"。③

出现这种现象,一方面诚如容肇祖所说的"翻书之功为易,而探访或调查的不易";④另一方面,当时的国内学人对于调查存在着无章可循的困惑,同时还面临着经费短缺的困难,因而总结道:"我们因经费的不充分,我们尚未下手多作实地的调查",大多数材料都是"缺乏训练者的调查,有时不可靠"。⑤

在诸多的困难面前,语史所同仁没有退却,对西南民族研究的热情,使他们爆发了强烈的学术责任感。余永梁认为:"各民族的文化、语言、风俗、宗教与分布情形,除了调查没有更好的办法,现在交通一日千里,这些民族逐渐完全同化,若不及时调查,将来残留的痕迹也会消失,在文化政治上当然是很好的事,但是我们若不乘时研究,岂不是学术上一件损失?"⑥他们向学界声呼:"中山大学设在广州,对于西南诸省的民族研究实有不可辞的责任。"⑦强烈的学术使命感使得他们积极促成了辛树帜、杨成志的西南民族的调查活动,辛、杨等人严肃的科学实践精神不仅开辟了中国西南民族调查研究的新园地,也使得历史学、人类学、民族学以及民俗学的田野考察方式不再泾渭分明。

辛树帜此时虽身为中山大学生物系教授,但他对语史所的工作颇为同情。顾颉刚晚年回忆半个世纪之前能够在中山大学结识辛树帜,并成为他"五十年来不变之好友,此乃在中山大学时仅存硕果也"。⑧ 辛氏经常到语史所与傅斯年、顾颉刚等人商讨古史,以至于有人不满地在课堂上对学生说

① 丁文江:《丁文江致辛树帜的信》(日期不明),此信由顾颉刚转抄后登载在《语史所周刊·猺山调查专号》中,见顾颉刚:《跋语》,《语史所周刊·猺山调查专号》第46~47期合刊,1928年9月19日,第129页。
② 顾颉刚:《跋语》,《语史所周刊·猺山调查专号》第46~47期合刊,1928年9月19日,第129页。
③ 绍孟(余永梁):《编后》,《语史所周刊·西南民族研究专号》第35~36期合刊,1928年7月4日,第114页。
④ 容肇祖:《我最近对于〈民俗〉要说的话》,《民俗》第111期,1933年3月21日,第26页。
⑤ 容肇祖:《告读者》,《民俗》第71期,1929年7月31日,第1~3页。
⑥ 绍孟(余永梁):《编后》,《语史所周刊·西南民族研究专号》第35~36期合刊,1928年7月4日,第114页。
⑦ 顾颉刚:《跋语》,《语史所周刊·猺山调查专号》第46~47期合刊,1928年9月19日,第127页。
⑧ 顾颉刚:《顾颉刚日记》第2卷,1927年10月19日,1973年7月补记,台北:联经出版公司,2007年,第44页。

道:"辛树帜放弃生物系之职责,专帮历史研究所。"①早在 1927 年 11 月,辛树帜第一次进入到"前人未到之"猺(同"瑶")山采集动植物标本,为那里丰

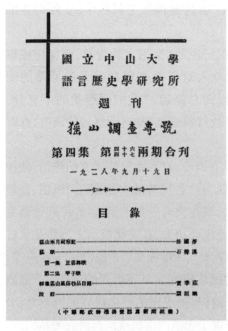

图 2-5 《猺山调查专号》封面

富的动植物资源惊诧的同时,也为猺人的原生态人文风俗所深深吸引,于是致信傅斯年:"望兄在史地科组织团体,赴两广、云贵等处搜求材料,使吾国南方史地开研究之生面。"②这可作为对西南民族调查最早的倡议。

1928 年 5 月,辛树帜再次组织动植物考察团前往广西猺山调查,傅斯年"嘱调查猺人风俗习惯"。考察历经 3 月有余,其调查的成果以《猺山调查专号》结集公开出版,内容包括任国荣的一篇《猺山两月视察记》,内容涉及猺山的地势、种族及猺民的职业、服饰及装饰、住居、交通、迷信、外力、雇工及租借、两性关系、礼节等方面;石声汉将征得的两百多首猺歌整理出《正猺歌舞》和《甲子歌》;黄季庄将搜集的服饰等风俗物品实物带回研究所。③ 客观看来,这次猺山调查意义至少有如下几点:

第一,具有科学的调查精神和严谨的治学态度。

辛树帜曾留学欧洲,受过良好的科学调查训练,民族调查虽非其本业,但他表现出的严谨治学精神丝毫不逊于专业的民族学调查工作者。辛树帜对调查团成员进行具体分工,由任国荣调查猺山社会制度和家族制度;黄季庄负责照片的拍摄以及服饰等特别器具的搜集;石声汉收集猺歌和编辑猺

---

① 顾颉刚:《顾颉刚日记》第 2 卷,1929 年 1 月 1 日,台北: 联经出版公司,2007 年,第 239 页。另据《顾颉刚日记》记载,辛树帜准备出版哺乳动物类丛书,而当时学校出版委员会负责人伍叔傥不肯签字,并谓辛树帜:"中山大学规程,已给顾颉刚破坏,现在你又来破坏么?"辛树帜于是与对方大闹,归来后对顾颉刚说:"我们二人真是众矢之的。"可见,顾辛二人在当时中山大学众多反对者面前惺惺相惜,关系非同一般(参见: 顾颉刚:《顾颉刚日记》第 2 卷,1928 年 12 月 26 日,台北: 联经出版公司,2007 年,第 234 页)。

② 辛树帜:《辛树帜致傅斯年的信》,1927 年 11 月 6 日,《语史所周刊》第 16 期,1928 年 2 月 14 日,第 11 页。

③ 顾颉刚:《跋语》,《语史所周刊·猺山调查专号》第 46~47 期合刊,1928 年 9 月 19 日,第 127 页。

音字典;辛树帜本人则主要通过书信向傅斯年、顾颉刚报告调查的进程及商讨调查的方法等。① 合理的分工不仅使他们的调查工作避免了重复,又能在紧张的采集动植物标本工作之余使民族调查有序地展开。对于猺山不同地区的猺民,由于山高路陡,地形复杂,不能"普查",因而选定在猺民居住相对集中的村落进行"选点调查"。在猺民的人种问题上,辛树帜不敢妄下结论,他说:"此间人种问题,非据此些许成绩所能定;当将猺山全部调查一过始能明白。"②随着对猺人调查研究的深入,辛树帜坦承前面的调查"几于全为所误",他在致信傅斯年时说道:"调查一种民族,时间太短,往往所得非所望,此不特极有趣味,盖亦极可注意者。"③辛树帜等人通过科学合理的分工和客观的调查态度,大大提高了所获材料的可信度。

第二,引起学界对西南民族研究的注意。

进入深山腹地,原生态的语言、风俗材料让辛树帜直呼:"此间实为学术界一大宝藏!"建议傅斯年挑选极能耐苦而又训练有素的调查员前往猺山作详细精到之研究,"猺山必将为世界学术界持一异彩矣"。④ 傅斯年接信后随即召开语史所第三次事务委员会会议,向与会人员报告猺人调查的进展,会议最终议决:"关于调查广西猺人事宜,由杨成志君与史禄国教授先与任国荣君接洽一切,然后由本所派专员到猺人地方实地调查。"⑤顾颉刚认为《广西猺山调查专号》以及稍前的《西南民族研究专号》为学界"揭示出一个题目",使学术界"知道天地间有所谓的'西南民族'也者,知道学问中有所谓'西南民族研究'的一回事也者"。⑥ 此后中研院史语所、社会科学研究所等学术团体及个人都曾深入西南深山不毛之地从事民族调查,西南民族的调查研究一时成为"研究学问的一个大宝藏"。⑦

---

① 辛树帜:《辛树帜致傅斯年的信》,约在 1928 年 6 月 20 日,《语史所周刊》第 42 期,1928 年 8 月 15 日,第 24 页。

② 辛树帜:《辛树帜致傅斯年的信》,1928 年 5 月 24 日,《语史所周刊》第 35~36 期合刊,1928 年 7 月 4 日,第 108 页。

③ 辛树帜:《辛树帜致傅斯年的信》,1928 年 6 月某日,《语史所周刊》第 42 期,1928 年 8 月 15 日,第 23 页。

④ 辛树帜:《辛树帜致傅斯年的信》,1928 年 5 月 30 日,《语史所周刊》第 35~36 期合刊,1928 年 7 月 4 日,第 111 页。

⑤ 《语史所事务委员会第三次会议记录》,1928 年 6 月 11 日,《语史所周刊》第 34 期,1928 年 6 月 20 日,第 40 页。后来杨成志等人并未前往广西猺山,而是进入更为偏远的云南进行调查。

⑥ 顾颉刚:《跋语》,《语史所周刊·猺山调查专号》第 46~47 期合刊,1928 年 9 月 19 日,第 128 页。

⑦ 主要有:1928 年 7 月中山大学语史所派杨成志、史禄国对云南罗罗族进行的调查;1928 年夏,中研院社会科学研究所派颜复礼、商承祚组成广西科学考察团,前往广西对瑶族进行调查;1928 年 8 月底,中研院史语所派助理研究员黎明光对川边的民族学调查等等。参见王建民:《中国民族学史》(上),昆明:云南教育出版社,1997 年,第 115~117 页。

第三,真实记载了猺人社会历史的真相。

由于学界以往没有人前往猺人居住地进行实地调查,因而外界对于猺人的认识往往会因讹传而谬之千里。例如《北京大学研究所国学门周刊》第二卷第十七期刊载《八排探猺记谈》,当时顾颉刚就非常相信此文记载的猺人每年举行腊会一次,残杀甚惨。"胜敌者取其首置之于神庙以示荣,肢其体,腊之于石窟,以供食。"他想当然地相信这是猺人汰弱留强的竞争,不仅使猺人体质成为"钢筋铁骨的蚩尤",又不失是消除因人口增长给他们生存带来危机的办法。① 但事实上,实地调查的结论则是:猺人"无论中年、少年哪一个不脸苍苍而言垂垂的? 精神已萎靡,做事也分外缓慢。"②而猺人控制人口增长的方式也使调查者大为吃惊:猺人"终日忧心忡忡的只虑着人口太多,不能养活,于是生儿育女之数目,往往要视他所有田地能养活几人为定衡。到了相当数目以后,所生的儿女,一概把他扼杀,抛在山谷中去,闻说连臭也不会臭的便不知去向了,在文明或不甚文明的社会中,虽然也免不了堕胎或杀女孩的习惯,但绝未曾听过这千篇一律、习而不觉的残恶行为。"③任国荣认为以前人们关于猺山地理如何险阻,猺人如何凶残,身体如何壮健,性质如何是勤苦,收入如何的富庶等等传言,"没有一句不是骗小孩的"。④ 此外,如外界传说的"若辈男女杂交混乱之状",经过实地调查,也只能"令人哂笑不已",⑤类于此类的误传还有很多,在此不一一列举。总之,面对诸如此类的荒诞之说,正如辛树帜致信傅斯年时说:"欲求真实之记载,非有科学头脑之人,再往详细调查不可。"⑥

第四,主张运用多学科的交叉研究。

作为一名科学家,辛树帜的调查不囿于文字的记载。他利用地理学知识及望远镜、高度表等工具辅助,对猺山的地理环境进行了详细的记载描述,更是特地让任国荣绘制了一份"就现在所知最详"的猺人分布地图,载明

---

① 参见顾颉刚:《跋语》,《语史所周刊·猺山调查专号》第46~47期合刊,1928年9月19日,第128页。

② 任国荣:《猺山两月视察记》,《语史所周刊·猺山调查专号》第46~47期合刊,1928年9月19日,第14页。

③ 任国荣:《猺山两月视察记》,《语史所周刊·猺山调查专号》第46~47期合刊,1928年9月19日,第17页。

④ 任国荣:《猺山两月视察记》,《语史所周刊·猺山调查专号》第46~47期合刊,1928年9月19日,第15页。

⑤ 辛树帜:《辛树帜致傅斯年的信》,1928年6月14日,《语史所周刊》第37期,1928年7月11日,第35页。

⑥ 辛树帜:《辛树帜致傅斯年的信》,1928年5月30日,《语史所周刊》第35~36期合刊,1928年7月4日,第111页。

"各猺分布界限";此外,还利用语言学的知识将搜集的猺歌用罗马字母注音拼出。① 在猺人的始源问题上,任国荣认为:"决不能以《后汉书·西南夷传》上一个槃瓠的故事为满足(杜氏《通典》已非之),亦绝非我们看一看,走一走可解决的,一方面固然要在我国地理志、县志、史书上考求,最紧要的还是利用科学方法测量他们的头骨,试验他们的脑力,再把他们的结果拢合起来作精密的比较。我希望国内的人类学家、心理学家、史学家、地理学家共同起来,对于这个问题作透辟而确切之研究。"②

综上所述,辛树帜等人对西南民族拓荒性的调查,具有重要的学术意义。顾颉刚认为此次调查"真是一件大功绩",对于调查所得的材料"真是说不尽的快乐和感谢,从此以后我们这个语言历史研究所中又开了一方新园地了!"③然而,这毕竟是一次以动植物采集为主的田野考察活动,虽然调查者白天采集动植物,晚上在昏暗的灯光下采集歌谣,标注方音,访问风俗,但先天缺乏专业调查方法训练,加之时间短促(两个月),仍使得他们的调查工作不能深入。一方面,辛树帜致信傅斯年:"深觉此间实为贵系待研究一大宝藏,惜弟此行太忙碌,同行各助教,事务亦极纷繁,未能多作调查,至觉歉然!"④石声汉也致信傅斯年说道:"承辛师指定作哺乳类及苔藓植物之采集,兼理队中一切函牍杂件,整日纷忙,暇暑无几;每日所能抽出为研究所之时间不多,故所获亦甚少,尚希原谅。"⑤任国荣也因采鸟,闲暇很少,对于观察方面不能臻于缜密,文字上更是糊里糊涂,记载下去,也是毫无系统的。⑥ 另一方面,《猺山两月视察记》遭到了时在广西传教的法国神父陈嘉言(Georges Caysac,1886~1946,1910年到桂传教)的质疑。陈神父在 1930 年出版的 *Bulletin M. E. P.*(《巴黎外方传教会简报》)上用法文将全文翻译出来,引用了 19 个注释并配

---

① 辛树帜:《辛树帜致傅斯年的信》,1928 年 6 月 7 日,《语史所周刊》第 35~36 期合刊,1928年 7 月 4 日。任国荣:《猺山两月视察记》,《语史所周刊·猺山调查专号》第 46~47 期合刊,1928 年 9 月 19 日,第 34 页。

② 任国荣:《猺山两月视察记》,《语史所周刊·猺山调查专号》第 46~47 期合刊,1928 年 9 月19 日,第 33 页。

③ 参见顾颉刚:《跋语》,《语史所周刊·猺山调查专号》第 46~47 期合刊,1928 年 9 月 19 日,第 127 页。

④ 辛树帜:《辛树帜致傅斯年的信》,1928 年 6 月 22 日,《语史所周刊》第 42 期,1928 年 8 月15 日,第 17 页。

⑤ 石声汉:《石声汉致傅斯年的信》,1928 年 6 月 23 日,《语史所周刊》第 42 期,1928 年 8 月15 日,第 20 页。

⑥ 任国荣:《猺山两月视察记》,《语史所周刊·猺山调查专号》第 46~47 期合刊,1928 年 9 月19 日,第 33 页。

有图片,就猺人生活区域、服饰穿着、饮食样式和生活水平等方面,提出了与任国荣差别比较大的认识。在今天看来,陈神父的看法更加接近于实际情况。①

猺山之行纵有诸多遗憾之处,但是这次调查犹如空谷足音,打破了学术界对西南民族研究的沉寂空气,中国第一次有组织的民族学田野调查已在悄悄酝酿之中了。

相对于辛树帜等人的猺人调查,史禄国率队的云南民族调查无疑是语史所同仁倾尽全力经过精心策划之后付诸实施的。

首先,聘定史禄国指导人类学、民族学调查训练工作。1928 年 5 月 12 日史禄国②抵穗就职语史所研究教授。中山大学之所以聘用这位被誉为“在中国人类学界的角色可比拟考古学界的安特生(J. G Andersson)”③的学者,是为了训练研究所给他派定的助手及研究室工作之学生,以养成学生在科学上之确切知识及研究工具的获得。④ 因而史氏到粤不久就开始讲授“民族学之一般概论”(General Introduction to Ethnology),用英语开讲,不用翻译,开设此科的目的即为“本校语言历史学研究所正计划下学期赴广西各省为人类学之调查,此科即为预备,以便稍得训练从事工作”。⑤

此外,语史所还有意安排杨成志作为史禄国的研究助手。史禄国本人不懂中文,交流只能用英文,毕业于私立岭南大学的杨成志,长于英文,所以当史禄国夫妇抵粤时,语史所就专门安排杨成志“前往庐州轮迎接一切”。⑥以后杨成志兼做史禄国的助手,这就为杨氏向史寻疑问学提供了难逢的机

① 此则材料由中山大学历史系博士生曾志辉兄翻译提供(2010 年),谨致谢忱!
② 史禄国(1889~1939),原名希罗科戈罗夫·谢尔盖·米哈伊洛维奇,俄国著名的人类学家,毕业于巴黎大学人类学学院。1915 年至 1917 年在中国东北多次进行民族志学、考古学和语言学调查。十月革命后流亡中国,从 1922 年至 1939 年先后在厦门大学、中山大学、清华大学、辅仁大学从事科研和教学工作,并到福建、广东、云南、东北等地进行学术调查。代表作有《满族的社会组织》、《北方通古斯的社会组织》(作者对鄂温克、鄂伦春等族统称为北方通古斯,“通古斯”在世界学术界已成为一学术名词),其中《北方通古斯的社会组织》一书从鄂温克人、鄂伦春人所处地理环境、经济类型、氏族分布、氏族组织和职能、婚姻、家庭、财产以及风俗习惯等方面都做了全面的阐述,是一本全面了解鄂温克、鄂伦春社会历史情况的参考书。参见史禄国著,吴有刚、赵复兴等译:《北方通古斯的社会组织·译者前言》,呼和浩特:内蒙古人民出版社,1984 年,第 1 页。
③ 杜正胜:《无中生有的志业:傅斯年的史学革命与史语所的创立》,杜正胜、王汎森主编:《新学术之路》(上),台北:中研院历史语言研究所,1998 年,第 30 页。
④ 参见《本校与史禄国签订合同内容》,《国立中山大学日报》1928 年 4 月 30 日,第 2 版。
⑤ 傅斯年:《文科告白》,《国立中山大学日报》1928 年 5 月 19 日,第 1 版。
⑥ 《人类学教授史禄国博士抵校经验丰富,著述多种》,《国立中山大学日报》1928 年 5 月 15 日,第 1 版。

会。美国人类学家顾定国（Gregory E. Guldin）在论述史杨二人的学术传承关系时说道："无论在课堂上还是在田野工作中，史禄国都教育自己的学生，让他们将人类学看作是一个充分整合了民族学与语言学及体质人类学的学科。杨成志在中山大学的时候从史禄国那里接受了这种教育，又将他传授给自己的学生；半个多世纪之后，杨又在我面前重复了这一课。"①由此而知，杨成志在人类学方面明显受到史禄国的影响。

其次，杨成志个人的不懈努力。1926 年 6 月，杨成志在顾颉刚、史禄国等人的鼓励之下翻译的《民俗学问题格》（译自英国 Charlotte Sophia Burne 女士的 *The Handbook of Folklore* 第二"问题篇"）作为"中山大学民俗学丛书"出版，该书的翻译旨在给国内从事民俗工作者提供从事调查时的"方法和手段"，是田野调查的指南。顾颉刚为之作序，并且鼓励杨成志用这本书所提供的指导"从事于实地的调查，做一个榜样给大家看"。② 此外杨成志还翻译了英国民俗学会出版的《民俗学概论》、东京帝国大学人类学教研室出版的《苗族的名称区别及地理上的分布与神话》、③美国耶鲁大学古代史教授 M. Rostovtzeff 的《历史之目的与方法》等著作。④ 以上外文书籍的翻译加深了他对人类学、民族学方面的理论认知，对其云南民族调查起到了良好的学术储备的作用。

图 2 - 6　从广州出发时的杨成志

在做好比较充分的准备之后，1928 年 7 月，研究所刊登云南调查消息："本所对于研究中国西南之山居民族（如广西、四川、云南、贵州各省之苗、猺、獞、罗罗……）认为近日切实工作之一，现除筹拟大规模之实地调查外，先于本暑假派本校人类学教授史禄国及其夫人，与杨成志君出发云

① 〔美〕顾定国：《中国人类学逸史：从马林诺斯基到莫斯科到毛泽东》，胡鸿保等译，北京：社会科学文献出版社，2000 年，第 59 页。

② 顾颉刚：《民族学问题格·序》，国立中山大学语史所，1928 年，叶春生等编：《典藏民俗学丛书》，哈尔滨：黑龙江人民出版社，2003 年，第 437 页。

③ 见《西南民族研究专号》，《语史所周刊》第 35~36 期合刊，1928 年 7 月 4 日，第 21 页。

④ 杨成志：《历史的目的及其方法》，《语史所周刊》第 15 期，1928 年 2 月 7 日，第 61 页。

南,专从事罗罗(即今天的彝族)之各种调查。"①后又加派容肇祖会同前往。② 7 月 10 日傅斯年、顾颉刚代表中研院在南园设宴"饯别赴滇调查诸君"。③ 12 日从广州出发,先后经过香港、海防(越南北部最大港口城市)、河内到达昆明。在昆明约一个月后,容肇祖因"中山大学开课在即"、不能久留之故,为两研究所购买了《云南通志》和一些拓本、民物学标本先行回粤。④ 容肇祖回到广州后,根据调查见闻写成了《云南种族及民俗调查报告书》,该报告的目录共有八个部分,具体如下:

一、调查云南种族的需要;

二、此次旅行程途及所费时间;

三、此行获得的罗罗的语言文字;

四、各种西蕃文字;

五、在云南购得的书籍;

六、关于风俗及语言的见闻;

七、古迹、古物之探讨;

八、东岳庙的一瞥。

由于容氏此行仓促,并未经过深入的调查便匆匆折回,加之缺少必要的人类学调查训练,仅就所见所闻所拼凑的调查报告,既无材料,更无研究可言。整个报告总计 12 页,平均下来,每部分内容还不到两页,敷衍了事,非常明显。故在容肇祖的调查报告末尾有一行粗体毛笔字特别强调:"此行恐未得最直接的材料,不复印!"从这行字的字体及说话人语气来分析,极可能出自傅斯年之手。⑤

① 《本所派员出发"调查云南"》,《语史所周刊》第 37 期,1928 年 7 月 11 日。研究所之所以改变原先前往广西的计划而去云南,可能是考虑到云南不仅是"西南民族的大本营"、"西南夷的根据地",而且还是"一座民族、语言和历史的图书馆"(参见杨成志:《杨成志致云南各县长转教育局长的信》,1929 年 10 月 20 日,《云南民族调查报告》,广州:中山大学语史所,1930 年,第 18 页)。
② 《加派容肇祖教授往滇调查猡猡人种生活》,《国立中山大学日报》1928 年 7 月 7 日,第 2 版。
③ 顾颉刚:《顾颉刚日记》第 2 卷,1928 年 7 月 10 日,台北:联经出版公司,2007 年,第 183 页。此次调查是受中山大学语史所和中研院史语所两机构共同派遣,同班人马,经费由中研院提供,但是调查成绩应归语史所所有。
④ 容肇祖:《我的家世和幼年》(原载《民俗学刊》第一辑,澳门出版社,2001 年),东莞市政协编:《容庚容肇祖学记》,广州:广东人民出版社,2004 年,第 253 页。容肇祖写出《云南种族及民俗调查报告书》,此报告连同容肇祖致傅斯年的两封信藏在台湾中研院史语所档案馆里(史语所档,元字第 186 和 187 号)。参见王汎森:《容肇祖与历史语言研究所》,东莞市政协编:《容庚容肇祖学记》,广州:广东人民出版社,2004 年,第 337 页。
⑤ 容肇祖:《云南种族及民俗调查报告书》,台北:史语所档,档案号:元 187—1。

在容肇祖回粤时,杨成志则与史禄国夫妇继续在昆明"测量学生、士兵和犯人的体格",不仅自己的时间也因帮助史禄国测量"大半消磨去",[①]更主要的是杨成志以为他们"赴滇的目的,不是专来购书和测量体格,却是要跑到高山穷谷调查罗罗族去",史禄国不敢前往"土匪遍野,山谷崎岖"的目的地,这使杨"失望极了"。[②]不得已杨成志只有千里走单骑,开始了长达两年,"足迹所经凡一两万里"的以罗罗族调查为主的田野考察工作。

此次调查活动是中国历史上第一次对云南民族有系统的调查,不仅在当时学术界有着重要的影响,[③]即使在当今也不无重要的学术意义。这主要表现在:

第一,记载和保存了弥足珍贵的史料。

杨成志认为"西南民族"中有下中上三级的野蛮时期和下中上三级的半野蛮时期的各种部族,可供人类学的测验、社会学的考察、民俗学的探讨、文字学的研究、语言学的比较、历史学的旁证、考古学的推求。朝着这块广大的学田开掘,能够为学术界提供研究上的新资料。[④]当杨氏深入前人未到的罗罗居住区之后,更加深信"这是人类学和民俗学研究上的故乡,心花喜放",尽情"享受这种世外的古代生活",随时随地,"眼不能闭,耳不能塞和笔不能停"记下了一路所见所闻。[⑤]同时,杨成志还搜购许多民族服饰、战刀、战甲、祭祀等数百件实物,拍摄数十张资料图片"都可以作为比较和分析的标本"。在昆明,杨成志利用去东陆大学(现云南大学前身)、云南省立师范等十几所学校演讲的机会,向学校师生宣讲民族调查的知识,发放《西南民族调查略表》、《西南民间文艺征求表》,得到了学生和地方政府的积极响应,杨氏将这些材料整理后,基本上能对云南全省的民族作一"鸟瞰式的观察"。

回到广州后,杨成志计划将调查记录所得的材料结合各种英、法、日、德等国20余本著述以及云南全省80多县县志的资料,编辑出版《云南民族志》。[⑥]其中弥足珍贵的是他搜集的20多本罗罗经书,归来后整理撰写成

①　杨成志:《杨成志致顾颉刚的信》,1928年8月22日,《语史所周刊》第76期,1929年4月10日,第42页。
②　杨成志:《云南民族调查报告》,广州:中山大学语史所,1930年7月,第11页。
③　1930年余逊、容媛在总结1929和1930年学术界十大消息时,杨成志的西南民族调查与北京猿人头盖骨的发现、安阳殷墟发掘等事件相并列,足见此次调查在当时学界的影响力。见《民国十八、十九年国内学术界消息》,《燕京学报》第8期,1930年12月,第1603~1626页。
④　杨成志:《云南调查报告·绪论》,广州:中山大学语史所,1930年,第4页。
⑤　杨成志:《云南调查报告·调查经过纪略》,广州:中山大学语史所,1930年,第10~14页。
⑥　杨成志:《云南调查报告·云南民族志资料》,广州:中山大学语史所,1930年,第58页。

《中罗字典》，使处于几近消亡的罗罗语言文字得以保存下来。无意中在昆明发现的《祈雨经》、《遣虫经》和《土俗经》，距今约 400 年，且为全世界最久远和最罕见的罗罗文献。对于这些"一着眼谁也便知"其为三四百年前"明代的遗物"，杨氏"用尽心机及方法"购得后"喜慰不已"，认为"不特是云南，亦即全国或全世界绝本"。他将这些经文的发现转告彼时前清状元、东陆大学校长袁嘉谷，以及前清进士、云南省立图书馆馆长秦光玉等人，引起了他们的高度重视。杨氏后来回忆，"他们闻而大悦，称为空前发见的宝物"，并将这些文献择要摄影后陈列在云南省博物馆。经考证，这些经书文本约产生于明代嘉靖、隆庆年间，历经刀兵水火的浩劫而流传至今，"洵古本之极可宝贵"的文献；从经书的内容来看，当属于神权时代云南当地少数民族遣虫、祈雨之书，对于学界了解神权时代"原始人的思想源泉和行为的真型"具有极高的文献价值。总之，此次调查为研究云南少数民族保存了许多弥足珍贵的史料，尤其对罗罗文献的搜集，"数量上比中外学人所得的为多，而在质的方面也多为前人所未见"。①

第二，调查结果为"开化边夷"张本。

凉山地区有着丰富的矿产、肥沃的土地以及茂密的森林资源，但因民智未开、交通不便等条件的限制而与世隔绝。杨成志认为西南民族凡一切都处在汉族的水平线以下，如果要对西南民族做到"亲善、扶持工作"，就必须着手第一步骤：明了其语言、心理、惯俗和文化。这也是孙中山所主张的"对内求境内各民族一律平等"的民族主义政策实现的关键。② 因而凉山地区的军政学各界对杨成志的调查抱以殷切的希望，巧家财政局长罗人吉、团防总局长蒋国标、县佐杨正深等人在给杨氏的信中无一例外地希望他在调查的基础之上提出一具体的办法，建议政府开化蛮地，化解蛮汉纷争，使他们享受安居乐业的生活。③ 在实际调查过程中，杨成志也认为凉山可以开化，并尽自己力量所及开办了两所小学，同时引导比较汉化的"蛮子"进入汉人区以加深相互了解。抗战时期，杨氏所著的《云南民族调查报告》再次引起西昌行辕主任张笃伦的注意，张氏拟在大凉山从事开发和开化夷民，诚邀杨成志组织"西康大凉山夷民考察团"，前往凉山实地调查，"为将来开化夷民之张本"。④

---

① 杨成志：《中国西南民族中的罗罗族》，《地学杂志》1934 年第 1 期，第 36~38 页。
② 杨成志：《云南调查报告·绪论》，广州：中山大学语史所，1930 年，第 4 页。
③ 参见杨成志：《云南民族调查报告·来往函件照录》，广州：中山大学语史所，1930 年，第 3~9 页。
④ 杨成志：《杨成志致邹鲁的信》，1940 年 3 月某日，广东省档案馆藏，档案编号：20—（2）—8。

第三,对国内田野调查方法一次积极的探索、实践。

作为国内首次有组织有计划的西南民族调查活动,杨成志在积极探索田野调查的实践与方法上贡献尤多。纵观杨氏的行程,我们可以看到,他在选定了罗罗族(彝族)作为调查的对象后,没有立刻前往罗罗居住区域,而是先前往昆明访问当地学者名流、专家教授,了解他们对民族情况的认识,然后查阅云南古典文献和地方志以了解云南古今民族社会历史的综合记载。同时,杨氏还登门拜访欧美各国的牧师、神父,了解他们在滇、川等地的天主教和基督教传布概况和关于西南民族的英、法文主要专著。杨成志在充分了解和掌握云南地方及国外关于罗罗族的文献记载基础之上,最后选定将金沙江沿岸的大小凉山罗罗族作为重点调查对象,探索其社会组织、制度、文化传统、生活方式以及语言文字。这种工作思路和方法实际上包涵了当今几乎所有社会科学调查过程中所必经的几个重要环节:(1)搜集与阅读相关资料;(2)访问相关人士;(3)确定主题(含地区、对象、事件等);(4)确定调查方法等。此外,杨氏在调查过程中做到了与调查对象三同(同吃、同住、同劳动),并学习当地的语言等,这些都比较能契合现代西方学者对田野调查工作的要求。① 因此杨氏的调查为中国早期的民族学、人类学考察提供了一种范式,这种范式对当今田野工作仍具一定的参考意义。②

第四,勇猛无畏的科学献身精神昭示后人。

罗罗族居住在川滇交界的凉山,去那里不仅要渡过水流湍急的金沙江,翻越陡崖绝壁的山道,更危险的是由于这里的罗罗经常"自由地掳杀汉民",不曾受过政治势力的支配,有"独立罗罗"之称。在杨成志前,有三名调查者因大江阻隔,不能前往凉山探险;一位英国调查者进入凉山后迅即被掳杀。因此,当地政府官员极力劝阻杨氏前往凉山,而杨成志则说:"我若此次得窥凉山,若得成功归来,定可作我国学术上的贡献;若中途不幸被掳杀时,是我好自为之,虽牺牲了命,与你们地方官无一点干涉的。"③于是在当地向导指引下前往目的地。

---

① 美国人类学家尤金. N. 科恩认为,田野工作者要求调查者"把自己融入他们所研究的民族生活里,试图了解、思考、感受、模仿另一种生活方式。广义而言,田野调查包括长期与另一种文化的民族住在一起,学习使用他们的语言,与他们建立社会关系,还包括单调、费时的记录观察,记下详细的笔记,参加日常活动"。参见〔美〕尤金. N. 科恩等:《文化人类学基础》,李富强译,北京:中国民间文艺出版社,1987 年,第 1~2 页。

② 参见施爱东:《早期民俗学者的田野考察及其方法探索》,《西北民族研究》2006 年第 1 期,第 116~129 页。

③ 杨成志:《云南调查报告·调查经过纪略》,广州:中山大学语史所,1930 年,第 13 页。

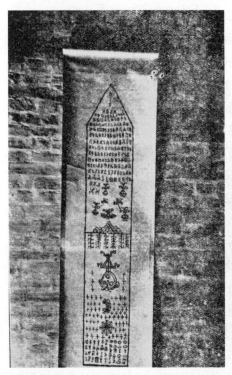

图2-7　杨成志收集的独立罗罗祭　　　图2-8　杨成志调查时住过的茅屋
　　　　天地时的咒语灵牌

　　在与罗罗共同生活的两个月里,杨氏同他们一起"过部落时代的衣食住的野蛮生活",住着与"六畜同堂"的茅屋,吃过"肝生"(生猪肝、肺、心、血加以辣子);因偷窃一块"灵牌"险些"结果了小命"。调查期间,杨成志用自备的药品治好了女奴隶主的脚病,制止了汉、罗之间一场械斗,凭借着真诚和随机应变的能力使杨氏最终取得罗罗酋长的信任,为他的调查提供了便利。① 此外,长期的调查工作,远离家人、朋友,每当"深夜思之,常流苦泪"。② 正是凭借这种冒险和甘受寂寞的精神使杨氏成为成功进入凉山调查之第一人,赢得了云南政学军界广泛赞誉:其冒险精神堪比张骞、班超,"明代徐霞客,欧洲麦哲伦","尊重科学历史的有心家","民族主义的实行家"等等。③

① 参见杨成志:《我与中山大学人类学系》,中山大学人类学系编:《梁钊韬与人类学》,广州:中山大学出版社,1991年,第136页。
② 杨成志:《杨成志致傅斯年的信》,1928年12月26日,《语史所周刊》第70期,1929年2月27日,第23页。
③ 具体请参阅杨成志:《云南调查报告·滇人赠语录》,广州:中山大学语史所,1930年,第10~22页。

虽然杨成志的云南之行成绩斐然,意义重大,但是如果以学术发展史的眼光来审视此次调查活动,还是存在着诸多不足。

首先是由于经费的紧缺等因素的影响致使调查的时间不足。

有学者根据当今国际上人类学家一般将 18 个月当作一个田野调查的时间单元,认为杨氏的"调查时间跨度符合调查的需要",①(杨氏自 1928 年 7 月 12 日起程至 1930 年 3 月 23 日回粤,共 1 年零 8 个月),对此笔者不敢苟同。

根据杨成志与语史所同仁的通信以及他后来在《调查经过纪略》等文章中的追述,这次调查活动的经过如表 2-1:

表 2-1　杨成志调查行纪表

时 间 跨 度	调查时间	地　点	工 作 内 容
1928 年 7 月中旬至 10 月	2 个半月	河口、昆明、东川	摘抄资料、人体测量、购买书籍
1928 年 10 月至 12 月	2 个月	六城坝、罗罗居住区	对罗罗的社会、风俗进行调查
1928 年 12 月至 1929 年 3 月	3 个月	巧家	跟白毛学习罗罗族语言
1929 年 3 月至 1929 年 5 月	2 个月	巧家	跟夷人学习夷人、花苗、青苗语言
1929 年 5 月至 1930 年 3 月	10 个月	昆明	演讲、调查昆明周边散民、子君等民族
1930 年 3 月初至 3 月下旬回粤	半个月	昆明至河口途中	从事各种猺人的调查

由上表可以看到,杨氏的云南之行时间跨度虽历时 20 个月,但对此次出发前调查计划中"罗罗人种生活状况"的调查仅为 2 个月,而不在计划中的昆明周边民族调查长达 10 个月之久,虽有意外斩获,但也使得整个调查计划的连贯性受到限制;另外,由于滇黔内战开始,杨氏"不得已"改变去昭通、贵州等地调查的计划,而返回昆明;当其正在昆明调查古迹、名胜,筹备踏遍云南全省四年的调查工作计划时,研究所又几次"函电交催",这使杨氏"大失

---

① 王建民认为杨成志的西南民族调查"前后用了 1 年零 8 个月的时间,无论调查的时间长度、调查的深入程度及调查内容的明确方向和专门化方面,都显现出他的此次调查是学科发展史中的重要事件"。参见王建民:《中国民族学史》(上),昆明:云南教育出版社,1997 年,第 117 页。

所望",不得不"中途归来",①而致使杨氏中途中止调查活动的最主要原因在于经费的"无着落"。在致顾颉刚的信中我们得知,杨成志从史禄国那里分得的六七百元加上研究所先后寄去的 1 200 元,调查经费总计 1 800 元左右,而在调查途中遇到的美国同行 D. Rock 的旅费高达"十数万",所收集的物品"简直以数倍于原价购来",这使杨成志既是羡慕又是嫉妒,感叹道:

> 说起西南民族的调查和能进凉山实地考察去的第一个中国人,在我们数千年来以本研究所为先锋。若本所果真想开掘云南省的民族、语言、风俗底宝库,对于我的调查费万不能不加以丰富的供给,然后才能进行。否则,徒事标榜,对于学术的阐明实无补也。②

待杨氏归来之后,语史所召开第一次所务会议,鉴于杨成志在西南民族调查中所取得的重大成绩,何思敬当即提议"再派杨君至云南调查一次",但因经费的有限,最后议决:"俟经费有着落时再说"。③

总之,笔者认为此次调查活动的计划因"史禄国出了岔"④以及经费和战争等主客观因素的影响,使原先的调查计划多次发生变化,总体上的目的性与连贯性不高,因而不能因整个调查时间跨度较大,武断地认为杨氏的调查就符合西方学术界所谓的时间跨度的"科学标准"。事实上,田野调查很难有固定划一的形式,应该根据具体的调查计划以及规模等因素来客观的衡量。很明显,无论是从两年来"奔走于山国"的杨成志自我认知,还是从当时研究所同仁的意见来看,杨氏的"云南之行"在时间安排上是非常仓促的,这也不能不影响杨成志的实际工作成绩。

其次是调查方法和工具的应用上有欠成熟。

施爱东认为"成功的人类学调查多数是以个人为单位来开展工作的",⑤而杨氏只身进入凉山地区属于"歪打正着"。事实上,在从事田野工

---

① 杨成志:《云南调查报告·调查经过纪略》,广州:中山大学语史所,1930 年,第 20 页。
② 杨成志:《杨成志致顾主任(顾颉刚)及委员诸先生的信》,1929 年 5 月 20 日,《语史所周刊》第 89、90 期合刊,1929 年 7 月 17 日,第 42 页。
③ 《语史所第一次会议记录》,《国立中山大学日报》1930 年 4 月 17 日,第 2 版。
④ 顾颉刚在日记中写道:赴滇调查"是我主持中山大学研究所时,作到组织一团体考察彝族的唯一事件,结果史禄国出了岔,惟容肇祖、杨成志写出一册报告尔"(参见顾颉刚:《顾颉刚日记》第 2 卷,1928 年 7 月 10 日,1973 年 7 月补记,台北:联经出版公司,2007 年,第 184 页)。
⑤ 施爱东:《早期民俗学者的田野考察及其方法探索》,《西北民族研究》2006 年第 1 期,第 127 页。

作的过程中,一方面要求调查者个人的体验、参与融入;另一方面更是要求调查者以客观的眼光来记录、分析调查对象,如果多人(最好其中还有女性参加)参与同一调查对象的协作工作就会大大提高观察的客观性。正如史禄国在谈到他夫人对其"通古斯"调查的帮助时说:在对少数民族的考察时,"即使是和平的考察者,如果不带家属,这些民族通常也是不大信任的"。"没有妇女的帮助,对某些民族的生活方式进行深入的了解也是绝对办不到的。不仅如此,在很多情况下,对事实的观察,尤其是同一时间不同地方进行各种习俗和礼仪的观察,至少需要两名实地观察者的协作。"①例如,1935年费孝通对广西瑶族的调查也是遵循史禄国的指导,和新婚妻子一起前往调查的。

最后,杨氏在调查工具的应用上明显不足。从云南省主席龙云给杨成志开的介绍信中,我们知道杨氏此去凉山是为了"考察人种,测验体格",②而当史禄国在测量学生、士兵和犯人体格时,他表现了极大的不理解,认为"赴滇的目的不是测量体格",时间不该这么消散去。杨成志对人类学的体质测量与其说是不理解,不如说还是没有认识到体质测量的重要意义。一年多的实际考察使他的认识彻底改变。1930年5月1日,杨成志受邀前往岭南大学演讲时说道:"外国人研究什么科学,总比中国人高明一点,这句话就是兄弟研究西南民族问题的结果,也觉得不能不加以承认。为什么呢?他们利用实验的方法来考察复杂的概况,而且能从他们研究的结果中弄出一点假定的结论来,他们研究西南民族的方法,除开自己亲跑到西南民族居住的地方外,即施以人类学的测验、惯俗的实录和语言的比较。"③

缺乏严格的专业训练使杨成志对云南调查的资料一筹莫展,即使在《云南调查报告》等文章出版之后,获得学界的一致好评,但他的内心仍然感到其文章尚"不能跻于专门的研究"。④ 在得到学校相关部门的批准后,杨氏于1932年带着搜集来的材料,前往法国,寻求进一步深造。留法后,杨成志对人类学的认识逐渐加深:"除听课外,我特注重技术上的学习,在人类学实验室学习测量学(anthropmeter)及头骨学(crāneologic),作世界各人种的比较。"⑤这

① 史禄国著,吴有刚、赵复兴等译:《北方通古斯的社会组织·作者序言》,呼和浩特:内蒙古人民出版社,1984年,第2页。

② 参见《云南省政府龙主席介绍信》,《云南民族调查报告·附录》,广州:中山大学语史所,1930年,第1页。

③ 杨成志:《西南民族概论》(杨成志1930年5月1日,在岭南大学的演讲词),《西南民族调查报告·附录》,广州:中山大学语史所,1930年,第33页。

④ 杨成志:《我对于云南罗罗族研究的计划》,《禹贡》第1卷第4期,1934年4月,第27页。

⑤ 杨成志:《我对于云南罗罗族研究的计划》,《禹贡》第1卷第4期,1934年4月,第29页。

也正是当年史禄国所从事的人类学测量工作。

揭开杨成志对调查知识掌握有欠成熟的原因,还要从史禄国另一位学生费孝通那里寻找答案。1933 年 5 月,费孝通经吴文藻引荐,考入清华大学,师从史禄国学习体质人类学。史禄国按照欧洲传统的人类学模式对费孝通进行综合训练,仅作为人类学基础的体质人类学中的人体测量、统计、分析就花去费氏 1 年多的时间,为费氏打下深厚的"学术基础,受用了一生"。① 反观杨成志和史禄国两人从认识到去云南调查,前后不到两个月的时间(史氏 1928 年 5 月 15 日到中山大学,7 月 12 日调查队出发),在此期间杨氏很难向史禄国系统学习体质人类学知识。可惜的是,当时史禄国的代表作《北方通古斯的社会组织》一书 1933 年才由商务印书馆出版,因而书中所运用的调查观念及其方法,杨成志可能无从得知。

第三节　西南研究的新风

语史所建立后,在不长的时间内(包括后来的文史研究所和文科研究所),通过提倡实地调查,鼓吹民俗学运动,广泛搜罗材料,运用多种自然科学知识作为研讨学问的工具,深入实地从事于民族学、人类学调查活动等,形成了自己鲜明的治学特色,由此在中国南方造就了一个崭新的学术研究基地,并迅速向全国辐射其影响力。

前文有述,中国南方自古以来就有少数民族分布范围广、种类多的特点,蕴藏着丰富的民族学、人类学资源。由于地处岭南亲海,热带民风、地理环境有利于全年进行田野工作。独特的人文背景和优越的自然条件使之成为国内外学术团体和个人进行民族学、人类学调查研究的理想区域。傅斯年在《史语所工作之旨趣》中曾计划史语所的工作地点"一部分在广州,一部分在北京",因为在他看来:

> 在广州的四方是最丰富于语言学和人类学的材料的,汉语将来之大成全靠各种方言之研究,广东省内及邻省有很多种的方言,可以每种每种的细细研究,并制定表式,用语音学帮助,作比较的调查。至于人类学的材料,则汉族以外还有几个小民族,汉族以内,有几个不同的式

---

① 费孝通:《从史禄国老师学习体质人类学》,《师承·补课·治学》,北京:三联书店,2002年,第 92~121 页。

和部居,这些最可宝贵的材料怕要渐渐以开化和交通的缘故而消灭,我们想赶紧着手采集。①

然而后来史语所全部撤离广州,由于受地域的限制,加之后来傅斯年将工作的重心转向了考古发掘等工作,因而对南部少数民族的调查工作就显得不足。相反,语史所却利用了这种地域优势,多次对南方少数民族做了实地调查和测量工作,从中得到了大量人类学、民族学、语言学的资料。如广西瑶人调查(1928年,辛树帜、黄季庄等)、云南罗罗调查(1928年,杨成志)、广东北江瑶人调查(1936年,杨成志、江应樑、王兴瑞等)、西康罗罗及新疆民族调查(1936年,梁瓯第)、海南岛黎民调查(1937年,王兴瑞、杨成志、江应樑等)、云南摆夷(傣族)调查(1937年,江应樑)、乳源瑶人调查(1941年,杨成志、梁钊韬、王启澍等)、贵州苗人调查(1943年,王启澍)等。此外还有岑家梧对滇黔各民族的考察和研究,雷镜鎏对云南澂江和贵州瑶族的调查等。以上所列的调查研究成果"或成专著,或在国内外学术刊物上先后发表",②均能在深入实地展开调查的基础上,对各少数民族的历史渊源及其社会结构、经济生活状况作出比较详备的考察研究。这些成就,都为中国现代意义上的西南民族研究作出了开创性的贡献。

研究所同仁在科学方法论指导之下,一方面提倡"从纸堆和自然界中找材料没有什么高下之分",在肯定传世文献文本价值的同时,注重"眼光向下",深入田间地头、深山野林,回归历史现场,通过实地"采风问俗",将各种来自民间的物质遗存以及口述资料纳入学术研究的视野;另一方面主张站在新时代的立场上,"承载现代学术最适当的方法",以科学精神将中国向来最为丰富的人文社会学科重新建设,从而引起人们思想上的彻底改革。为此他们在研究的实践中把天文学、语言学、人类学、民族学、考古学等作为研治学问的工具,逐渐形成了一种全新的学科研究范式。概括地说,在材料上,注重传统文献与田野调查资料互相补充、印证;在研究方法上,强调多学科交叉研究。

杨成志认为中山大学的人类学研究始于语史所的建立,③起初是研究

---

① 傅斯年:《历史语言研究所工作之旨趣》,《历史语言研究所集刊》第1本第1分,1928年10月,第9页。

② 参见杨成志:《国立中山大学设立人类学系建议书》,刘昭瑞编:《杨成志文集》,广州:中山大学出版社,2004年,第263页。

③ 杨成志1948年向教育部建议在中山大学设立人类学系时说:"本大学对人类学之研究已有二十年之历史(起自十六年语言历史学研究)。"见杨成志:《国立中山大学设立人类学系建议书》,刘昭瑞编:《杨成志文集》,广州:中山大学出版社,2004年,第137页。

民俗学，"后来却与民族学、人类学的研究会合起来了"。① 早期的民俗学研究虽然从一开始就强调要到民众中"采风问俗"，通过田野调查实地搜罗材料，利用"现代研究学问最适当的方法"去研读材料，但是由于缺乏民族学、人类学专门的学科训练，使得他们对于占有的材料无法消化。杨成志的云南民族调查就是个实例，在1930年出版《西南民族调查报告专号》一书中，杨氏一方面利用关于云南的正史、方志、私家记载以及从外国传教士里访得的文献材料；一方面结合自己实地调查所得材料来描述罗罗族源、社会组织、语言文字、风俗习惯等。纵观整个专号的内容，唯一能够谈得上研究性的文字当属他利用现代语音学知识对罗罗文字进行注音，尽管其在专号中以及后来的诸多场合表示过对"人类学的测验"高明表示赞赏，但终因"我国向无人类学一科，实付缺如，无可纪"。② 诚如当时的一位评论者所说：

图 2 - 9　朱希祖

　　盖此运动（指民俗学运动——笔者注）之倡导者多为文学家、历史学家，缺乏民俗学、人类学、民族学、社会学之理论基础，眼光较为狭隘，其结果，事实多而理论少，琐屑之材料多而能作比较研究者少。即其所得之大部分之民间文艺资料，在文学上或不失为无价值，然自民俗学、人类学、民族学、社会学观点看来，叙述技术亦嫌不足，故乏科学价值可言。③

这一批评显然是中肯的，他指出的正是早期中国民族学发展的"软肋"——缺乏理论指导和必要的学科训练。

① 钟敬文：《加强民间文艺学的研究工作：〈民间文艺学文丛〉代卷头语》，杨哲编：《钟敬文生平思想及著作》，石家庄：河北教育出版社，1991年，第404页。日本民俗学家直江广治也指出："由于中山大学民俗学会的蓬勃发展，使民族学进入科学研究的轨道。"又说："中国的民族学研究工作，可谓是由中山大学正式开始的。"参见〔日〕直江广治：《中国民俗学》，林怀卿译，台南：世一书局，1980年，第210~218页。

② 杨成志：《西南民族·自序》，国立中山大学西南研究会编：《西南研究》创刊号，1932年2月10日，第14页。

③ 古通今：《〈民俗〉复刊号：兼评我国民俗学运动》，《大公报·科学副刊》（天津）第10期，1936年11月14日，第11版。

不过,此时中国的民族学研究虽还有诸多的弊端,但由语史所同仁倡导的民族学研究范式却已逐渐形成。1932 年,朱希祖在《恢复〈民俗〉周刊的发刊词》(该刊物为不定期刊物)中总结民俗学研究的方法时说道:

> 今后要从两个方面着手:一是纵的,从历史的记载上搜集材料;一是横的,从地理的分布上调查材料;再须协合历史学家、社会学家、人类学家、宗教学家、艺术家,以及民族心理学家等等,共同商定条理,着手搜集调查,研究整理。①

据朱希祖之意,民俗学研究的方法可以归纳为:在材料搜集上文本与实际调查所得相结合,同时主张在历史学、人类学、宗教学、心理学等学科的辅助下进行学科的交叉研究。这种独特治学方法自形成以后,便被积极应用到实际研究领域中,并在实践中不断完善和发展,时至今日仍然为学界所称道、传承,影响久远。

1928 年 6 月,顾颉刚在致胡适的信中说道:"我深信这一年中已为广东学界造成一个新风气。"②也正是在这种学术新风的影响之下,语史所及其后起机构的同仁都能前赴后继将先辈开创的学术事业发扬光大,终在南国建起一片研治学问的新园地。

---

① 朱希祖:《恢复〈民俗〉周刊发刊词》,《民俗》第 111 期,1933 年 3 月 21 日,第 1 页。
② 顾颉刚:《顾颉刚致胡适的信》,1928 年 6 月 15 日,中国社会科学院近代史研究所编:《胡适来往书信选》,北京:中华书局,1979 年,第 481 页。

第三章 岭南大学西南社会经济
研究所与中国西南研究

岭南大学作为近代中国南方的一所学术重镇,对中国的高等教育和学术建设具有深刻的影响。该校的西南社会经济研究所是一所现代人文学术科研机构。该所同仁以西南社会经济文化研究为职志,开展以广东省为中心的西南区域社会经济文化的调查与研究,通过倡导田野调查与文献分析相结合,历史学、社会学、人类学等学科理论交叉借鉴的学术实践方法,不仅为今天学界研究西南文化留下了一手的学术资料,且其开拓的学术研究领域和倡导的学术理路深刻地影响了以中山大学为中心的南部中国的一批学人,在中国现代西南研究中具有重要的学术成就和影响。本章旨在以该所的运作理念和学术实践为考察视角,由个人扩大到群体,力图阐述该研究所的学术成就及其影响。

第一节 西南社会经济研究所的建置

中国现代意义上的西南研究兴起于 20 世纪二三十年代,一方面由于抗战军兴,全国主要的高校及研究机构陆续西迁,纷纷利用其地理之便对西南社会进行近距离的调查与研究,留下了不少关于西南社会的调查报告。如大夏大学西迁至贵阳,以吴泽霖、陈国钧等人为首的社会学系师生就对贵州的苗夷进行了调查,其内容涵盖贵州少数民族社会经济、文化教育、风俗习惯、地理分布、语言梗概和习惯法等;①西南联大化学教授曾昭抡于 1941 年7 月带领黎国彬等 10 名来自西南联大各系的学生,组成"川康科学考察

---

① 吴泽霖、陈国钧等:《贵州苗夷社会研究》,贵阳:贵州文通书局,1942 年。

团",对凉山的罗罗族进行了一次综合性的民族调查。① 只是这类调查大都随着战事结束和高校陆续迁回而归于消散。②

另一方面主要是由地处西南的两所学术重镇——中山大学及岭南大学中,以陈序经、伍锐麟、杨成志为首的学者对西南社会展开的长期调查和研究。陈序经在《研究西南文化的意义》一文中曾对该项调研的意义作了这样的说明:

> 二十年来,我无时不注意西南文化的研究……西南文化为什么值得我们这样深切的注意? 我常常认为:西南是西方文化输入最早的地方,是新文化的策源地;西南又是中国传统文化传播最迟的地方,是固有文化的保留所;再从另一方面看,西南的民族极为繁复,若干文化还保存着原始文化的特征,西南又可说是原始文化的博览会。因为有了这几方面的特色,西南在中国文化史而至一般文化学的研究上,就有极重大的意义。③

在他看来,研究西南文化的意义首先是因南方在唐宋间已与外洋接触,南洋一带的货物,最先输入广州;同时,西洋文化的输入,也以南方为最早,无论是新式的经济设施,还是新的政治运动、新的宗教思想,都先发源于南方,如果"欲明了近百年来中国社会的变迁历程,南方可以找到无限的具体的资料"。其次,南方地区受到中国传统主流文化的覆盖虽较北方为晚,但却是目前本土文化保存最为完整的地区,直至现在,西南各地还可以发现固有文化的真面目,如氏族制度、宗法制度等。陈氏认为"广东的祠堂之多,为各省冠,每乡必有祠堂及宗产,政治、法律事件,全由族中长老处置,祠堂为一乡经济、政治、文化、教育的中心";宗产以至大家族中的宗法制度,在北方都不易见到,若能将中国古代的社会文化与西南文化,作比较的研究,必有重要的学术成绩。其三,西南的民族,种类繁多,其社会文化多保留着原始的状态,有的仍保留着从事于狩猎生产的习俗,而凉山罗罗还施行奴隶制度,贵州还有交表婚制及图腾崇拜等,这是"研究初民文化的好资料"。第四,南方与外国交通较早,又因为闽粤二省地少人稠,所以南方人到南洋或欧美经营商业的特别多。华侨旅居海外,将其劳力所得,接济祖国,繁荣了南方的社

---

① 曾昭抡:《大凉山夷区考察记》,昆明:求真出版社,1945年。
② 关于抗战时期其他学术团体、机构及个人对西南的民族学田野调查,参见王建民:《中国民族学史》(上),昆明:云南教育出版社,1997年,第229~243页。
③ 陈序经:《研究西南文化的意义》,《社会学讯》第7期,1948年4月20日,第1版。

会,假使"我们把华侨做中心,详细分析南方社会的新的经济、政治、教育以及种种制度的发展,一定发现了它与华侨有着最密切的关系"。① 基于以上四方面的综合考虑,陈序经认为,"要探究中国固有文化的真相,只可于西南文化中求之"。②

鉴于"南中国社会调查工作实为尚未开辟之园地,而社会情形千变万化,转瞬便成陈迹,苟不详细调查,则重要材料自不免于沉埋湮没"。③ 为推动此项工作的展开,伍锐麟、陈序经④于1932年3月在岭南大学创设了社会研究所,作为教员和学生联合组织,"以研究社会实在状况为主旨",⑤"为促进及实施南中国之社会调查,而关于社会研究之理论,亦甚注重。"⑥由伍锐麟自任所长,另设执行委员三人,研究员若干,以联络各所成员或本所有关系之研究与调查工作。1937年春,社会研究所更名为西南社会调查所,仍由伍氏任所长。1938年冬,广州沦陷,岭南大学播迁香港、曲江等地,伍氏离校,所长由文学院院长庄泽宣兼代,旋因"战时种种困难,工作遂告停顿"。⑦

此时,作为创办人之一的陈序经虽已北上天津担任南开大学社会经济研究所主任,却仍十分关怀此项工作,他希望通过成立一专门的研究机构来研究西南的社会经济。抗战胜利后,他仍表示:"西南既是原始文化的展览会,又是固有文化的保留所,它在人类学及文化史的研究上是极重要的,可是自西方文化输入以后,受了西方文化的影响,而尤其是经过这次抗战以后,西南文化的变迁,极为急速,原始的、固有的文化,就有逐渐消灭的可能,

---

① 陈序经:《社会学与西南文化之研究》,《社会学讯·中国社会学社广州区第九届年会特刊》第8期,1948年12月19日,第3版;岭南大学西南社会经济研究所编:《岭南大学西南社会经济研究所概况》,1949年5月,第13页。

② 岭南大学西南社会经济研究所编:《岭南大学西南社会经济研究所概况》,1949年5月,第12页。

③ 《社会研究所沙南调查结束》,《私立岭南大学校报周刊》第6卷第5期,1933年11月15日,第73页。

④ 伍锐麟和陈序经二人既是美国伊利诺伊大学(University of Illinois)的同学,又是连襟兄弟(陈序经的妻子黄素芬与伍锐麟的妻子黄素莲为亲姊妹,后者称前者为二姐,称陈序经为"经哥")。参见何国强编:《逸事述略·代序》,《粤海虞衡卌一秋:伍锐麟调查报告集》,香港:国际炎黄文化出版社,2005年,第8页。

⑤ 《补助社会研究所调查暨民经费》,《私立岭南大学校报周刊》第5卷第2期,1932年9月30日,第41页。

⑥ 《社会研究所概况》,《私立岭南大学一览》(布告类第51号),1943年6月,第240页。伍锐麟在《沙南疍民调查》中也说,"岭南社会研究所的目的是在于促进和实施南中国的社会调查",见伍锐麟:《沙南疍民调查》,《岭南学报》第3卷第1期,1934年1月,第8页。

⑦ 岭南大学西南社会经济研究所编:《岭南大学西南社会经济研究所概况》,广州:1949年,第1页。

假使我们不从速设法研究,将来时过境
迁,到了那个时候,就欲研究,也无从研究
了。所以我们很想办一个机关,专门从事
这种工作。"①只是南开大学已经迁回天
津,远离西南,无法成立专门研究西南的
机构。

1948 年 6 月,原岭南大学校长李应
林因"积劳深恐影响身体健康",辞去校
长一职,岭南大学校董会常务会决定聘请
时任南开大学经济研究所所长的陈序经
为代理校长。② 同年秋,陈氏"摒挡南开
教务"到岭南大学就职,随即召回伍锐
麟,与其"商量恢复该所工作",③并"设法

图 3-1　陈序经

充实设备,扩大组织",颁布《组织章程》,将原"社会调查所"更名为"西南社
会经济研究所","以研究西南社会经济为宗旨",即日恢复工作。④《组织章
程》规定研究所设所长一人,"总理研究所一切事宜";总干事一人,襄助所
长办理一切事宜,均由校长聘任。该所成立之初只有所长伍锐麟一人负责
社会学研究,后又调原南开经济研究所的同事岑家梧为总干事,负责民族学
研究。同时设立研究员、助理研究员若干名,负责各项专题研究,均由所长
聘任之。现根据相关资料将该所研究人员及其简历列表如下:⑤

---

① 陈序经:《关于西南文化的研究》,中山大学社会学系编:《社会研究周刊》第 14 期,1947
年 4 月 16 日。

② 《李校长倦勤辞职,陈序经博士接长校务》,《岭南大学校报》(康乐再版号)第 80 期,1948
年 6 月 30 日,第 3 版。

③ 陈序经:《最近一年的岭南大学》,《岭南大学校报》(康乐再版号)第 103 期,1949 年 10 月
14 日,第 1 版;陈序经:《三水疍民调查·序》,伍锐麟:《三水疍民调查》,广州:岭南大学
西南社会经济研究所,1948 年 12 月,第 2 页。

④ 岭南大学西南社会经济研究所编:《岭南大学西南社会经济研究所概况》,1949 年 5 月,第
1 页。

⑤ *The South West and Economics Institute Lingnan University: A Review its Activities*, May 1949,
Canton, China, pp. 14—16;《本学年度新聘教员一览》,《岭南大学校报》(康乐再版号)第
83 期,1948 年 10 月 10 日,第 3 版;《本学期各学院新聘教授题名》,《岭南大学校报》(康乐
再版号)第 94 期,1949 年 3 月 10 日,第 3 版;《大学本学期新聘教授略历》(一),《岭南大学
校报》(康乐再版号)第 104 期,1949 年 11 月 1 日,第 4 版;南开大学经济研究所编:《本所
现任教员一览》,《十年来南开大学经济研究所》,天津,1937 年,第 58 页;《南开大学经济
研究所概况》,天津,1940 年,第 12 页;易汉文主编:《中山大学专家小传》,广州:中山大学
出版社,2004 年,第 521 页。

表 3-1 西南社会经济研究所研究成员一览表

姓 名	籍 贯	毕业学校	研究兴趣	工 作 履 历
伍锐麟	广州台山	伊利诺伊大学硕士	社会学	岭南大学社会学系教授
岑家梧	海南澄迈	中山大学文科研究所	人类学、民族学	大夏大学副教授、中山大学教授
陈序经	广东文昌	伊利诺伊大学博士	社会学、历史学	南开大学、岭南大学教授
杨庆堃	广东南海	密歇根大学博士	社会学	华盛顿大学、岭南大学社会学系教授
吴大业	广东高要	哈佛大学硕士	经济统计	南开大学商学院讲师、岭南大学教授
刘泽霖	广州台山	不详	经济学	复旦大学银行系、岭南大学经济系教授
梁方仲	广东番禺	清华大学经济学硕士	历史学、经济学	"中央研究院"社会科学研究所、岭南大学教授
司徒森	不详	岭南大学商学士	经济学	岭南大学经济系教授
张纯明	河南洛阳	耶鲁大学博士	政治学	南开大学教授、岭南大学历史政治学系教授
王兴瑞	海南乐会	中山大学文科研究所硕士	历史学、人类学	中山大学文科研究所、广雅中学校长
江应樑	云南昆明	中山大学文科研究所硕士	历史学、人类学	中山大学、珠海大学历史系教授
张维持	广东珠海	岭南大学文学士	社会学、考古学	岭南大学社会学系讲师

表 3-1 所列的研究所成员均是"目前正在为研究所进行的各种相关的研究或调查的人员"。① 从中可见,这些人的专业(该所的研究成员具有不同的专业学科背景)涵盖了历史学、人类学、社会学、经济学等诸多学科领域,其中有多人具有在国外学习的学术背景。自 1950 年后,何肇发、彭新雨、王正宪、丁文治以及高年华、谭彼岸等人也加入研究所的工作之中。② 如果再考

---

① *The South West Social and Economics Institute Lingnan University: A Review its Activities*, May 1949, Canton, China, p.14.

② 西南社会经济研究所曾出版《社会经济研究》,何肇发、彭新雨、丁文治等人既是该杂志的编辑委员会的成员,同时也参与研究所组织的调查与研究工作,因此笔者认为他们参加到研究所的工作之中。参见西南社会经济研究所编:《社会经济研究》第 1 期,1951 年 1 月;《社会经济研究》第 2 期,1951 年 9 月。

虑到研究所出版专刊的作者群以及经常在一起论学时形成的学术交际圈，那么该所的外围研究人员至少还包括黄文山、戴裔煊、董家遵等具有人类学、历史学或社会学背景的学人。

其工作计划主要包括：

（一）室内工作：（1）有关西南社会经济之专题研究；（2）辑校有关西南社会经济之文献；（3）翻译有关西南社会经济之著作；（4）绘制有关西南社会经济图表及模型。

（二）实地调查：（1）西南物产资源之调查；（2）西南农村社会经济之调查；（3）西南土地制度之调查；（4）西南工商业及金融之调查；（5）西南物价之调查；（6）西南劳工之调查；（7）西南民族之调查；（8）南洋华侨社会经济之调查。

（三）特殊设置：搜罗图籍、档册、古物、民间记述、民俗品及物产资源标本，整理陈列，藉供研究上之参考。

（四）出版：除继续出版专刊外，拟编印各种文献目录及图表等。[①]

研究所的室内研究工作主要分为西南社会经济文献的编印出版，尤其注意地方文献及档案的搜集；并要求对"实地调查，特别注意"。[②] 该所成立不久便与美国洛克菲勒基金会（Rockefeller Foundation）、夏威夷太平洋国际关系研究会、中国基金会以及广州市社会局建立了合作关系，一定程度上保证了研究所的调查和出版工作的顺利开展。[③]

1952年全国院系调整，岭南大学并入中山大学，西南社会经济研究所也随之撤销，研究所的大部分研究人员进入到中山大学历史学系任教。

第二节　田野调查研究的拓展

西南社会经济研究所自1932年成立以来，对于"实地调查，特别注意"，陈序经更是将实地田野调查作为研究工作的重要步骤。自社会研究所时起，该所的调查主要分为三部分：一为历史方面研究，二为专案方面研究，

---

① 岭南大学西南社会经济研究所编：《岭南大学西南社会经济研究所概况》，广州，1949年，第6~7页。

② 岭南大学西南社会经济研究所编：《岭南大学西南社会经济研究所概况》，广州，1949年，第2页。

③ 何国强编：《逸事述略·代序》，《粤海虞衡卅一秋：伍锐麟调查报告集》，香港：国际炎黄文化出版社，2005年，第11页。

三为社会方面研究。① 现将历次重要调查工作列表如下：

表 3 - 2　西南社会经济研究所历次调查一览表②

序号	调查时间	调查地点	主要调查人	调查成果
1	1932 年 6 月至 1933 年 8 月	沙南疍民调查	陈序经、伍锐麟及社会学系学生	《沙南疍民调查报告》
2	1932 年夏	新凤凰村调查	伯哈德·霍马恩（Bernhard Hormann）	报告书未出版
3	1933 年秋至 1934 年秋	旧凤凰村调查	伍锐麟、黄恩怜	《旧凤凰村调查报告》
4	1934 年 3 月	三水河口疍民调查	陈序经、伍锐麟、梁锡辉等	《三水河口疍民调查报告》
5	1936 年 10 月	从化大江埔调查	伍锐麟、冯乐、周信铭等	调查报告未出版
6	1937 年春	海南黎苗调查	伍锐麟、杨成志、王兴瑞、何元炯、江应樑等	报告书未出版
7	1937 年	广州人力车夫调查	伍锐麟及岭南大学社会系 30 名学生	《广州市人力车夫调查》
8	1937 年	广州河南岛下渡村七十六家调查	伍锐麟及岭南大学社会学系学生	《广州市河南岛下渡村七十六家调查》
9	1938 年夏	广州回教社会调查	岑家梧	《广州回教社会调查》
10	1948 年	广州鹭江村调查	杨庆堃、何肇发、刘耀荃等	《鹭江的权力结构》等
11	1950 年	广州市难民调查	杨庆堃、何肇发、刘耀荃等	《广州市乞丐的个案研究》

从表 3 - 2 我们可以发现,研究所的调查基本上都集中在广东省内,其调查对象主要集中在三个方面:一是对疍民的调查;二是对广州农村社会的调查;三是对广州市车夫和难民的调查;四是对海南岛苗黎的调查。以下从这四个方面对研究所的调查活动依序介绍之。

---

① 《社会研究所概况》,《私立岭南大学一览》(布告类)第 51 号,广州,1943 年,第 240 页。
② 岭南大学西南社会经济研究所编:《岭南大学西南社会经济研究所概况》,广州,1949 年,第 2~3 页;《西南社会调查所消息》,《私立岭南大学校报》第 9 卷第 19 期,1937 年 6 月 15 日,第 286 页;西南社会经济研究所编:《社会经济研究》第 1 期,1951 年 1 月。

（一）疍民的调查

在闽江和珠江流域以船为家的水上居民，他们在饮食、起居、婚姻及丧祭等日常生活方面，"自成一个世界，别有一个天地"，①一般人将其称为"疍家"。中国传统史学，素略于一般民众的社会生活，疍民作为受人蔑视的"贱族"，其生活风俗的种种自然更为人所不屑。

研究所同仁鉴于疍民位置的重要性，认为其研究"刻不容缓"，自 1928 年起，岭南大学社会学系已特别注意这种工作，惜因种种条件的限制，其研究"时而继续，时而停止"，直到 1932 年春岭南大学社会研究所成立，研究工作才逐渐步入正轨。

按照岭南大学社会研究所同仁拟定的工作计划，对于疍民的研究范围，起先设定在闽江和珠江流域，但又考虑到"人才经济，各种困难，故决意从较小的地方入手，然后逐渐扩大范围"，最终达到"对于两流域的疍民都有相当的认识"。② 因此，研究所同仁首先选择与岭南大学隔（珠）江相望的沙南疍民作为调查研究的起点。

选择沙南调查，主要是由于该调查点的疍民与岭南大学师生有着密切的关系。其一，岭南大学位于广州对面的河南岛，在有机动船之前，往来岭南大学与广州时横渡珠江的交通工具完全依赖艇舶，这些艇舶中约有四十艘专为岭南大学师生服务，船工达百人左右。在岭南大学生活较久的人，"没有一个不和这些疍民相认识"，且从岭南大学坐艇到广州，逆流时约需要

图 3-2　从沙南眺望岭南大学码头

---

① 伍锐麟、陈序经：《沙南疍民调查》，《岭南学报》第 3 卷第 1 期，1934 年 1 月，第 4 页。
② 伍锐麟、陈序经：《沙南疍民调查》，《岭南学报》第 3 卷第 1 期，1934 年 1 月，第 10 页。

五十分钟,顺流时也要半个多小时,其间岭南大学师生与疍民可以"谈天说地","问长问短",因而对于"彼此情况,相谂较详"。其二,岭南大学原为基督会学校,具有浓厚的宗教色彩。那些热衷于宗教事业的人,在宣传宗教时,与疍民接触较多,不仅注意疍民的宗教信仰,对其生活的各方面了解也较多。其三,对疍民教育上的帮助。岭南大学青年会开办义务学校,其中疍民子弟入学者不在少数,后来岭南大学的方社社员在沙南设有专门教育有志向学的疍民子弟的学校,"博得了沙南疍民的同情"。其四,地理位置较近。岭南大学与沙南一江之隔,数分钟之内即可泛舟登岸,便于调查员随时有机会,对疍民进行访问调查。①

对沙南疍民的调查,始于1932年6月,迄于1933年8月底,由陈序经主理历史方面的研究,伍锐麟负责实际调查资料的搜集工作。研究所同仁选择疍户129家并挨户查询,而由社会学系学生雷砺琼、王贤爱、余比薇、陈迈曹、叶息机、黄恩怜、刘春华、梁锡辉、李藉赐、余炳墉十君襄助之,另雇助理

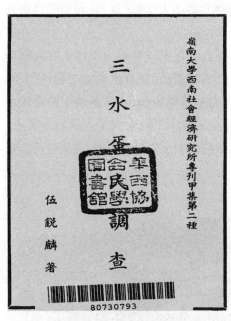

员两人协助其事。由陈序经、伍锐麟共同主理婚姻、礼俗、娱乐、宗教、家庭生活、道德观念等二十四种调查,举凡疍民之人口问题、经济情形、职业状况、健康程度等等,无不详细查询而详加分析之。此外,调查结束后,学校当局拨款1400元为印刷费,1934年由《岭南学报》刊出调查报告。②

在此基础上,为对疍民社会展开"普遍研究",1934年3月24日至29日及同年7月至8月,研究所同仁陈序经、伍锐麟、梁锡辉及向导何格恩四人两次溯粤江③而上至三水河口、肇庆、梧州等地,调查疍民的生活文化。整个调查过程中,

图 3-3 《三水蛋民调查》

---

① 伍锐麟、陈序经:《沙南疍民调查》,《岭南学报》第3卷第1期,1934年1月,第10~12页。
② 《社会研究所沙南调查结束》,《私立岭南大学校报周刊》第6卷第5期,1933年11月15日,第73页。
③ 粤江,即珠江的旧称,分西江、北江、东江,总称粤江,因广州市内段的江中有一名为海珠的沙洲,故又称珠江。

由陈序经负责在河面居住的疍民历史,伍锐麟和梁锡辉则在岸上调查河口小学的疍民子弟及当地公安局、航务管理局等部门的统计资料。调查结束后,研究所同仁集中对三水河口疍民的人口现状、教育状况、社会组织、宗教信仰、家庭生活、娱乐卫生以及语言与歌谣进行整理,并将调查报告刊登在1936年8月出版的《岭南学报》第5卷第5期上,1948年12月作为岭南大学西南社会经济所专刊出版单行本。① 1946年10月,在两次疍民调查的材料基础之上,陈序经结合相关历史文献,写成《疍民的研究》一书,由商务印书馆出版,这是中国第一部系统研究疍民历史的著作。

(二) 广州农村社会调查

1. 旧凤凰村调查

凤凰村是南中国一个典型的旧式农村,位于岭南大学康乐校园(今中山大学海珠校区)西南闸之南,建设厅蚕丝改良局之西,伍村之北,交通颇为便利,因为百年前该村的一些居民搬到岭南大学西边居住,建立了新凤凰村,所以原来的凤凰村常被称为"旧凤凰村"。对旧凤凰村调查的目的之一是为了同1932年夏由美国人伯哈德·霍马恩(Bernhard Hormann)主持的新凤凰村调查结果相验证。1933年秋至1934年秋,社会研究所继完成沙南疍民调查后,对位于广州河南的旧凤凰村进行了为时一年的社会调查。

选择旧凤凰村进行调查,其原因约有数端:首先,具有一定的调查基础。1933年7月,番禺县政府曾对旧凤凰村做过人口调查,这些材料只要加以统计整理即可得出比较可靠的结果;另外,考虑到中国人"素不喜欢把自己的家庭经济状况告诉别人,有钱的恐怕给人家知道了回去抢劫,贫乏的又恐怕给人家看低"的习惯,研究所利用在凤岭小学任教的周沛霖、庐子陵和学生家长接触较多的机会,从事"最困难的"家庭经济调查。其次,在调查的二百户中,共有三十六个不同的姓氏,而在普通的中国农村,大多一村仅有一至两姓,即有别姓人士,也仅占很少的人数。该村的情况,表明其中人口流动频繁,自然家族团结力也相当薄弱。最后,从经济收入上看,旧凤凰村的商业收入居第一位,而雇工和农产收入居后,因此可以看出凤凰村城市化的程度加深,已成为广州市的"附庸"。

参加调查统计的有岭南大学社会调查所的教师及选读"农村社会学"的学生共十余人。调查分人口调查、家庭经济调查和社会调查三项,采用表格式和访问式两种调查方法,内容包括旧凤凰村的氏族及人口、家庭经济、社

---

① 伍锐麟:《三水河口疍民调查报告》,《岭南学报》第5卷第5期,1936年8月,第10页。

会组织、经济状况、教育状况、婚姻制度、娱乐、卫生状况、宗教信仰、歌谣等十个方面。1935 年,由伍锐麟、黄恩怜执笔写成调查报告发表在《岭南学报》第 4 卷第 3 期上。①

2. 河南岛下渡村七十六家调查

下渡村位于广州河南岛中部,北临珠江,南靠新港公路,距离广州市中心约 3 公里(伍氏调查时隶属于番禺县第三区),水陆交通便利,村民多以农工为业。1937 年“七七”事变后,伍锐麟利用课余之暇带领岭南大学选读“社会调查”的同学对广州下渡村七十六个家庭进行调查。调查主要集中在三个方面:一是家庭与人口的情形;二是经济情形;三是社会生活状况。调查结果表明,下渡村因毗邻广州市,中国工商业的发展对该村产生了重要的影响,下渡“已不是纯粹的农村”,并预言:“将来广州市也许要扩大市区,那时,下渡村说不定会被划入市区而繁荣起来哩。”②调查结束后,由伍锐麟撰写调查报告,刊于 1941 年《岭南学报》第 6 卷第 4 期上。

3. 广州鹭江村调查

1948 年秋,岭南大学聘请杨庆堃任社会学系代主任,讲授社会学文化史,③次年正式就任社会学系主任。④ 杨庆堃自接手社会系以后,发现岭南大学的社会学系面临两个主要问题:“一个是怎样改进课程内容,怎样将最新近的社会知识去配合中国社会建设的需要;另一个是怎样积极地发展社会实地研究和训练,使书本知识和社会现实之间的距离,尽量缩短。”⑤为此,社会学系于 1948 年 9 月至 1949 年 2 月整个学期不断针对这两个问题展开讨论。

首先,杨庆堃通过比较美国各大学社会学系的课程设置后,认为社会科学的研究太多依靠思辨,导致结论不够“科学”。因此,他强调“要多学习统

---

① 伍锐麟、黄恩怜:《旧凤凰村调查报告》,《岭南学报》第 4 卷第 3 期,1935 年 8 月,第 93～162 页。

② 伍锐麟:《广州市河南下渡村七十六家调查》,《岭南学报》第 6 卷第 4 期,1941 年 6 月,第 302 页。

③ 1948 年秋学期开学时,岭南大学公布了一批新聘请的教职员名单,其中对杨庆堃的任职及履历为:“杨庆堃教授兼社会学系代主任,担任科目是社会学、中国文化史。美国密斯根大学大学博士,曾任美国《纽约商报》总编辑、华盛顿大学教授。”见《岭南大学校报》(康乐再版号)第 83 期,1948 年 10 月 10 日,第 3 版。

④ 1949 年 9 月 28 日,岭南大学校务会议本学期第一次会议通过的院系负责人名单,“社会学系主任:杨庆堃教授”,见《岭南大学校报》(康乐再版号)第 104 期,1949 年 11 月 1 日,第 3 版。

⑤ 杨庆堃:《社会学系半年来的实地工作方针》,《岭南大学校报》(康乐再版号)第 105 期,1949 年 11 月 16 日,第 1 版。

计学,多做个案研究,对社会现象作量化和典型的分析",这样就能更准确去认识和研究社会。基于此,杨氏主张在社区研究专业"强化社会调查课、社会研究的方法论,以及作为方法论工具的统计学,增设专题研究、社会学统计,乃至图表制作与分析等课程"。据杨庆堃的助手王玲回忆,也有其他教师有不同的意见,"认为不能削弱社会历史、民族、民俗、文化等方面课程的设置"。① 经过讨论,自 1948 年春季学期开始,社会学系(含儿童福利专业和社区研究专业)开设的课程主要有:社会学原理、中国社会史、初民社会、社会个案工作等,后来又为高年级开设"社区专题研究"。②

其次,杨庆堃认为中国的社会学理论和书籍大都根据西方的事实或意识编成,书本知识和社会知识之间有距离,这也是中国近一二十年来社会学教育一直缺乏重要成果的主要原因。为缩短教学与实用的距离,社会学系议定设立乡村和城市两个实地研究中心,但由于人才和经费的短缺,故城市研究中心的设立"不能不暂时从缓"。而乡村研究中心则因岭南大学"周围就是农村,员生往返方便,农村社区组织比较简单,研究工作易于着手",遂得先加实施,其计划的第一步是对岭南大学周围的七个村庄进行"粗查和观察"。在认真分析了各村土地、经济来源、人口、分配等方面因素后,最终选定比较能代表华南城市郊区农村特点的鹭江村作为田野调查点。③

1949 年春,美国芝加哥大学社会科学院院长、人类学家罗伯特·瑞斐德(Robert Redfield)访问岭南大学,期间杨庆堃亲自带瑞斐德到鹭江村视察,④

---

① 王玲:《追思恩师教益》,广州岭南大学社会系部分学生编印:《纪念社会学家杨庆堃教授》,2005 年,第 149 页。岭南大学社会系在 1937～1938 年度开设的科目当中,有语言学、人类学、社会人类学、原始社会宗教等科目,这些科目都是人类学专业必修或选修的科目,因此,他人的不同意见可以看作对原来课程体系的一种坚持。见李明瑞编:《岭南大学》,香港:岭南(大学)筹募发展委员会,1997 年,第 154 页。

② 《岭南大学社会学系课程》,《岭南大学校报》(康乐再版号)第 98 期,1949 年 4 月,第 3 版。

③ 杨庆堃:《社会学系半年来的实地工作方针》,《岭南大学校报》(康乐再版号)第 105 期,1949 年 11 月 16 日,第 1 版。参加此次调查的学生刘耀荃回忆道:杨庆堃当时公开说过选鹭江作为调查重点理由是:(一)鹭江地点适中,离学校不近不远,交通方便;(二)村庄人口数目也比较适中,不多不少,而且居住相当集中;(三)村民基本以农业生产为主,但生产种类较多,水稻、蔬菜、塘鱼、水果、副业等都各占一定的比重,能代表华南城市郊区农村经济的类型;(四)村内有两个大姓(车、莫),封建家族色彩比较浓厚,在华南农村地区有一定的代表性;(五)岭南大学有些学生是该村人,也有一定的社会关系可以利用。参见刘耀荃:《岭南大学社会系主任杨庆堃在鹭江村搞的社会调查》,中国人民政治协商会议广东省广州市委员会文史资料研究委员会编:《广东文史资料》第 13 辑,广州:1964 年,第 144 页。

④ 刘耀荃:《岭南大学社会系主任杨庆堃在鹭江村搞的社会调查》,中国人民政治协商会议广东省广州市委员会文史资料研究委员会编:《广东文史资料》第 13 辑,广州,1964 年,第 148 页。

并在瑞氏的帮助之下,从美国获得了一些经济资助,开始了鹭江村的调查工作。①

为了从理论上和组织上推进对鹭江调查工作的顺利开展,杨庆堃加强了田野调查队伍的培养,自 1949 年初,他便在社会学系高年级学生中开设了"专题研究"的必修课程,修这门课程的都是其"得意门生",如刘耀荃、徐展华、张淑芳、正宝杰、简慕贞、钱楚文等。其中徐展华、刘耀荃二人最为杨氏所中意,1950 年徐、刘二人从岭南大学毕业,他便设法将徐展华留在西南社会经济研究所工作,刘耀荃则留在社会学系,其目的就是要他们"成为研究鹭江村的主力"。② 为了扩大学生的知识面,杨氏还曾专门聘请美国潘德民神父(Father Putman)开设统计分析和制图的选修课。③

此外,他还拟定了鹭江村调查研究的项目,让学生从中选择自己的学年论文或毕业论文题目,其中比较重要的项目如鹭江的人口结构、土地关系、居民职业、社会变迁、权力结构等,学生可以单独或合作的方式负责调查和撰写论文。在研究项目分配后,由各人拟定论文的提纲和调查项目,经杨氏审定后,分头下乡,展开实地调查。如果学生在调查和撰写论文过程中遇到困难,尤其是在理论上进行分析、归纳没有把握时,可随时提出集体讨论。

第三,为了解鹭江村的人口和土地分配的相关信息,杨氏通过广州市地政局取得了一份大比例尺的"广州市地政局鹭江田亩的丈量登记图";利用岭南大学鹭江办理的"鹭江保国民学校"和"鹭江国术学校"接触村民,以及以社会系的名义购买水车、打谷机等农具送给鹭江村民使用,从而博得当地村民的信任,为调查工作的顺利开展奠定了基础。此外,在取得调查统计资料后,杨氏将从美国带回来的在当时尚属罕见的两台手摇式计算机放在办公室,以方便对调查的部分数据进行分析处理。④

鹭江村调查结束后,学生在杨氏的指导下撰写以鹭江村为题的毕业论文,有刘耀荃的《鹭江村的权力结构》,张淑芳、黄定国的《鹭江村四代阶级

① 阎明:《一个学科与一个时代:社会学在中国》,北京:清华大学出版社,2004 年,第 231 页。
② 王玲:《追思恩师教益》,广州岭南大学社会系部分学生编印:《纪念社会学家杨庆堃教授》,2005 年,第 152 页。
③ 该材料由杨氏的助教王玲根据搜集的资料和在社会系办公室工读时的记忆整理。参见王玲:《杨庆堃在岭南大学》,广州岭南大学社会系部分学生编印:《纪念社会学家杨庆堃教授》,2005 年,第 27 页。
④ 徐展华:《对杨庆堃教授学术思想的一些领会》,广州岭南大学社会系部分学生编印:《纪念社会学家杨庆堃教授》,2005 年,第 105 页。

及职业的流变》,钱楚文的《鹭江村娱乐活动的研究》,谭文焕、简慕贞的《鹭江儿童家庭教养调查》,正宝杰的《鹭江家族与祭礼调查》等。① 1952年杨氏离开中国到达美国后,根据记忆将调查材料复原,用英文先后出版了《共产主义革命中的中国家庭》(*The Chinese Family in the Communist Revolution*, 1959)、《共产主义转变初期的一个中国乡村》(*A Chinese Village in Early Communist Transition*, 1959)及《中国社会的宗教》(*Religion in Chinese Society*, 1961)等三部著作,②书中提到的南景村(Nan Ching Village),其原型就是鹭江村。③

(三) 广州市车夫和难民的调查

1. 广州市六百人力车夫生活状况之调查

广州为南中国最大都市之一,全市有人力车6 000辆左右,车夫达16 000人,随着以汽车为主的交通工具满布全市,车夫的生活"日渐困苦",为了解广州人力车夫的"生活之底蕴",伍锐麟带领岭南大学社会学系选读"社会调查"课程的30名学生,以广州东堤一带的手车夫为实习调查的对象。该调查始于1936年7月,止于1937年6月,调查小组利用车夫休息空间对车夫进行"见机而问"或"旁敲侧击"等自由谈话式的询问,让"车夫于不知不觉间,流露出其真确的情形与状况,以求确实的答复为止"。④ 经过近一年的调查走访,完成了对六百名人力车夫的经济收支、教育程度、婚姻状况、生活习惯以及手车制度等方面的调查,并提出对车夫救济须从经济、卫生和教育三方面入手的建议。调查结果整理成《广州市六百人力车夫生活状况之调查》刊登在1938年《资治》第2、3期上。在实地调查研究的基础之上,伍氏又对全国各地的人力车夫进行了比较研究,探讨了中国人力车夫的历史、分布、人数以及各地的人力车制度和车夫的

---

① 这些论文在1952年院系调整后归中山大学保管,论文装帧精美,字迹清晰,近年由香港岭南大学出资,委托中山大学图书馆工作人员逐一扫描,现在原本藏在香港岭南大学,复印本藏在中山大学图书馆五楼校史特藏室。

② 阎明:《一个学科与一个时代:社会学在中国》,北京:清华大学出版社,2004年,第298页。

③ 后来杨氏又将《共产主义革命中的中国家庭》和《共产主义转变初期的一个中国乡村》合并出版,取名为《中国共产主义社会的家庭与乡村》(*Chinese Communist Society: The Family and the Village*, 1965)。参见广州岭南大学社会系部分学生编印:《纪念社会学家杨庆堃教授》,2005年,第56页。

④ 伍锐麟:《广州市六百人力车夫生活状况之调查》,原载《资治》1938年第2、3期,何国强编:《粤海虞衡卅一秋:伍锐麟调查报告集》,香港:国际炎黄文化出版社,2005年,第339页。

生活状况。①

2. 广州难民调查

1950 年初,广州市人民政府举办"冬季救济"慈善活动,将市内大部分难民集中到三个难民收容所,加以教育、救济及改造。杨庆堃认为这是"收集和分析旧社会遗留下来的社会问题最好的机会",主张对这些难民进行跟踪调查研究。本次调查由何肇发和刘耀荃主持,前后凡 6 周,参加者有社会学系的黄翠玉、甘心海、钟德珠、王玲等十名学生。先是对海珠桥底下无家可归的失业者、游民、乞丐进行个案调查,后又到难民收容所进行跟踪访问,访问的内容预先制成表格,关系到难民的各个方面,"可说是一个难民的生命史"。本次共调查访问了 532 名难民,得到有价值问卷 485 份,调查所得资料由何肇发整理后以《广州市乞丐的个案研究》为题刊登在西南社会经济研究所自办的《社会经济研究》(1951)第一期上。该文分前后两部分,前半部为综合的分析,后半部为个案研究,全面展现了"乞丐的生命过程中的生活方式怎样从组织到解体"的历史过程。②

(四) 海南岛苗黎调查

陈济棠主持粤政后,欲开发海南岛,将其变为种植热带经济作物的基地。经济开发,首先要了解海南少数民族的经济文化,其时陈序经任职的南开经济研究所虽有哈佛燕京学社的资助,经费充裕,意欲研究海南苗黎文化,但是囿于地理位置,鞭长莫及,因有扶植岭南社会研究所的私愿,陈氏便设法拨出大洋 5000 元与岭南大学社会研究所合作,并规定此项经费只能用于广东农村经济和海南岛苗黎文化的研究,而后者则看上了当时在国内民族调查中颇有名气的中山大学文科研究所以杨成志为首的研究团队,希望与中山大学合作开展海南岛黎苗调查。③

1937 年 1 月 28 日,经过"经三个月之奔走,十五次之折冲",岭南大学西南社会调查所与中山大学文科研究所正式签订合约,合组海南岛黎苗考察团。④

① 伍锐麟、白铨:《中国人力车夫的研究》(1939),何国强编:《粤海虞衡卌一秋:伍锐麟调查报告集》,香港:国际炎黄文化出版社,2005 年,第 374~390 页。

② 以上参见广州岭南大学社会系部分学生编印:《纪念社会学家杨庆堃教授》,2005 年,第 153 页;何肇发:《广州市乞丐的个案研究》,岭南大学社会经济研究所编:《社会经济研究》第 1 期,1951 年 1 月,第 231~232 页。

③ 参见何国强编:《逸事述略·代序》,《粤海虞衡卌一秋:伍锐麟调查报告集》,香港:国际炎黄文化出版社,2005 年,第 9~10 页。

④ 《私立岭南大学西南社会调查所国立中山大学研究员文科研究所海南岛黎苗考察团组织经过》,中山大学研究院文科研究所编:《民俗》第 1 卷第 3 期,1937 年 6 月 30 日,第 1 页。

该考察团的目标是"为明了海南岛黎苗族之来源、文化程度、生活状况、社会组织起见,特组织黎苗考察团,前往实地调查;并愿以研究所得结果,贡献于社会,以为政府开发琼崖暨学者研究西南民族之参考"。① 考察经费由岭南大学西南社会调查所负担(实际经费为国币1400元),出版费用由两所平均分担。② 该团由中山大学文科研究所杨成志任团长(筹备委员会副主席),参加团员有岭南大学伍锐麟(筹备委员会副主席),中山大学文科研究所研究生王兴瑞、江应樑(自费参加),岭南大学西南社会调查所研究生何元炯等,广州三星电影社技术员邝伯鹗亦携摄影机随考察团到五指山拍摄黎苗活动影片。③ 另外,为集思广益起见,特敦请两所大学、广东省政府及熟悉琼岛黎苗情形的黄慕松、邹鲁、陈序经等十人为考察团顾问。④

1937年2月4日,考察团一行六人自广州乘太古公司广州轮启程。考察分两个阶段:第一阶段为时一月,期间团员各有分工,以"免费时及重复之弊",在经过的琼山、安定、文昌、乐会、万宁、陵水等黎苗区域,除少数县区"因时间迫促,不能履临外",几乎覆盖海南全岛,⑤基本完成了对琼岛黎苗生活的鸟瞰式观察。3月14日杨成志、伍锐麟等四人自海口乘海轮启程回广州,并带有黎男一人、黎妇四人到广州观光,在岭南大学和中山大学先后展出调查所得的民俗物品及摄影作品等;⑥第二阶段为期约四个月,由王兴瑞、何元炯继续对五指山黎苗的经济、社会、宗教、村落等做深入调查。⑦ 1937年6月5日,王兴瑞、何元炯先后返校。⑧ 调查归来后,王兴瑞撰成《海南岛黎人研究》,取得硕士学位,1948年出版《海南岛之苗人》等。但是,大部分的调查材料和数据毁于1941年香港沦陷。⑨

---

① 《海南岛黎苗考察团简章》,《中山大学日报》1937年1月30日,第6版。

② 《考察团备忘录》,《民俗》第1卷第3期,1937年6月30日,第2页。

③ 《研究院文科研究所海南岛黎苗考察团定期出发》,《国立中山大学日报》1937年1月30日,第5、6版。

④ 《考察职员表》,《民俗》第1卷第3期,1937年6月30日,第7~8页。

⑤ 《两大学合组之黎苗考察过港返粤:杨成志博士谈考察经过情形》,《民俗》第1卷第3期,1937年6月30日,第11~12页。

⑥ 《文科研究所海南岛黎苗民俗品及摄影展览会讯》,《国立中山大学日报》1937年3月24日,第2版;《西南社会调查所消息》,《私立岭南大学校报》第9卷第19期,1937年6月15日,第286页。

⑦ 《海南岛黎苗考察团计划大纲》,《民俗》第1卷第3期,1937年6月30日,第9页。

⑧ 《海南岛黎苗考察团团员工作结束返校》,《国立中山大学日报》1937年6月8日,第2版;《海南岛黎苗考察团结束》,《私立岭南大学校报》,第9卷第19期,1937年6月15日,第286页。

⑨ *The South West and Economics Institute Lingnan University: A Review its Activities*, May 1949, Canton, China, p.5.

　　除以上列举几次较大规模的调查外,尚有 1948 年夏岑家梧主持的"广州回教社会调查";①伍锐麟、周信铭等人的广东从化农村调查;②江应樑的"滇南沙甸回教农村调查"等,③这次调查因留下史料有限,具体情况难以勾稽。

　　研究所同仁在广泛进行深入调查的同时,也将调查结果整理成报告出版,其研究作品先后通过两种途径陆续发表出来:一是通过校内外的期刊刊出;二是以社会研究所和岭南大学西南社会经济研究所专刊的形式刊出。现就笔者所能搜集到的材料,将相关研究成果列表如下:

表 3 - 3　校内外期刊上的相关研究成果

作　者	文 章 题 目	刊 物 名 称	出版时间
伍锐麟、陈序经	沙南疍民调查	《岭南学报》三卷一期	1934 年 1 月
伍锐麟、黄恩怜	旧凤凰村调查报告	《岭南学报》四卷三期	1935 年 8 月
陈序经	疍民的起源	《政治经济学报》三卷三期	1935 年 4 月
陈序经	疍民在地理上的分布	《政治经济学报》四卷一期	1935 年 10 月
陈序经	疍民的职业	《政治经济学报》四卷三期	1936 年 4 月
陈序经	疍民与政府	《政治经济学报》四卷四期	1936 年 7 月
伍锐麟	三水河口疍民生活状况之调查	《岭南学报》五卷二期	1936 年 8 月
伍锐麟	The Boat People Of Shanan: A Statistical Of Population And Economic Conditions	NanKai Social & Economic Quarterly, Vol. IX, N. 3	Oct. 1936
伍锐麟	Life And Culture Of The Shanan Boat People	NanKai Social & Economic Quarterly, Vol. IX, N. 4	Jan. 1937
陈序经	疍民的生活	《大公报·经济周刊》第 212 期	1937 年 4 月
伍锐麟	广州市六百人力车夫生活状况之调查	《资治》二、三期	1938 年
伍锐麟、何元炯	海南岛黎人的婚丧及捉鬼风俗	《资治》四卷一期	1941 年 5 月

① 岭南大学西南社会经济研究所编:《岭南大学西南社会经济研究所概况》,广州:1949 年,第 3 页。

② 《从化调查结束》,《私立岭南大学校报》第 9 卷 19 期,1937 年 6 月 15 日,第 286 页。

③ 江应樑:《滇南沙甸回教农村调查》,《社会经济研究》第 1 期,1951 年 1 月,第 179 页。

（续表）

作　者	文 章 题 目	刊 物 名 称	出版时间
伍锐麟	广州市河南岛下渡村七十六家调查	《岭南学报》六卷四期	1941 年 6 月
何肇发	广州市乞丐的个案研究	《社会经济研究》第一期	1951 年 1 月

表 3-4　岭南大学社会调查所及西南社会经济研究所(社经所)专刊丛书

序号	著　者	书　名	专　刊	出版时间
1	伍锐麟	中国人力车夫的研究	社会调查所	1939 年 11 月
2	伍锐麟	广州市六百人力车夫生活状况之调查	社会调查所	1940 年 4 月
3	陈序经	南洋与中国	社经所专刊甲集第一种	1948 年 12 月
4	伍锐麟	三水疍民调查	社经所专刊甲集第二种	1948 年 12 月
5	戴裔煊	干兰：西南中国原始住宅的研究	社经所专刊甲集第三种	1948 年 12 月
6	岑家梧	广州回教社会调查	社经所专刊甲集第四种	1949 年 5 月
7	江应樑	摆夷的经济生活	社经所专刊甲集第五种	1950 年 1 月
8	陈序经	越南问题	社经所专刊甲集第六种	1949 年 6 月
9	岑家梧	西南民族文化论丛	社经所专刊甲集第七种	1949 年 12 月
10	董家遵	中国收继婚之史的研究	社经所专刊甲集第八种	1950 年 5 月
11	黄文山	文化学及其在科学体系中的位置	社经所专刊乙集第一种	1949 年 5 月
12	陈序经	社会学的起源	社经所专刊乙集第二种	1949 年 6 月

　　由表 3-3、3-4 看来，从社会研究所到西南社会经济研究所，研究所同仁进行了大小十余次的田野调查，并将相关调查结果以调查报告或相关论文的形式出版发表。其中，在社会研究所和西南社会调查所时期，虽然田野调查活动较多，但是其研究成果多是发表在期刊上，甚至有的调查报告由于没有来得及发表，最后在抗战动乱中丢失。而在西南社会经济研究所时期，虽然田野调查活动较少，但是出版的研究成果较多，这主要得益于前期调查研究工作的积累。

第三节 学术成就及影响

陈序经、伍锐麟当年成立西南社会经济研究所,其初衷的一方面是通过集众的力量推动西南研究。陈序经曾说:

> 西南文化,体系庞大,内容复杂,以我个人有限的力量,欲对它作系统的全面的研究,殊不可能,所以我在岭南大学特别设置西南社会经济研究所,集合同志,专门从事这种工作。①

另一方面,是要使课堂讲授的理论与实际调查互相验证,使社会学与经济学的师生有机会选择一两个专题调查研究,把收集到的资料整理分析,写出论文或报告,增加学术气氛,活跃课堂。② 在陈序经、伍锐麟等人的锐意经营之下,研究所的调查与出版事业蒸蒸日上,在中国现代西南区域社会研究的学术史上具有举足轻重的地位。

从研究内容上看,该所开拓了诸多学术领域,影响至今。

首先,对西南族群与区域文化的调查与研究。在伍锐麟、陈序经等人对疍民调查研究之前,国内外已经有几位学者对其有所关注。早在 1925 年,钟敬文就开始收集传唱于广东沿海一带的疍家《咸水歌》,③1926 年对海丰汕尾的疍民进行了调查,④并于 1927 年出版《疍歌》,收入歌谣 52 首,弥补了清人李调元的《粤风》中关于疍歌材料的不足。⑤ 1926 年福建协和大学的刘松青对福州疍民的起源生活、风俗迷信、教育展开调查。⑥ 1929 年《民俗》

---

① 陈序经:《西南文化研究的意义》,《岭南大学西南社会经济研究所概况》,1949 年 5 月,第 9 页。在这里需要说明的是,陈序经的《研究西南文化的意义》最早发表在中国社会学社广东分社编的《社会学讯》1948 年第 7 期上,题名《研究西南文化的意义》,翌年收入《岭南大学西南社会经济研究所概况》之"附录"部分,部分内容有所删改。

② 伍锐麟档案,中山大学档案馆藏,卷宗号:YG—0093—01,转引自何国强编:《逸事述略·代序》,《粤海虞衡卌一秋:伍锐麟调查报告集》,香港:国际炎黄文化出版社,2005 年,第 15~16 页。

③ 钟敬文:《中国疍民文学一脔》,《民间文艺丛话》,广州:中山大学语史所,1928 年。

④ 钟敬文:《汕尾新港疍民调查》,《北京大学研究所国学门周刊》第 2 卷第 22 期,1926 年 8 月 4 日。

⑤ 刘大白:《疍歌·序》,钟敬文:《疍歌》,上海:开明书店,1927 年,第 7 页。

⑥ 刘松青:《福州疍户调查记》,《北京大学研究所国学门周刊》第 2 卷第 18 期,1926 年 7 月 7 日。

第 76 期刊出《疍户专号》,内收有罗香林的《疍家》一文,其余均是有关疍民的歌谣。虽然罗香林"尝有志于研索疍民问题,但因时间、经济均感困难的缘故,迄未能亲到南方去调查和测验"。因此,不得不承认自己的文章"所述特不过替疍民报告一点消息而已,不足语于研究之林也"。因此,罗氏只能依据相关历史性文献对疍族的来源、婚姻、迷信等问题进行粗略的介绍。①此外,美国人类学者 H. J. Shapino 在《自然历史杂志》(Natural History)第 32 卷第 5 期发表了《广州的水上生活》(The River Life of Canton)。著者来广州本为研究檀香山华侨和内地的亲属在体格上的异同,偶然见了疍民的情形特别,就其听闻草就此文,因而"并没有做过何种研究"。此外,还有 Derw 女士《南中国的船舶宗教报告书》(Reports of South China Boat Mission)、郎擎霄的《中国南方民族源流考》等有关疍民的研究。②

不过,伍锐麟认为这些关于疍民的文章,要么是"单个的采集和研究,是很片段和很普通的",或者就是与"一般游历者的见闻没有什么不同的地方",③均没有对疍民作一系统的调查研究。而陈序经、伍锐麟等人对粤江流域疍民的调查,是国内专业学术机构首次有计划、有组织的研究疍民的开始。其中《沙南疍民专号》,以其"内容丰富,材料充足",引起了国内外学界的高度重视,被誉为"我们民族史里可以纪念的工作","足备其他调查民族者的参考"。④ 1937 年,伍锐麟氏将关于疍民研究的文章刊登在《南开社会经济季刊》(NanKai Social & Economic Quarterly)上,引起了美国地理学会的注意,该会给他寄来会员证;1970 年,美国纽黑文微缩胶片制作中心精心挑选 8 篇有关广东、福建区域社会的论著,集结成一个胶片系列,取名《华南》,其中收录的伍氏关于疍民调查及研究的文章就达三篇之多。⑤ 1936 年,陈序经根据两次调查所得的材料写成了对疍民研究"具有奠基性贡献的"⑥著作——《疍民的研究》,该书首次对"疍民社区作整个有系统的、有计划的研究",将"疍民生活的形态作了极为客观的分析,对于后来欲作疍民的社会调查者准备了一本极方便

① 罗香林:《疍家》,《民俗·疍户专号》第 76 期,1929 年 9 月 4 日,第 3 页。
② 参见郎擎霄:《中国南方民族源流考》,《东方杂志》第 30 卷第 1 号,1933 年 1 月 1 日,第 91 页。
③ 伍锐麟、陈序经:《沙南疍民调查》,《岭南学报》第 3 卷 1 期,1934 年 1 月,第 7 页。
④ 许道龄:《〈沙南疍民专号〉提要》,《禹贡》第 1 卷 9 期,1934 年 7 月 1 日,第 31 页。
⑤ 三篇文章分别是:《三水河口疍民社会调查》、《沙南:对生产和经济组织的统计学研究》以及《沙南疍民的生活与文化》。参见何国强编:《逸事述略·代序》,《粤海虞衡册一秋:伍锐麟调查报告集》,香港:国际炎黄文化出版社,2005 年,第 21 页。
⑥ 萧凤霞、刘志伟:《宗族、市场、盗寇与疍民:明以后珠江三角洲的族群与社会》,《中国社会经济史研究》2004 年第 3 期,第 2 页。

的手册(Handbook)"。①

新中国成立后,广东省民族事务委员会为了解广东沿海及内河疍民的历史与现状,于 1952 年 12 月至 1953 年 3 月,由中山大学伍锐麟、罗致平带队到广东阳江、沙田、陆丰、海丰、惠阳等县属沿海以及粤北地区,对当地的疍民进行实地调查,并将调查材料编成《疍民问题参考资料》发表;1960 年代以来,以张寿祺、华德英(Barbara E. Ward)、可儿弘民、布莱克(C. Fred Blike)、叶显恩、萧凤霞(Helen Siu)、刘志伟等中外学者对疍民均进行了深入的调查和研究。

除疍民的调查和研究之外,尚有岑家梧氏对云南花苗、贵州水族(布依族旧称)以及广州回民的研究,戴裔煊对西南民族"干兰"民居的调查研究,王兴瑞、何元炯等人对海南黎苗社会的调查研究等。尤值得注意的是,几乎在所有的调查中,研究所同仁对南方族群的民俗、传说以及宗教信仰都给予了高度的关注,如岑家梧的《仲家作桥的道场与经典》、《槃瓠传说与瑶畲的图腾制度》、《水家仲家风俗志》等;陈序经、伍锐麟对沙南、三水疍民的多神的宗教信仰与迷信活动进行研究;王兴瑞、何元炯对海南黎苗社会宗教仪式、迷信活动的观察和研究等。这些研究都是建立在坚实的田野调查基础之上,对于推动西南族群及区域文化的研究具有重要的作用,也为后人研究西南族群文化提供了宝贵的资料。

其次,对南方传统乡村社会历史与现状的调查与研究。

为什么要研究农村社会? 伍锐麟氏认为:中国自古以农立国,国家的税收大部分来自农民,一切社会秩序"多赖农民以维持,国计民生也以农业为基础"。然而,自鸦片战争之后,随着西方列强对华经济的渗透,加之天灾及战乱的破坏,中国"农村社会渐形衰退,农业经济破产,因而牵动中国整个社会不安"。既然农业经营是中国生产的主要根源,农民人口又占全国人口的绝大部分,"是以农村衰落,不仅是农民本身利害问题,实是整个民族兴亡之所系"。基于此,伍氏认为"农村问题复杂,从事救济,必须明了农村的经济、土地、组织、人口等现状,故先要从事农村调查"。② 研究所同仁选择新旧凤凰、下渡以及鹭江等典型的南方农村进行调查,其目的是"见微知著",由近及远,进而可以推测全国各地农村的一般情况。举凡村庄的人口、宗族、家庭结构、经济收入与支配、教育、娱乐、卫生、神祇以及农村社会组织等

① 罗致平:《读〈疍民的研究〉》,《社会学讯》第 5 期,1947 年 5 月 31 日,第 10 版。
② 伍锐麟:《广州市河南下渡村七十六家调查》,《岭南学报》第 6 卷 4 期,1941 年 6 月,第 238 页。

均在调查之列。

时至今日,凤凰、下渡、鹭江三村作为当时中国典型的农村,随着城市化进程的加速,三村庄早已连成一片,被街道所包围,承载了中国传统农村社会终结的历史。自 20 世纪 90 年代起,中山大学社会学系和人类学系的师生考虑到伍、杨等人对凤凰、下渡以及鹭江三村曾经做过调查,其报告可作为调查"回溯的蓝本",具有重要的参考价值,于是由人类学系教授何国强等人将伍氏的调查报告复印,人手一份,完成了对凤凰、下渡、鹭江三村追踪调查研究。[①]

最后,对南洋华侨问题的关注。

从地理上来看,南洋的主要区域,如缅甸、安南、暹罗以及马来半岛等地区,均"是我国西南区域所伸出的土脉",其他如苏门答腊、荷属印度的其他各处,及菲律宾群岛等也与中国有着不可分离的关系,"世界上没有一个国家像中国之于南洋的关系那么密切"。[②]

从文化上来看,南洋的华侨一方面将中国固有的文化移殖到海外,对于土著文化产生了重要的影响,华侨足迹所到之处,随处可见中国祖先的崇拜、宗族组织以及中国式衣食住行的各种设备;同时,华侨又直接将西方的文化接受过来,促进了南方社会的现代化。如广东教育最发达,文化程度较高,物质建设完备的文昌、台山、中山、梅县等地,都是华侨最多的地方。一言以蔽之,"华侨既是中原文化向海外传播的媒介,又是建设南方乃至整个中国新文化的功臣"。[③]

从经济上来看,南洋的华侨,不只在南洋的经济上占了重要的地位,在国内的经济上,也占重要的地位。如福建南部以及广东之所以称为富庶之区,主要是由于华侨汇款接济。福建的厦门,广东的汕头、广州、海口各大城市之所以繁荣,无论在直接上或间接上,都与南洋的华侨有密切的关系。同样,广东沿海一带的农村,许多家庭的生活所费,主要也是来自南洋的。如文昌县大部分家庭与南洋华侨的汇款有关,南洋经济繁荣,这些地方的乡下也充裕起来,南洋经济不景气时,这些地方便穷困。福建南部与广东的一些地方,除日常生活方面靠南洋华侨的接济外,其他多种事业的发展,也多赖南洋华侨帮助。如广州的岭南大学里面的爪哇堂等建筑物,都是由华侨捐款建筑的;陈嘉庚兴办的厦门大学和集美学校等,也是如此。此外,在闽广

---

① 何国强编:《逸事述略·代序》,《粤海虞衡册一秋:伍锐麟调查报告集》,香港:国际炎黄文化出版社,2005 年,第 24~26 页。

② 陈序经:《南洋与中国》,岭南大学西南社会经济研究所专刊甲集第一种,广州,1948 年,第4页。

③ 陈序经:《研究西南文化的意义》,《社会学讯》第 7 期,1948 年 4 月 20 日,第 3 版。

两省的不少农、工、商、矿业以至各种交通事业,多由华侨投资。总而言之,"假使没有南洋华侨,则闽广两省的经济,无疑的必趋于枯竭。"①基于以上认识,陈氏在《暹罗与中国》《南洋与中国》《越南问题》等书中对南洋华侨的政治地位、经济及教育给予了很大的关注。

1952 年,岭南大学解散并入中山大学,陈序经任中山大学历史系教授,他认为"广东与东南亚关系密切,研究东南亚历史是有意义的",②经过陈氏的努力,1959 年中山大学历史系正式成立东南亚研究室,1978 年该研究室扩建为东南亚研究所,承担多个国家重点研究项目,为中山大学重点研究单位之一。曾经受教于陈氏的原中山大学历史系黄重言、余定邦二位教授先后担任过该所所长,据他们的回忆:中山大学东南亚研究(室)所初创和前期发展过程中,陈序经、朱杰勤、金应熙、何肇发等一批权威专家曾在该所工作并发挥重要作用,为该所的组建和科研、教学工作打下坚实基础。其中,陈氏是"利用中国古籍和西方资料研究东南亚历史的第一人,他在这方面的学术成就至今无人超越","对东南亚研究室和研究所的创建起到至为关键的作用"。③ 目前该所正从历史学、人类学和东南亚研究的三个方向积极开展与国外华侨华人机构的合作,进行侨乡和侨汇的研究。④

如果从研究的特色上看,比较明显的有如下几点值得注意。

其一,文献分析与田野调查相结合。

岭南大学西南社会经济研究所的工作"除室内研究外,实地调查,特别注意",并将田野调查所得的"活材料"与传统文献的"文字记载"结合起来。陈序经在《研究西南文化的意义》一文谈到田野调查对西南研究的意义时说道:

> 我们敢说:今日若果欲了解全部中国文化发展的历程,就非到西南各省从事实地调查研究不可,至少我们亲身接触到了这些活的材料,总比埋首在旧字纸堆中探索那些死的材料好得多。我们所以重视西南文化的研究的,正是为此。⑤

① 陈序经:《南洋与中国》,岭南大学西南社会经济研究所专刊甲集第一种,广州,1948 年,第 61~62 页。
② 陈其津:《我的父亲陈序经》,广州:广东人民出版社,1999 年,第 198 页。
③ 夏和顺:《全盘西化的台前幕后:陈序经传》,广州:广东人民出版社,2010 年,第 231~232 页。
④ 李安山:《中国大陆的华侨华人研究概述(1950~2000)》,《世界华商经济年鉴》杂志社:《世界华商经济年鉴 2001~2002》,北京:《世界华商经济年鉴》杂志社,2003 年,第 441~443 页。
⑤ 陈序经:《研究西南文化的意义》,《社会学讯》第 7 期,1948 年 4 月 20 日,第 4 版。

在社会经济研究所的《今后计划》中,他将整个研究所的研究工作分为"室内工作"、"实际调查"、"出版"三大主要部分。其中涉及对西南社会实地调查对象的有物产资源、农村经济、土地制度、工商业及金融业、物价、劳工、民族以及华侨社会经济等八项,并注意搜罗图籍、民间档册、古物、民间记述、民俗品及物产资源标本,藉供研究之用。

图3-4 《南洋与中国》

现举陈序经《疍民的研究》一书为例。陈氏针对学界"没有一种关于疍民起源的传说或学说能够给我们以一个合理或满意的解答"的研究现状,提出若疍民的来源问题能得到一个合理或满意的解答,至少要对于三种工作加以努力:"第一,我们对于过去关于疍民的文献记载,要加以系统的整理和深刻的批判研究;第二,我们对于疍民的文化上要加以实地的调查;第三,我们对于疍民的体质上要加以科学的测验。"①罗致平在读完该书后,认为陈氏"提出的研究疍民的方法论和批评极富魅力",以上三点"都是可行而且比较实际的办法。第一种可说是历史学的研究;第二种可说是文化人类学的研究;第三种可说是体质人类学的研究。前一种是文献学的工作,后两种是田野工作。"②

如果我们翻看研究所出版的论著,不难发现,除黄文山《文化学及其在科学体系中的位置》一书属于文化人类学理论性的著作外,其他的论著均是以大量的田野调查为基础,其中也包括对广州市人力车夫的调查,③即使像陈序经的《南洋与中国》、《越南问题》两著作,也是陈氏在1933年至1948年

---

① 陈序经:《疍民的研究》,上海:商务印书馆,1936年,第41页。
② 罗致平:《读〈疍民的研究〉》,《社会学讯》第5期,1947年5月31日,第10版。
③ 桑兵先生指出:"考古学和人类学的所谓田野,译自field,其本来的意思应该是'实地',强调离开单纯的书斋,进入研究对象活动的实地,共同感受实际的生活。相对于封闭的书斋,这些实地固然大都是野外,但田野容易使人误解为乡村的田园,而实地则不仅仅指乡村,也包括市镇乃至都市。人类学虽然渐渐将研究领域由初民社会下移到农业社会,乡村也只是关注的重点而非全部。"参见桑兵:《从眼光向下回到历史现场:社会人类学对近代中国史学的影响》,《中国社会科学》2005年第1期,第202页。

期间,亲自前往泰国曼谷、越南、马来槟榔屿、吉隆坡、新加坡等地考察访问,在收集了大量关于东南亚历史资料的基础上完成的。① 研究所同仁对南方族群及区域社会的研究,做出了具有"奠基性意义的努力",在这些研究中,文献分析与田野调查的结合,表现得和谐而富于创意。②

其二,历史学、社会学、人类学理论交互借鉴。传统史学的研究,注重通过版本、校勘、辨伪、文字、声韵、训诂等考据之学对社会历史的变迁进行纵向的历时态过程的考察;而社会学、人类学则注重田野调查、"现场体验",用共时性分析、深描各种文化现象。事实上,历时态是由若干共时态构成的;而共时态又是长期历史过程的"结晶"或"缩影",二者不可偏废。研究所同仁大都具有历史学、人类学、社会学以及经济学等学科的专业背景,在出版的各类论著中,基本看不到画地为牢的学科偏见,在研究实践中,更是致力于将社会历史学和文化人类学等不同的学术方法结合起来。

除陈序经的《疍民的研究》是社会历史学和文化人类学结合的典范外,他如黄文山的《文化学及其在科学体系中的位置》一书,是在和卫惠林、戴裔煊、陈序经、岑家梧等人的"切磋"下完成,其观点颇具代表性,主张通过"综合文化人类学、文化社会学、文化史学来建立'文化学',用以窥探文化现象的发生、历程、机构、形态、变象和法则"。③ 另外,戴裔煊在《干兰:西南中国原始住宅的研究》一书中主张"纵"、"横"两方面结合研究方法,他说:

> 我们研究社会文化,欲获得深切的了解,必须利用史地学的方法,从横的方面作地理的瞭望,探求其空间的分布与彼此间的关系;从纵的方面,作历史的透视,探求其时间上的变迁,这是我试用这种方法研究西南中国原始住宅"干兰"的结果。④

在这里,我们不难明白戴氏所指:基于田野调查和历史文献的分析,将作为社会人类学研究中田野调查的"共时态"研究与史学研究中的"历时

---

① 余定邦:《陈序经教授对东南亚古史研究的贡献》,陈传汉等编:《东方的觉醒:陈序经学术研讨会论文选集》,延边大学出版社,2000年,第133页。

② 陈春声:《走向历史现场》,《读书》2006年第9期,第22页。

③ 黄文山:《文化学及其在科学体系中的位置〈自序〉》,岭南大学社会经济研究所专刊乙集第1种,广州,1949年5月,第19页。

④ 戴裔煊:《干兰:西南中国原始住宅的研究》,岭南大学西南社会经济研究所专刊甲集第3种,广州,1948年,第68页。"干兰",是古代流行于中国西南部蛮族住宅的通称。"依树积木以居其上,名曰干兰",也作"干栏"。

态"研究结合起来,重回历史发生的现场。

在国际人类学、民族学界对原始住民的住宅——干兰的研究中,从地理空间上考察,巢居和栅居在东南亚洲、海洋洲及南美洲的分布位置"大致相合",所不同的是非欧诸洲有栅居而未见巢居的踪迹。因此,对于巢居和栅居有无发生系统上的关系,是诸多人类学家一直争论的焦点问题。持否定观点的以意大利学者俾阿苏特(Renato Biasutte)和法国民族学家蒙登东(G. Montandon)为代表,认定"巢居不是某种文化所固有,而是一种偶然的现象",与栅居没有发生系统上的关系;另一种以德国人类学家舒尔兹(Heinrich Schurtz)为代表,舒氏认为"栅居是否溯源于巢居,难于确定",但是对于二者发展的程序则又指出"由巢居而引起典型的栅居,殊无可非议"。戴裔煊表示赞同舒尔兹的意见,但又对其"不敢确说"表示遗憾,批评舒氏之所以"狐疑",是因为"未曾作历史的考察,这是西洋民族学界的通病"。[①]

在戴裔煊看来,西洋人类学、民族学者"只观察现在的状况,再由现在的状况推想从前的情形,便好像盲人扪象,忖测纷纭,得不到实际的全貌,甚则陷于错误",这是"学术上一种很大的缺陷",关于东南亚浅化民族及其文化问题,虽然欧洲史籍没有记载,但在中国历史记载中却"大有资料可寻"。戴氏"用整理史料的方法,以现代的眼光判断"后,认为就巢居与栅居而论,在中国历史记载中为古代西南最流行的住宅形式,越人和其他西南中国许多民族,"依山则巢,近水则栅",在唐代以前还两种并存,后来巢居逐渐为栅居所替代,"揆之文化演进之公例,适者遗存,不适者淘汰,人类文化多数是进步的,后来者居上,其演变递嬗的层次先后,非常明显"。另外,西南的"僚人"同时有这两种形式的住宅,两者同样叫做"干兰",从名称上观察,亦不能不深信彼此有亲

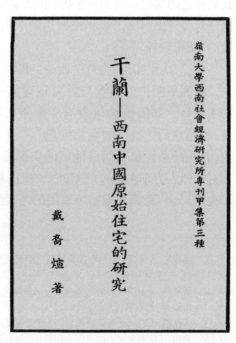

图3-5　《干兰:西南中国原始住宅的研究》

① 戴裔煊:《干兰: 西南中国原始住宅的研究》,岭南大学西南社会经济研究所专刊甲集第3种,1948年,第34~36页。

缘递嬗的关系。最后,戴氏指出:"我们研究社会现象,不探究其由来和变迁则已,如果要说明其由来和变迁的经过,决不能单看他的平面,还要看他的立体,要从时间上作整个历史的透视。"①

此外,董家遵的《中国收继婚之史的研究》一书也是借鉴社会历史学、文化人类学等学科的方法来研究中国上古社会至民国时期的收继婚问题。董氏认为中国典籍上关于民俗的记载,虽然杂乱无章,但经过整理与考释后,这些记载,"绝非空谷传声,实际上很多地方正与近代人类学家的实地调查,若合符契",所以董氏主张将史籍的记载与彼时尚未开化阶段的民族习俗的观察相比较,以此"反证出以前记载的真伪,和我国现存民俗的来源"。②

研究所同仁将历史学、社会学、人类学等诸学科的研究方法交叉结合,强调空间结构和时间序列的结合,通过田野调查获得一手材料并增加主体在现场的体验,以便更好地解读文本。诚如伍锐麟在《沙南疍民调查报告》中所言:"我们的方法是想从他们的不知不觉之中而找到他们的确实情况,因此我们不得不设身处地把我们自己当做沙南社会里的分子。要是我们是这个社会里的一部分,那么我们调查他们的状况,也犹我们调查我们自己的状况一样。"③这种"在空间的'实地'之上,在加入时间的成分,通过对各种史料的了解和把握达到亲临现场的效果,则有助于回到当时当地的'历史现场'"。④

其三,注重实用,为社会改造"张本"。

研究所同仁的调查与研究具有强烈的时代使命感,讲求为社会服务的实效性。如伍锐麟认为对沙南疍民的调查,"最重要而需要解决的问题,却是他们的经济的生活问题","要想解决疍民的问题,改造疍民的环境,首先的条件是要明白他们的实况。换句话说,明白是改造的张本。"⑤在对广州人力车夫调查的基础上,伍氏从经济、卫生、教育三个方面为救济车夫献议。⑥海南岛黎苗考察团的考察结果为"明黎境"、"洞黎情",为开发

①　戴裔煊:《干兰:西南中国原始住宅的研究》,岭南大学西南社会经济研究所专刊甲集第3种,广州,1948年,第34~36页。

②　董家遵:《中国收继婚之史的研究》,岭南大学西南社会经济研究所专刊甲集第8种,广州,1950年,第6页。

③　伍锐麟:《沙南疍民调查报告》,《岭南学报》第3卷第1期,1934年1月,第14~15页。

④　桑兵:《从眼光向下回到历史现场:社会人类学对近代中国史学的影响》,《中国社会科学》2005年第1期,第202页。

⑤　伍锐麟:《沙南疍民调查报告》,《岭南学报》第3卷第1期,1934年1月,第5、9页。

⑥　伍锐麟:《广州市六百人力车夫生活状况之调查》,原载《资治》1938年第2、3期,何国强编:《粤海虞衡卌一秋:伍锐麟调查报告集》,香港:国际炎黄文化出版社,2005年,第371~373页。

琼崖服务。① 何肇发对广州市乞丐的现状进行综合分析后,针对乞丐群体的教育程度低、经济基础薄弱、社会关系不稳固等因素,认为政府对于乞丐采取遣送回乡、以工代赈、思想改造等措施不过是"消极的补救解体后的生活方式而已",指出积极的方面"应建立健全的国家劳动保护制度以防范生活方式解体于未然"。②

编制广州市物价指数,是西南社会经济研究所的经常性工作之一。物价指数可用来测量货币价值的变动,量度物价在各地相差的程度,也可以用于和其他的经济统计来比较研究。在通货膨胀或经济动荡的时期,货币贬值或物价涨落的速度和性质,尤值得注意。西南社会经济研究所有鉴于此,遂于1949年开始调查并编制广州市物价指数,该指数自1949年4月起开始每周发表,分寄政府及各学术机关,作为学术研究或政府推行经济政策的重要参考,③"极为社会人士所注目"。④

综上所述,研究所同仁不是高坐在太师椅上的冬烘先生,只会终日伏案爬梳文献;而是选择了走出书房的小天地,走向田野去呼吸清新空气,寻找新鲜活泼材料的治学新境界。在研究所同仁的努力下,该研究所的调查研究与学术出版已"初见端倪",最值得研究所同仁欣慰的是,国民政府教育部鉴于研究所对于西南社会经济研究的成绩,准予正式成立经济研究所,招收研究生,训练专门人才。⑤ 此后,虽然该所在1952年全国院系调整的浪潮中被裁并,然薪尽火传,研究所大部分研究人员随即进入到中山大学历史系继续研究。如今,他们的学生或再传弟子继续将其未竟的事业向前推进,影响当今学坛。

① 《海南岛黎苗考察团过港返粤谈话》,《民俗》第1卷第3期,1937年6月30日,第13页。
② 何肇发:《广州市乞丐的个案研究》,《社会经济研究》第1期,1951年1月。
③ 王正宪:《广州市物价指数编制概况》,《岭南大学校报》(康乐再版号)第106期,1949年12月1日,第1页。
④ 陈序经:《最近一年的岭南大学》,《岭南大学校报》(康乐再版号)第103期,1949年10月14日,第1页。
⑤ 陈序经:《最近一年的岭南大学》,《岭南大学校报》(康乐再版号)第103期,1949年10月14日,第1页。

第四章　史禄国与云南民族调查

史禄国(S. M. Shirokogoroff, 1889~1939),①生于俄国中部的苏兹达里市(Suzdal),先后入巴黎大学和高等人类学院,1910 年获巴黎大学语言学博士学位回国,供职于圣彼得堡大学和皇家科学院,1915 年当选为皇家科学

院院士,1917 年受该院委托前往中国东北调查通古斯族的语言和风俗。俄国"十月革命"之后,史氏作为"反动学术权威"被迫流亡海参崴(Vladivostok),在远东大学(Far Eastern University)教授"人种志"课程,1922 年后一直旅居中国,先是在江浙沪皖一带调查研究,旋又供职于厦门大学、中山大学、中研院史语所、清华大学、辅仁大学等教研机构,教授"民族学之一般引论"、"民族学"、"俄国膨涨史"、"亚洲东北史地"等课程,直至 1939 年病逝于北平。杨成志、费孝通、夏鼐、赵俪生、许烺光、毕树棠等一大批著名学者曾

图 4-1　史禄国

① 史氏的生年有两种说法:根据 C. Winters 主编的《国际人类学者字典》认为史氏生于 1887年;而在吴有刚和赵复兴等人根据史氏"原著和日译本"译出的《北方通古斯的社会组织》的"译者前言"中则认为是 1889 年。事实上,在费孝通先生回忆文章之前,1989 年 10 月 19日,即在史氏逝世 50 周年那天,日本中部大学(Chubu University)INOUE Kōichi 先生曾专门撰文纪念史氏,而对其生平事迹有较为详细的记录,并整理出版了史氏遗落在波兰的手稿 *Tungs Literary Language*。综合考虑以上三种文献的相关记录,笔者采用后两种文献的观点。参见费孝通:《人不知而不愠:缅怀史禄国老师》,《师承·补课·治学》,北京:三联书店,2002 年,第 72 页;〔俄〕史禄国:《北方通古斯的社会组织》,吴有刚、赵复兴等译,呼和浩特:内蒙古人民出版社,1985 年,第 1 页;〔日〕INOUE Kōichi, "Introductory Notes", *Asian Folklore Studies*, Vol. 50, No. 1 (1991), pp. 35-36。

受教于史氏。

在史氏逝世后的半个多世纪里，其生平学识渐为中国学界淡忘，直至1994年，史氏在中国唯一及门的弟子——费孝通先生发表两篇文章，追忆史氏的生平及学术，其在中国的事迹逐渐引起中国大陆和台湾学人的注意。[①] 然不幸的是，此后伴随着史氏研究的开展，其学术成就似乎并不为学界所称道，更多的是将他看作1928年云南民族调查中的一个"叛逃者"，其在中国学界的负面形象似乎难以摆脱。

综合学界对史氏在该事件中的研究论点主要有三：一是以费孝通先生为代表，认为史氏人类学研究是从"当时欧洲学术最前沿起步的"，其主张的人类学理论，"在中国不可能为同辈学者所理解"，中国学界大多不能读懂这位"世界级的学者"。[②] 第二种观点认为，史语所在1928年的云南调查中"所托非人"以至史氏"临阵脱逃"，"玷污了史语所的声誉"，而傅斯年为了顾及史语所的颜面，在该所的年度报告书中"多方为之文饰"。[③] 第三种观点比较公允，认为史禄国在云南调查提前离队，应该鞭挞，但从理性来讲，云南调查之时，"史氏已经人到中年，功成名就，性情不免趋于平和，更何况家属在身边，需要关照，故不敢冒险。此乃人之本性，并非史氏之胆怯"。相反，正是因为史氏的胆怯，衬托出杨成志的可贵精神，成就了后来的创举，一举奠定了他在中国人类学界的地位。[④]

事实上，史氏在进入中山大学前后，工作成绩突出，曾公开出版或发表十余种论著，引起了国际人类学界的广泛关注。除此之外，史氏尚有数种调查报告、论文手稿以及数封与傅斯年的来往书信未曾整理发表。这些鲜为人知的材料对于研究史氏在调查事件中的遭遇及其实际工作成绩，研判其

①　自20世纪90年代以来，海峡两岸学界涉及史氏及其与中国学界关系的论述除有费孝通先生的《人不知而不愠：缅怀史禄国老师》和《从史禄国老师学习体质人类学》（二文收入氏著：《人不知而不愠：缅怀史禄国老师》，《师承·补课·治学》，北京：三联书店，2002年）两篇回忆性的文字之外，大陆的论著尚有施爱东的《倡立一门新学科：中国现代民俗学的鼓吹、经营与中落》（北京：中国社会科学出版社，2011年），刘小云的《知行两相难：史禄国云南调查事件探析》（《学术探索》2007年第4期），以及梅方权的《史禄国与中山大学人类学》（《中山大学研究生学刊》2002年第22卷4期）；台湾地区学界的论著则有王汎森《容肇祖与历史语言研究所》（杜正胜、王汎森主编：《新学术之路》（上），台北：中研院史语所，1998年）、苏同炳的《手植桢楠已成荫：傅斯年与中研院史语所》（台北：学生书局，2012年）。

②　费孝通：《人不知而不愠：缅怀史禄国老师》，《师承·补课·治学》，北京：三联书店，2002年，第75、77页。

③　苏同炳：《手植桢楠已成荫：傅斯年与中研院史语所》，台北：学生书局，2012年，第38页。

④　何国强：《析中国民族学北派和南派的学术倾向：以吴文藻、杨成志为例》，《思想战线》2005年第5期，第134页。

与中国学界的关系具有重要的学术价值。

上述有关云南调查事件未公开的材料原文俱在,最终要经受学术史研究的严格审视。本文拟在前人研究的基础之上,试图从"云南调查事件"入手,重点发掘史语所收藏与史氏有关的档案材料,多层次、多角度认识云南调查事件的来龙去脉及其背后深层的学术背景。

第一节 "云南调查事件"中的
史禄国与傅斯年

史禄国任职中山大学,得益于任教厦门大学、深知史氏学术成就的张星烺大力举荐。1927 年 11 月,张星烺致函中山大学教授罗常培,说道:

> 厦大教员俄人史禄国(Shirokogoroff),为研究中国人种及东北民族语言专家。弟尝读其书,且与谈论,洵不愧为学者。近有书来,谓在厦门无足与言学问者。贵校语言历史研究所既有东方语言之科目,此人极宜罗致,以增校光。兄如有便,似宜与顾颉刚及校中执事者言之。

12 月,罗氏回信告诉张星烺,语史所已预定聘任史禄国为研究教授,而史氏本人也亲赴广州接洽。① 傅斯年与史氏在中山大学相遇之前是否认识并没有确切的记载。不过,在 1928 年 4 月 5 日,即史氏抵穗的第二天,傅斯年偕史氏同去拜访顾颉刚,可见至少在此时二人已建立了直接的交往关系。② 4 月 16 日,史氏与中山大学校方正式签订聘用合同(Articles of Agreement),该合同规定:中山大学有责任提供给他在研究工作上所有的工具和设备,月薪 400 毫洋;史氏的工作须以中国南方(大略属珠江流域及南海诸岛)人类人种之研究为主,在学期内未外出调查时,须在大学讲授人类学、人种学及实习等题目,负责训练研究助理和学生,以养成学生正确的科学知识和方法及实验操作的能力。③ 因而史氏到粤不久就开始讲授"民族学之一般概

---

① 张星烺、罗常培:《张星烺与罗常培往来书信》,《语史所周刊》第 13 期,1928 年 1 月 23 日,第 26~27 页。

② 顾颉刚:《顾颉刚日记》第 2 卷,台北:联经出版公司,2007 年,第 151 页。

③ Articles of Agreement(1928 年 4 月 16 日),台北:傅斯年图书馆藏史语所档案(以下简称"史语所档"),档案号:元 46-14。

论"（General Introduction to Ethnology），用英语开讲，校方开设此科的目的即为语史所将来开展人类学调查做预备。① 1928 年 6 月，语史所将调查地点选定在云南，整个考察计划在史禄国主持和指导下进行，成员包括史禄国夫人和杨成志，前者主要从事人体测量兼人种志（妇女）的工作，而杨成志主要负责人种志，兼语言学方面的工作。②

在做好比较充分的准备之后，1928 年 7 月，研究所刊登云南调查消息，决定在对西南进行大规模之实地调查之前，先于暑假派史禄国及其夫人、杨成志三人到云南，从事罗罗族（即今天的"彝族"）之各种调查。③ 后又加派容肇祖会同前往。④ 此次调查是受中山大学语史所和中研院史语所两机构共同派遣，同班人马，经费由中研院提供。⑤ 7 月 12 日，考察团由广州出发，先后经过香港、海防（越南北部最大港口城市）、河内到达昆明。在昆明约一个月，因去凉山路上土匪未靖，调查队伍等待部队随行保护，"行期累延"，⑥容肇祖因"中山大学开课在即"，不能久留之故，为研究所购买了二百余种书籍及数十种碑帖先行回粤。⑦ 史禄国不敢前往"土匪遍野，山谷崎岖"的目的地，这使杨成志"失望极了"。⑧ 不得已杨成志只有千里走单骑，开始了长达两年以罗罗族调查为主的田野考察工作，得到国内学界的一致赞扬。与之相对的是，对于史氏为何在昆明止步不前的原因，容肇祖在回到广州之后给傅斯年的两封信中说的比较直白。在信中，容肇祖告诉傅斯年，当杨成志催促史氏到罗罗聚居的区域调查时，史氏说："危险，我有太太，你没有太太的。"⑨

目前学界可见史氏在整个调查过程中表现的资料，主要来自杨成志给傅斯年和顾颉刚的信件，这些信件均公开登载在《语史所周刊》上。另外，容肇祖给傅斯年的两封信件均未刊出，可能是因为信中对史禄国的不满言辞比较激烈。不过，这两封书信内容曾被台湾地区学者王汎森和苏炳同两人先后引用过，于是这两封书函的内容连同之前刊出的书信就成为学界考察

① 傅斯年：《文科告白》，《国立中山大学日报》1928 年 5 月 19 日，第 1 版。
② 《云南民族调查备忘录》（1928 年 6 月 12 日），台北：史语所档，档案号：元 183—13。
③ 《本所派员出发"调查云南"》，《语史所周刊》第 37 期，1928 年 7 月 11 日，第 36 页。
④ 《加派容肇祖教授往滇调查罗罗人种生活》，《国立中山大学日报》1928 年 7 月 7 日，第 2 版。
⑤ 顾颉刚：《顾颉刚日记》第 2 卷，1928 年 7 月 10 日，台北：联经出版公司，2007 年，第 183 页。
⑥ 容肇祖：《容肇祖致函傅斯年》（1928 年 9 月 19 日），台北：史语所档，档案号：元 186—5。
⑦ 容肇祖：《容肇祖致函傅斯年》（1928 年 9 月 28 日），台北：史语所档，档案号：元 186—3。
⑧ 杨成志：《云南调查报告》，广州：中山大学语史所，1930 年，第 11 页。
⑨ 容肇祖：《容肇祖致函傅斯年》（1928 年 9 月 19 日），台北：史语所档，档案号：元 186—5。

云南调查事件的主要资料。① 这些公开出版的材料显示,10 月 25 日,史禄国返回广州后,中山大学教授会开会并借助于英文翻译当面质问史禄国。不过,前后几次会议傅斯年不仅没有参加,反而力排众议,表达出明确支持史禄国的态度。对此,顾颉刚日记有明确的记载:"孟真极袒史禄国,此感情用事情,缉斋(汪敬熙)必欲去之,亦成见。予极畏事,而今乃不得不为调人。"②

由上述所知,在"云南调查事件"发生之后,面对中山大学自校长至诸多教授一片质疑之声,惟傅斯年一人挺身而出为史氏辩护。傅斯年此举真如学界所说是为了挽留中研院史语所的"颜面"么? 还是另有隐匿的真相,颇值得深入辨析之。

梳理调查事件过程中傅斯年自始至终坚定地支持史禄国的原因,可以从以下三个方面去认识。

首先,傅斯年对史禄国治学理念的认同。众所周知,傅斯年在欧洲留学期间,虽未修过历史学课程,但是却广泛地听取了包括人类学、语音学、医学心理学等课程。③ 受西方科学方法论的影响,早在 1924 年,傅斯年归国前夕就强调用统计方法研究历史的重要性。他曾说:

> 研究历史要时时存着统计的观念,因为历史事实都是聚象事实(mass-facts)。然而直截用起统计方法来,可原(须)小心着,因为历史上所存的数目多是不大适用的。④

此后在中山大学、北京大学任教时,曾为学生开设"统计学方法论"、"史学方法论"等课程,对统计学与历史学之关系均有不同程度的阐述,⑤其《性命古训辨证》一书,就是一部运用统计方法来分析思潮的典范之作。⑥ 1928 年,傅斯年在《史语所集刊》的发刊词中,认为"史学外的达尔文论正是

① 大陆学者引用这封信内容的论著有:施爱东:《倡立一门新学科:中国现代民俗学的鼓吹、经营与中落》,北京:中国社会科学出版社,2011 年,第 157 页;刘小云:《知行两相难:史禄国云南调查事件探析》,《学术探索》2007 年第 4 期,第 113 页。
② 顾颉刚:《顾颉刚日记》第 2 卷,1928 年 1 月 29、30、31 日,台北:联经出版公司,2007 年,第 217、218 页。
③ 王汎森:《傅斯年:中国近代历史和政治中的个体生命》,北京:三联书店,2012 年,第 69 页。
④ 傅斯年:《评丁文江的〈历史人物与地理的关系〉》,《国立第一中山大学语史所周刊》1928 年第 1 卷第 10 期,第 224 页。
⑤ 参见马亮宽、李泉:《傅斯年传》,北京:红旗出版社,2009 年,第 113 页。
⑥ 王汎森著,王晓冰译:《傅斯年:中国近代历史与政治中的个体生命》,台北:联经出版公司,2013 年,第 100 页。

历史方法之大成",主张将自然科学的知识和方法引入史学研究领域,使史学研究"成了一个各种科学的方法之汇集",并宣称"要把历史语言学建设得和生物学、地质学等同样,乃是我们的同志!"[1]

在人类学研究的实践中,史氏扬弃了坐在书斋里用零星汇集的资料沿主观思路推论的欧洲传统的人类学研究模式(如英国人类学家 J. G. Frazer 以《金枝》一书名扬学界,但其"书斋问道"式的传统人类学研究法,也饱受来自人类学界后辈的责难,并以"书斋里的学者"、"太师椅上的人类学家"等浑名称之),而采取当时先进的亲身实地调查的实证主义方法。[2] 在史氏正式入职中山大学之前,其调查的足迹早已遍及中国的东北和华东地区,就这一点来说,与傅斯年所倡导的为收集研究的材料,走出书室,"上穷碧落下黄泉,动手动脚找东西"治学理念高度一致。

另外,史禄国在进入史语所之前出版的《民族单元与环境》(1924)、《华东和广东的人类学》(1925)和《英文中国人发育之研究——江浙之部》(1925)等著作中,运用了滑动竖尺、横规尺、双脚规等测量工具,来测量人体不同部位的数据,并用统计学方法处理了千余个调查对象的人体生物学的测量数据,借此来找到东亚人的体质类型。之所以这么做,是因为史氏在接受了达尔文的进化论后,将体质人类学作为人类学的基础,深入到研究对象的生理现象,去发现人体各部分生长过程中的差别。但史氏的研究并未停留在生物学的既定范围之内,而是"把生物现象接上社会和文化现象,突破人类的精神领域,再从宗教信仰进入现在所谓意识形态和精神境界",从而把人置入自然现象当中,作为理性思考的对象,"建立一门名副其实的人类学"。[3] 此外,史氏还在《民族单元与环境》一书中,为了解释地、人、文三种不同因素对于族群发展的影响,创立了一套数学模型,[4]借此来表明民族的兴衰消长是个动态的历史过程。

---

[1] 傅斯年:《历史语言研究所工作之旨趣》,《历史语言研究所集刊》第1本第1分,1928年10月,第3、6、10页。

[2] 费孝通:《人不知而不愠:缅怀史禄国老师》,《师承·补课·治学》,北京:三联书店,2002年,第75、84页。

[3] 费孝通:《人不知而不愠:缅怀史禄国老师》,《师承·补课·治学》,北京:三联书店,2002年,第84、85页。

[4] 这套数学模型是:$\omega = \dfrac{q}{ST}$,在这里 ω 是指"符合理想的族体(Ethnos)平衡系数";q 是指社会"人口数量";S 是指"文化密度";T 是指"领土"。参见 S. M. Shirokogoroff, *Ethnical Uint and Milieu*, Shanghai: Edward Evans and Sons, 1924; *Anthropology of Eastern China and Kwangtung Province*, Shanghai: The Commercial Press, 1925; *Process of Physical Growth Among the Chinese*. Vol. 1, *The Chinese of Chekiang and Kiangsu*, the Commercial Press, 1925.

由此可知,傅、史二人在以进化论为指导,并将数理统计等自然科学的研究方法引入到社会科学研究的领域,扩充研究工具;主张通过调查,扩充研究学问的材料等方面在治学理念上契合,这也是傅斯年支持史禄国的重要原因之一。

其二,傅斯年对于史禄国调查前后实际工作成绩的肯定。

台北中研院史语所保存有史氏给傅斯年的工作计划以及数封私人信件,用英文或法文书写。这些资料形成的时间多在云南调查之前,内容涉及史氏的调查研究工作计划及实施情况。其内容大多带有一定的私下交流的性质,除了傅斯年之外,外人恐鲜少知晓。

1928 年,史氏甫至广州,对于如何发展中国人类学,曾向傅斯年提出过比较系统的设计蓝图。史氏计划首先训练一批助理员,进行对南部中国(广州、云南)、北部中国(山西、陕西、甘肃)以及长江流域的人类学体质测量,这些测量计划实际上是史氏先前在上海时对江浙一带人类学调查工作的延续。① 史氏拟在完成中国全境的人类学调查之后,最终著成一部《中国人体质发育的进程》。② 其次,除了计划测量中国各地人种体质之外,史氏认为在彼时最迫急之任务有三项:在广州建立人类学研究中心,其工作包括一所"特别实验室",用来收藏中国境内骨骼和头骨以及比较人类学材料,并在其监管之下,保存在当地民族志博物馆中心;尽快出版调查研究的结果;通过公众演讲及其他方式对人类学进行宣传。③ 在史氏看来,从事这些具有奠基性意义的工作,可以为蹒跚学步的中国人类学调查和人类学家的研究工作"树立一个好的范例"。④

此外,由于前往云南调查预定区域的工作计划屡次延误,不得已,史氏将调查集中在昆明及其周边地区,从最终的调查结果来看,收获不可谓不丰。在昆明附近,史氏先后对学校学生和犯人以及士兵进行体质测量。同时,在昆明城周边最大范围地搜寻罗罗人,并尽可能通过他们的语言来进行交流。后来,随着出发的时间再一次被推迟,史氏"幸运"地找到了更多的罗罗人,遂将在

---

① 在此之前,史氏曾在 1925 年由商务印书馆出版了《华东和广东的人类学》和《英文中国人发育之研究——江浙之部》两部书稿。S. M. Shirokogoroff, *Anthropology of Eastern China and Kwangtung Province*, Shanghai: The Commercial Press, 1925; *Process of Physical Growth Among the Chinese*. Vol. 1, *The Chinese of Chekiang and Kiangsu*, The Commercial Press, 1925.

② S. M. Shirokogoroff, "Scheme of Ethnological Investigations", 台北:史语所档,档案号:元46—7。

③ S. M. Shirokogoroff, "Scheme of Ethnological Investigations", 台北:史语所档,档案号:元46—7。

④ S. M. Shirokogoroff, "Anthropological Investigation", 台北:史语所档,档案号:元46—8。

昆明进行人类学调查的工作由个人扩大到新的群体(家庭)。通过数月的调查,先后在云南第一师范学校、监狱、军校、军事单位、中学、小学等单位测得 3 岁到 22 岁年龄的孩子 1 238 例(每人 16 项观察);囚犯体重、身高,共测量 130 个例(每人 33 项观察);士兵,共测量 627 个例(每人有 33 项观察);超过 150 张照片(人类学)。对于这些材料,史氏颇自信地认为"与南方的族群在源流上建立了某种联系"。① 除此之外,《中国南方人发育论》、《中国南方人类学》(第一部)先后在广东完成并出版,史氏在粤期间的工作成绩有目共睹。

1930 年 5 月 8 日,中山大学校方函告傅斯年,史禄国因"聘约现届期满,拟不续定"。② 5 月 23 日,在史语所随即召开由傅斯年主持的所务会议上,会议委员会对史氏两年来所从事的工作表示"由衷的欣赏",决定任命史禄国为专任研究员(Standing Research Fellow),并希望尽快出版其手稿。③ 1929 年,史语所主体迁至北平,考虑到广州及其周边省份因有丰富的人类学材料可供调查研究,傅斯年计划将史语所人类学组作为支部继续留在广州,并将在粤的研究工作与所务托付史氏主持,足见傅氏对其前期工作的肯定与支持。

第三,傅斯年筹办史语所,夺取"东方之正统",网罗"志同道合"的研究班底,在汉学人类学的研究领域,史禄国无疑是最佳人选之一。

史语所创所的核心是"学贯中西"。1928 年初,史语所在筹备期间,傅斯年主要以中山大学语史所研究人员为基础,除史禄国之外,其他学者如顾颉刚、罗常培、董作宾、余永梁、丁山等,都是未出国门的本土学人,这样的团体恐难与外人争胜。于是到五月份的时候,傅斯年重新规划,拟聘胡适、陈寅恪、赵元任、刘复、李济、冯友兰、俞大维等留洋的新派学者十数人。由此一方面可见傅斯年治所的国际化视野;另一方面反映出他要与欧洲汉学一较高下的学术雄心。④

对于傅斯年的学术雄心,从其与顾颉刚的学术争执中可见一斑。彼时的中山大学语史所,以顾颉刚为首的学者群,开展的民俗学运动正如火如荼,但是从该所所出版的一百余期刊物,以及 39 种研究丛书中,并未看见傅斯年的只字片言。当顾颉刚在《民俗》周刊《发刊词》中积极提倡"站在民众立场上来认识民众","拼命"印刷"民俗丛书"时,傅斯年却认为"这本无聊,

① S. M. Shirokogoroff, " Preliminary Report on the Investigation Work in Yunnan in July – October", 1928,台北:史语所档,档案号:元46—5。

② 沈鹏飞:《沈鹏飞致傅斯年函》,1930 年 5 月 8 日,台北:史语所档,档案号:元46—41。

③ 傅斯年:《傅斯年致史禄国函》,1930 年 5 月 23 日,王汎森、潘光哲等编:《傅斯年遗札》第 1 卷,台北:中研院历史语言研究所,2011 年,第 329~330 页。

④ 杜正胜:《无中生有的志业:傅斯年的史学革命与史语所的创立》,杜正胜、王汎森编:《新学术之路》(上),台北:中研院历史语言研究所,1998 年,第 21 页。

那本浅薄";①并谓顾颉刚是"上等的天分,中等的方法,下等的材料",带有嘲讽的意味地建议顾颉刚抛弃历史学改"向民俗学方向发展"。而顾颉刚却认为:"材料是客观实物,其价值视用之者如何耳。岂能分高下乎!"②事实上,与其说傅、顾二人对民间材料的态度不同,不如说是二人治学总体精神上存在差异,这从后来他们在中研院史语所筹备时的分歧中可以看到:傅氏旨在提高,而顾氏则重视基础。

据顾颉刚回忆,当时他与傅斯年、杨振声三人奉命商量筹备中研院史语所时,由于杨振声是文学出身,对史语所方向性建设不置一词,而他与傅斯年的"胸中皆有一幅蓝图在"。③ 傅斯年倡导科学方法,力求专精,以提升中国的学术品质,扬言近代学术只是少数或几个人的事,主张"只要有十几个书院的学究肯把他们的一生消耗在这些不生利的事物上,也就足以点缀国家之崇尚学术了——这一行的学术"。④ 而顾颉刚则不同意傅斯年的看法,主张以普及为要务,认为:

> 欲与人争胜,非一二人独特之钻研所可为功,必先培育一批班子,积累无数资料而加以整理,然后此一二人者方有所凭藉,以一日抵十日之用,故首须注意普及。普及者,非将学术浅化也,乃以作提高者之基础也。⑤

二人出现此种争议,实与各自的学术经历有关。顾氏回忆道:"傅在欧久,甚欲步法国汉学后尘,且与之角胜,故旨在提高"。⑥ 杜正胜指出傅氏"表面上向外人学习,内心里则把西方的汉学家当做主要的对手"。⑦

---

① 顾颉刚:《顾颉刚致胡适的信》,1929 年 8 月 20 日,中国社会科学院近代史研究所编:《胡适来往书信选》,北京:中华书局,1979 年,第 532 页。查语史所《语史所周刊》、《民俗周刊》两种刊物,共出版 200 多期,计数千篇文章,笔者没有看到一篇傅斯年发表的关于民俗学方面的文章;在出版的 39 册《民俗丛书》中,也没有见到一篇傅斯年为之作序的序文。
② 参见顾颉刚:《顾颉刚日记》第 2 卷,1929 年 2 月 13 日,台北:联经出版公司,2007 年,第 252 页。
③ 顾颉刚:《顾颉刚日记》第 2 卷,1929 年 3 月 3 日,1973 年 7 月补记,台北:联经出版公司,2007 年,第 159~160 页。
④ 傅斯年:《历史语言研究所工作之旨趣》,《历史语言研究所集刊》第 1 本第 1 分,1928 年 10 月,第 8 页。
⑤ 顾颉刚:《顾颉刚日记》第 2 卷,1929 年 3 月 3 日,1973 年 7 月补记,台北:联经出版公司,2007 年,第 159~160 页。
⑥ 顾颉刚:《顾颉刚日记》第 2 卷,1929 年 3 月 3 日,1973 年 7 月补记,台北:联经出版公司,2007 年,第 159~160 页。
⑦ 杜正胜:《无中生有的志业:傅斯年的史学革命与史语所的创立》,杜正胜、王汎森编:《新学术之路》(上),台北:中研院历史语言研究所,1998 年,第 20 页。

　　二者的分歧起先是引起"口角",后来进一步恶化成"破口"对骂,遂使二人"十五年之交谊,臻于破灭"。① 恰在傅顾治所思想出现分歧之时,中研院准备在语史所基础之上筹备中研院史语所,傅斯年竭力忙于筹备工作,无暇顾及语史所事务,这正好给了顾颉刚贯彻其治所精神的最佳时机,因而语史所倡导的"眼光向下"的研究姿态正是顾颉刚治所思想的反映,而与傅斯年的关系不大。② 杜正胜在评价语史所、史语所时认为二所"一个土派,一个洋派,可以说是不同体质的双胞胎",③这也正好说明了顾、傅二人办所方针虽有所不同,但各具特色是明显的。

　　以傅斯年治所的眼界与目标,创立史语所"发达我国所能欧洲人所不能者","同时亦须竭力设法将欧洲所能我国人今尚未能者亦能之"。④ 以这个标准来说,至少在汉学人类学的研究领域,要得到与欧洲争胜的目标,史禄国是个难得的合作伙伴。如果从国际人类学发展史来看,史禄国作为一战后初露头角的现代人类学的创始人之一,其研究理论与实践是从当时欧洲学术最前沿起步的。⑤

　　在史氏入职中山大学前后,其调查的足迹遍布中国东北、江浙沪、安徽、广东等地,以实证主义的方法写成的论著发表之后,已引起了来自英、法、美、德等欧美人类学界的广泛关注。如 1928 年 4 月,C. W. Bishop 教授曾对史氏发表的《华北的人类学》(*Anthropology of Northern China*,1923)、《谁是华北人?》(*Who Are the Northern Chinese*? 1924)、《广东和华东的人类学》(*Anthropology of Eastern China and Kwngtung Province*,1925)三篇文章展开评论。认为史氏通过个人的努力,在经历过无数的困难与失败后,"以其大量客观的体质测量,奠定了人们对东亚认识的基本知识,从而取代了先前人们作为旅行者认识东亚的主观印象,应得到不小的赞许"。⑥ 1931 年,国际汉

① 顾颉刚:《顾颉刚日记》第 2 卷,1929 年 3 月 3 日,1973 年 7 月补记,台北:联经出版公司,2007 年,第 160 页。
② 顾颉刚在致胡适的信中说:"语史所虽未成立,而已有房子、书籍、职员、出版物,同已成立一样,这一方面孟真全不负责,以致我又有名无实地当了研究所主任。"(参见顾颉刚:《顾颉刚致胡适》,1928 年 2 月 27 日,耿云志主编:《胡适遗稿及秘藏书信》第 42 册,合肥:黄山书社,1994 年,第 351 页)。
③ 杜正胜:《无中生有的志业:傅斯年的史学革命与史语所的创立》,杜正胜、王汎森编:《新学术之路》(上),台北:中研院历史语言研究所,1998 年,第 16 页。
④ 傅斯年:《傅斯年致函蔡元培、杨杏佛》,《傅斯年全集》(三),长沙:湖南教育出版社,2003 年,第 61 页。
⑤ 费孝通:《人不知而不愠:缅怀史禄国老师》,《师承·补课·治学》,北京:三联书店,2002 年,第 75、84 页。
⑥ C. W. Bishop, "Anthropology of China", *Geographical Review*, Vol. 18, No. 2(Apr., 1928), p.343.

学权威伯希和(P. Pelliot)在由他主编的《通报》(*T'oung Pao*)上用了三页篇幅来高度评价史氏的《通古斯的社会组织》一书,他说:

> 我们应该了解并且感谢他不曾停息的在中国人类学的相关问题上所做的调查。他对有关部落组织、家庭、婚姻和土地所有权的一手资料收集,不仅极大的丰富了史料,还对当时零碎分散的研究现状做出了突出的贡献。①

由于史氏从第一手资料出发,兼顾通古斯的体质类型和文化两方面的讨论,对通古斯的研究具有突出贡献,因而被誉为"通古斯人类学的杰出权威(Outstanding Authority)"。② 诸如类似的赞誉,还有很多,兹不赘言。③ 纵览当时世界学术界,在汉学人类学研究的领域,无人能出其右,这是不争的事实。因此,邀请史氏进入史语所,对于傅斯年来说,至少能实现在汉学人类学的研究领域超越欧洲"汉学"的目标。

史禄国没有辜负傅斯年的期望。史氏虽然在史语所的时间不长,但之于史语所的贡献不小。前史语所所长杜正胜赞誉史禄国"在中国人类学界的角色或可比拟考古学界的安特生(J. G. Andersson)"。④ 另一位熟悉史语所的专家在《史禄国学术思想与史语所学风》一文中指出,史氏如果没有与史语所的接触,他的某些有价值的人类学理论也许就不会完成。同样,史氏

---

① P. Pelliot, "Social Organization of the Northern Tungus, with Introductory Chapters concerning Geographical Distribution and History of These Groups", *T'oung Pao*, Second Series, Vol. 28, No. 1/2 (1931), p.108.

② I. A. Lopatin, ASIA, *American Anthropologist*, New Series, Vol. 33, 4(Oct. —Dec., 1931), p.637.

③ 如在入职中山大学之前的书评有: B. Laufer, "Social Organization of the Manchus, A Study of the Manchu Clan Organization", *American Anthropologist*, New Series, Vol. 26, No. 4(Oct. — Dec., 1924), pp. 540 – 543. Leslie Spier, "Growth of Chinese", *American Anthropologist*, New Series, Vol. 27, No. (July., 1925), pp. 469—470. L. H. D. B., "Anthropology of Eastern China and Kwngtung Province", *Man*, Vol. 27(Jan., 1927), pp. 19—20. L. C. Hopkins, "Social Organization of the Manchus", *Journal of the Royal Asiatic Society of Great Britain and Ireland*, No. 4(Oct., 1925), pp. 754—757. Leslie Spier, "Progress of Physical Growth among the Chinese", Volume Ⅰ: The Chinese of Chekiang and Kiangsu, *American Anthropologist*, New Series, Vol. 29, No. 1(Jan. —Mar., 1927), pp. 119—120. 另外,在 1928 年之后,关于史氏论著的评介性文章较多,甚至出现一篇文章或著作,来自不同国家学者的书评达 4 篇之多,如《北方通古斯的社会组织》(*Social Organization of the Northern Tungus*)一书。遗憾的是,就笔者目前所掌握的资料,并未见一篇以中文写就的评论性文字。

④ 杜正胜:《无中生有的志业:傅斯年的史学革命与史语所的创立》,杜正胜、王汎森编:《新学术之路》(上),台北:中研院历史语言研究所,1998 年,第 30 页。

进入史语所之后,对史语所从一开始就形成的具有国际合作的学术传统具有重要的学术影响。①

综上所述,在云南调查事件发生之后,傅斯年站在史禄国的立场上,力排众议,绝非完全如顾颉刚所说的"感情用事",也非后来学者所谓的"多方文饰",刻意为之开脱。相反的,应是傅斯年在与史禄国学术交往过程中深入了解之后,所做出异乎他人的理性选择。

第二节　"反对者"的声音

上文所述乃傅斯年在云南调查事件处理过程中支持史禄国之原因,为了更全面地辨析在该事件处理过程中的不同意见,深入认识以汪敬熙、陈宗南、顾颉刚、杨成志、容肇祖为代表的"反对声",则是本节要论述的另一核心问题。

从之前学界披露云南调查事件的材料来看,"反对声"的材料来源有三:一是昆明东陆大学文科主任华秀升给顾颉刚的私人信件;二是杨成志、容肇祖给傅斯年和顾颉刚的书信和报告;三是汪敬熙、陈宗南在昆明的见闻。遗憾的是,从史语所收藏的档案来看,史氏自调查开始一直到回到广州之前,除给傅斯年一封报告前期调查过程的书信之外,并无其他任何信息给中山大学校方。所以在史氏回到广州之前,中山大学校方已综合多种渠道获得信息认定史氏应该为有损"学校名誉"的调查事件负全责。

通过以上三种渠道获得的信息可信度有多高?须详细辨析之。

首先从最早与史禄国认识的顾颉刚谈起。1926年,史禄国离开上海,加入顾颉刚等人创立的厦门大学国学研究院,在国学院公布的研究人员最近工作中,史氏正从事于《福建人种考》、《福建孩童成长测验》、《东胡语言比较字典》三个研究题目。② 在厦大期间,史氏与顾颉刚过从较多,在顾氏日记中提及史氏共有六次,有时二人借助于英文翻译一起谈论学术,游览厦大附近的南普陀寺。不过,此时顾颉刚虽然认为史氏多年来对中国人种研究成果卓著,但是囿于自己不懂英语以及人种学的专门化程度太高,面对史氏的"质问",有时竟有不知"如何回答"的尴尬,不得已只能"胡

---

① M. Kryukov, "The Academic Style of the Institute of History and Philology and S. M. Shirokogoroff",杜正胜、王汎森主编:《新学术之路》(上),台北:中研院历史语言研究所,1998年,第249页。

② 《国学研究院最近之工作》,《厦大周刊》第164期,1926年11月20日,第4页。

乱”应付之。① 由此可以进窥顾颉刚在人类学方面的学养不足。

顾颉刚对人类学知识的阙失,直接影响到他对史禄国云南调查成绩的判断。史氏在云南调查期间,曾联络位于昆明的东陆大学文科主任(兼昆明财政局长)华秀升商讨测量该校学生体质事宜。不过,史氏最终未能获得测量的机会。究其原因,华秀升在给顾颉刚的信函中说道:

> 史禄国君闻系来滇调查人种,此时未赴外县,商恳来敝校测验学生,敝校已允于星期日实施,但史君意于上课时举行,于教授方面不无妨碍,故未允照办,希为转告。②

这段文字乍看上去有些令人费解,难道史氏为了能测量到学生的体质,不能有所变通而表现出如此的固执。其实,如果从科学的体质人类学测量的要求出发,就不难理解史氏的固执另有深层学术坚守的一面。在史氏去世后,其夫人将其遗著整理发表,其中在题为《中国人种志调查》(*Ethnographic Investigation of China*)一文中,谈到深入、广泛的田野调查必须取决于三大因素,其中第一个客观因素便是在“多大程度上对特定人群进行分类”观察。③该论述对于理解史氏为何一定要在学生上课时测量,具有重要的启示。客观而论,人类学的活体测量工作,只要测量对象不变,上课时间测量与周日测量并没有什么不同,也没有其他特殊要求。但史氏之所以提出这个要求,可能在于他考虑的测量对象是否纯净,专就某一特定群体进行测量,不要混杂其他人士(上课的人全都是大学生)。另外,由于测量要给测量对象补贴(因为耽误了人家的时间,就要给一点钱或小礼物),可能他担心有人为了领补贴而冒充学生,这样他的测量对象便不够准确,据实写出的报告(科学的调查报告首先要交待测量经过、仪器、方法等)就容易为同行专家挑出毛病。④ 对于人类学学养深厚、具有丰富活体测量经验的史禄国来说,这些要素应在其考虑之中。

遗憾的是,史氏此举不仅未能得到远在昆明的学界的理解与支持,还引起了顾颉刚的不满。在厦大期间,因各专业领域不同,顾、史二人虽不能进

---

① 顾颉刚:《顾颉刚日记》第1卷,台北:联经出版公司,2007年,第789、791~794、817页。

② 华秀升:《华秀升致顾颉刚函》,1928年9月18日,台北:史语所档,档案号:元186—1。

③ 另外两个要素分别是“多大程度上对构成文化的各个元素进行描述”和“调查人员对观察和分析的准备状态”。S. M. Shirokogoroff, "Ethnographic Investigation of China", *Folklore Studies*, Vol. 1(1942), p.1.

④ 笔者曾就此事专门请教过中山大学人类学系何国强教授,何教授具有丰富的人类学测量和调查经验,承先生指示,得出以上看法。对何先生的耐心指导,谨致谢忱。

行深入的学术交流,但并不影响二人的交往。不过,自顾颉刚接到华秀升的信函后,他的态度发生了重要转变,并直接影响了中山大学校方对云南调查事件的处理态度。1928 年 10 月 1 日,顾颉刚致函中山大学校长戴季陶,并将华秀升来信附上。顾氏在信中谈道:

> 顷又接东陆大学文科主任华秀升先生来信,患该员(指史禄国——笔者注)仍在滇垣测量学生,致遭该省人士拒绝,皆背本校遣派宗旨,复与学校名誉攸关,似应勒令回粤,以重公帑,而保校誉。①

此外,恰在史禄国等人在云南调查之时,中山大学教务主任陈宗南以及文科教授汪敬熙正在昆明游览,听闻云南东陆大学教授抱怨史禄国在滇住着洋酒店,并拒绝出席该大学的演讲,由此引起"滇人恶感"之后,他们决定亲自考察一番。不过,当陈宗南到史氏下榻的酒店时,远远看到史氏正在打"扑克娱乐",并未与史禄国"接谈",便愤而离去。10 月 3 日,二人归粤之后,将昆明见闻联名致函中山大学校长戴季陶。② 三天内两封不满史禄国的信件,终于引起了中山大学校方的高度重视,认为此案"颇重要,自应审慎办理",并责成陈宗南、汪敬熙、辛树帜、顾颉刚、沈鹏飞组织教授会当面质询史禄国。③

在这里,可以看到,陈宗南和汪敬熙在昆明并未能与史氏亲自接触,那么,他们关于史禄国的负面传闻来自哪里? 在给戴季陶的信件中,曾提到他们的消息源自"东陆大学教授面称",④但没有具体指明消息来自何人。而在华秀升给顾颉刚的信件中,专门提及陈、汪两人游滇时,曾专门拜访过他,并赠与多部书籍。⑤ 由此可以推测陈汪的消息正源于华秀升等人的"面告"。至此,可以知晓史氏与云南学界关系的两个基本事实:一是史氏拒绝东陆大学邀请出席演讲;二是东陆大学拒绝史氏在上课期间进行体质测量工作。两事发生的时间孰前孰后,难以定论,但彼此心存芥蒂显而易见。最终,史氏在昆明的言行,受到来自以华秀升为首的东陆大学师生非议,渐被蔓延"放大",乃至引起在滇学人的集体"恶感"。

---

① 顾颉刚:《顾颉刚致戴传贤函》(1928 年 10 月 1 日),台北:史语所档,档案号:元 186—10。
② 陈宗南、汪敬熙:《陈宗南、汪敬熙致戴传贤函》(1928 年 10 月 3 日),台北:史语所档,档案号:元 186 —8。
③ 《国立中山大学函稿二则》,台北:史语所档,档案号:元 186 —8。
④ 陈宗南、汪敬熙:《陈宗南、汪敬熙致戴传贤函》(1928 年 10 月 3 日),台北:史语所档,档案号:元 186 —8。
⑤ 华秀升:《华秀升致顾颉刚函》(1928 年 9 月 18 日),台北:史语所档,档案号:元 186—1。

容肇祖与杨成志是云南调查的参与人,也目睹了整个事件的经过,此前学界关于该事件的基本认识主要来自二人的书信和调查报告。不过,这些材料同样只言其一,尚不足以全面反映整个事件的过程。

为了确保云南之行的顺利,直到出发前,史禄国都在为这次考察做精心的准备工作,购买了必需的装备以及食品。当容肇祖表达出一起考察的愿望时,史氏又为他增购一整套调查必需的装备。① 令史氏始料未及的是,当调查计划受阻时,容肇祖不辞而别回到广州,这令史氏"非常失望"。同时,也浪费了史氏精心为之准备的调查装备和食品。② 容氏提前回粤,除了将调查团先前所购买的部分书籍和材料带回广州外,还写有《云南种族及民俗调查报告书》,约千余字,内容实在乏善可陈。

容肇祖匆匆回粤后,杨成志凭借其冒险精神继续在云南调查,成为进入凉山调查之第一人,赢得了云南政学军界广泛赞誉,共获得在滇学人赠送的长短不齐的赞语多达 44 条。他们一致认为杨成志的冒险精神堪比张骞、班超、"明代徐霞客、欧洲麦哲伦"、"尊重科学历史的有心家"、"民族主义的实行家"等等。③ 回粤后,他应母校岭南大学校长钟荣光、李应林的邀请,前往岭南大学发表公开演讲,调查报告不久也如期出版。关于杨成志调查成绩的新闻报道经常见诸国内报纸杂志,一时成为广州学界炙手可热的青年学人。④

正当杨氏沉浸于云南之行所带来的学术荣誉的喜悦之时,傅斯年在给杨成志信中所说的一番话颇令人寻味。在信中,傅斯年一方面肯定杨氏的云南调查"精神可佩","真是一个新记录";另一方面提出告诫,希望杨氏不要在中山大学研究所那种"具人予圣"的空气中,听"恭维的话","忘其所以",务必"免去宣传及 Journalism 之滥调",应随时扩充自己的研究工具,认

---

① S. M. Shirokogoroff, "Preliminary Report on the Investigation Work in Yunnan in July October", 1928,台北: 史语所档,档案号: 元 46—5。
② "S. M. Shirokogoroff to Fussenien", September, 5, 1928. 台北: 史语所档,档案号: 元 186—13。人类学田野调查的装备要求较高,尤其是深入深山不毛之地。据费孝通先生回忆,他第一次深入广西瑶山调查花篮瑶的时候,史禄国凭借其丰富的调查经验为他准备了一整套调查用品。其中,史氏专门为费孝通夫妇各定制的一双坚实的长筒靴子,不仅可以防止南方蚂蟥的入侵,还在关键的时刻救了费孝通一命。由此可见,调查装备对于野外调查工作的重要性。参见费孝通:《人不知而不愠: 缅怀史禄国老师》,《师承·补课·治学》,北京: 三联书店,2002 年,第 88 页。
③ 杨成志:《滇人赠语录》,《云南民族调查报告》,广州: 中山大学语史所,1930 年,第 10~22 页。
④ 杨成志:《西南民族概论》(1930 年 5 月 1 日),《云南民族调查报告》,广州: 中山大学语史所,1930 年,第 23 页。

真细致的观察，这样三四年后才能成为一名“入门的民族学者”，七八年后方可以成为“专门名家”。① 由此不难推测傅斯年此言的弦外之音：杨成志对民族学的调查和研究“尚未入门”。

为何傅斯年对杨成志的评价与当时来自政学军界的看法有如此大的差距？实际上，是由于二者所关注的重点不同：前者就杨成志的实际学术积累和所取得的学术成绩而言；后者更多的是从学术民族主义立场出发，着眼于云南调查的学术象征意义。

傅斯年的提醒似乎不近人情，但从纯学术的角度考虑，不可谓不深刻。前文有述，杨成志此次云南调查的时间跨度虽历时 20 个月，但是其调查计划因多次发生变化，致使对出发前调查计划中“罗罗人种生活状况”的调查仅为 2 个月，而不在计划中的昆明周边民族调查长达 10 个月之久，虽有意外斩获，但也使得整个调查计划的连贯性受到限制，最主要的是杨成志在调查方法和工具的应用上有欠成熟，这也不能不影响杨氏的实际工作成绩。

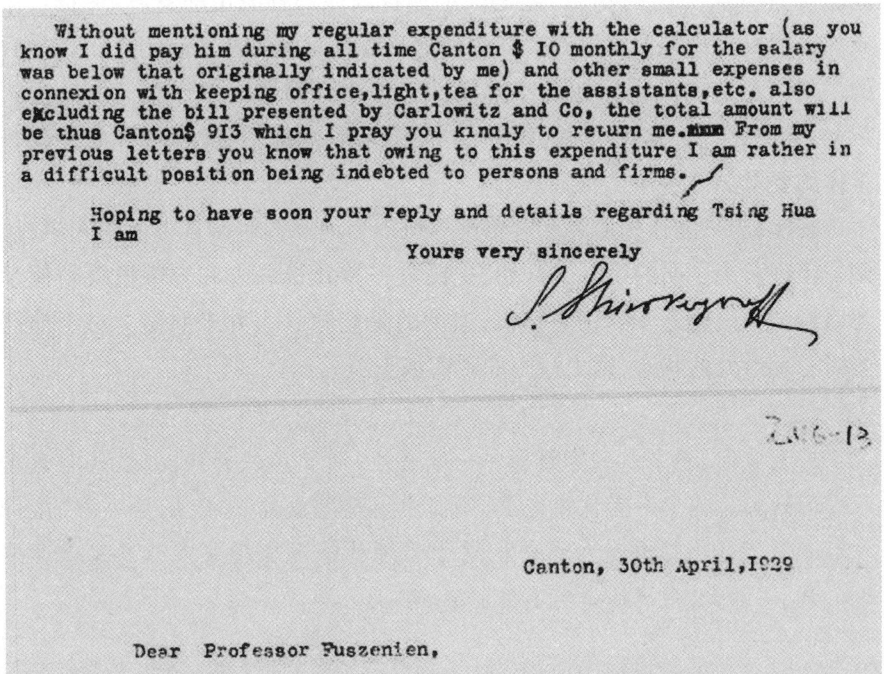

Without mentioning my regular expenditure with the calculator (as you know I did pay him during all time Canton $ 10 monthly for the salary was below that originally indicated by me) and other small expenses in connexion with keeping office, light, tea for the assistants, etc. also excluding the bill presented by Carlowitz and Co, the total amount will be thus Canton$ 913 which I pray you kindly to return me. From my previous letters you know that owing to this expenditure I am rather in a difficult position being indebted to persons and firms.

Hoping to have soon your reply and details regarding Tsing Hua
I am

Yours very sincerely

S. Shirokogoroff

206-13

Canton, 30th April, 1929

Dear Professor Fuszenien,

图 4－2　傅斯年档案藏史禄国致傅斯年的信札

① 傅斯年：《傅斯年致杨成志》，1930 年 5 月 29 日，王汎森、潘光哲等编：《傅斯年遗札》第 1 卷，台北：中研院历史语言研究所，2011 年，第 238~239 页。

事实上,对于杨成志在云南调查以及将来的研究中可能会遇到的困惑,史禄国自始至终有着比较清醒的认识。

早在 1928 年 3 月,史禄国在一篇提交给傅斯年的人类学研究计划中,认为培养一名合格的人类学助理调查员,如果不"经过较好且长时间的训练之前,不能开展工作。因为他们在开始的测量不可靠,更不用说在记录的时候的个别偏差"。① 稍后,在另外一篇研究计划中仍然坚持这一看法,认为如果没有执行调查计划的合适人选,就不能随意制定研究项目。史禄国也毫不掩饰他权威性的学术地位,自认为"还没有看到在目前有任何人作为田野工作者能替代"他本人。考虑到当时中国的人类学正处于起步阶段,史禄国决定由他本人来从事中国这项基础性的调查工作,其目的是"为了将来的调查节约时间,并对将来中国的人类学家起到一个好的范例"。②

史氏在给傅斯年的信中记述他为何反对杨成志独自一人前去调查,他说:"我反对他一个人前去的原因众多,其中最重要的原因之一便是由于调查时间太短,并且他缺乏调查的经验以及有限的专业知识。"不过,杨成志没有听从史氏的劝阻,还是决定独自前往调查凉山的罗罗。当然,杨成志也明白自身在人类学调查方面理论及实践上面的匮乏,在出发的"最后的一刻",邀请史氏指导他观察罗罗所必须用到的语音学知识。史氏虽然"尽力而为之",但这种"急就章"式的突击培训,"远不足以预备"此次调查工作的要求。③

其实,为了能让杨成志和容肇祖尽可能多地掌握些调查方面的知识,从调查团到云南昆明的第一天开始,史氏就坚持让杨成志和容肇祖跟随他学习语音学和民族志学的相关知识,遗憾的是杨容二人并未照做。对于他们当时心理所处的状态,据史禄国的观察如下:

> 他们(杨成志和容肇祖——笔者注)希望尽快开始,心里只有出发的劲头。他们一直住在这里,他们希望走的更远一点,成为一个"旅行者",实际上部分是由于他们对于当地的情况变得非常熟悉了。真抱歉,实际上,我请杨先生小心宣传。④

① S. M. Shirokogoroff, "Scheme of Ethnological Investigations", March, 1928. 台北:史语所档:元 46—7。
② S. M. Shirokogoroff, "Anthropological Investigation", January, 4, 1929. 台北:史语所档:元 46—8。
③ "S. M. Shirokogoroff to Fussenien", September, 5, 1928. 台北:史语所档,档案号:元 186—13。
④ "S. M. Shirokogoroff to Fussenien", September, 5, 1928. 台北:史语所档,档案号:元 186—13。

在此,史氏指出的是致力于人类学研究的学者所表现出的一个普遍现象:对"文化的互为主体性追求",即通过研究不同于自己文化的"他者世界",来反观自身,"推人及己",从而最终达到理解全人类的终极关怀。① 对于杨成志和容肇祖来说,昆明及其周边的风土人情,应该是比较熟悉,所以不愿意在此耗费时间,希望去一个陌生的地方,以一种"他者的"眼光观察一个未知的族群,成为名副其实的外来"旅行者",去探索从未进入学界视野的神秘部族;相反的,对于史氏来说,不单是昆明,就是整个中国的任何区域,对于他来说,都是一个异文化的区域,均可以作为田野调查的对象。

史氏为何在最后的关头改变初衷,支持杨成志调查,他在给傅斯年的信中有交代。尽管史氏根据自己的田野调查经验,对于杨成志此次调查成果的预测持悲观的态度,认为除民俗学收藏品之外,他"不相信"杨成志能收集到有重要价值的材料。但是,考虑到"这次调查旅行作为一次经验来说也许不坏,假如在回到广州之后能努力工作,杨先生也许会从旅行中有所收获。确切地说,就是这一点,就不允许我从道义上拒绝为他提供必要的调查经费的请求"。因此,史氏从自己的经费中拿出部分交给杨成志,借此希望杨成志能延长调查罗罗族的时间。② 当然,杨成志离开之后,由于缺少翻译和助手,令史氏在昆明与官方沟通不畅,以至于整体调查工作"陷入到艰难的境地",除其夫人不得不自始至终充当他人体测量中的助手之外,甚至连其雇佣仆人也学会了帮忙收藏仪器等一些日常的工作。③ 因此,不难想象,杨成志的离开,使得史氏的调查成绩也深受影响。

后来事情的发展,也正如史氏所预料。经过田野调查的实践之后,杨成志开始认识到系统的人类学专业知识的重要性。缺乏专业的人类学训练,使杨氏对于云南田野调查所获资料一筹莫展,因此,亟欲出国学习人类学方面的知识。1930 年 9 月 29 日,杨氏致信校长朱家骅,坦言自己出国留学的原因:

> 职在本校语言历史学研究所服务已三年,在此过程中常抱个人努力求知之精神,作西南民族之探讨,自忖云南两年调查之经验,更使职对此种在吾国新兴之学问结下不解之缘。因在学术上固值得吾人开掘,在总理民族主义——中国境内各民族一律平等实现上,尤为刻不容

---

① 王铭铭:《什么是人类学》,北京大学出版社,2002 年,第 21 页。

② "S. M. Shirokogoroff to Fussenien", September, 5, 1928. 台北:史语所档,档案号:元 186—13。

③ "S. M. Shirokogoroff, Preliminary Report on the Investigation Work in Yunnan in July October", 1928. 台北:史语所档,档案号:元 46 —5。

缓之问题,是以职无不日夕兢兢于此也!然而回思自己年少学陋,虽从云南搜集许多资料及记录带回来,每想作有系统及科学价值之著述,在本校寻不出一启导俾资问津,此或从收集易整理难,所觉出之困难点也,常窃自以为现实或将来对民族学之贡献,非立刻离开文化落后之中国跑到外国去再求深造实不为功。①

不料恰在此时朱家骅离任中山大学校长一职,由许崇清继任。无奈之下,杨成志只有再次递交呈文,并"数晤"校长,详述求学之恳志:

> 职孜孜急于出国之根本原因,盖欲吸收外国专门家对民族学之方法及理解为已有耳!职颇自信此次带材料赴法,必可得其民族学专门家之同情与赞许,三四年后可得入民族学之堂奥,职返国再作有规模之西南民族研究。②

由此看来,杨成志在云南田野调查中的不足之处,也揭示了中国学术转型时期一个较为普遍的现象,即中国社会的自身发展没有催生出现代方法论体系,而面对西学东渐的强大冲击力,他们只能借助大量输入和移植西方方法论的手段来实现对中学的改造。虽然中外知识体系开始进入到碰撞、解构、调适、重组阶段,较早接触到西学的知识分子在观念上已吐故纳新,但对于西学真正精髓的把握上难免有"肤浅"之处。诚如桑兵所言:由于缺少真正受过新学科专门训练的学者,不能恰当地运用有关方法处理问题,致使杨成志的云南调查,"理念上确已逃出传统恶习的范围之外,实际上还在既有学术的框缚之中"。③

第三节　被"疏离"的一流学者

作为国内第一次有组织的人类学调查活动,云南调查揭示出五四之后

---

① 杨成志:《关于请准予派往法国或美国留学等情的呈》(1930 年 9 月 29 日),广东省档案馆:全宗号(020)—目录号(003)—卷号(0113)—起止件号(022)—起止页号(042—044)。

② 杨成志:《关于请从速发给出国护照和旅费一事的笺函》(1931 年 10 月 19 日),广东省档案馆藏:全宗号(020)—目录号(003)—卷号(0171)—起止件号(018)—起止页号(042—043)。

③ 桑兵:《晚清民国的国学研究》,上海古籍出版社,2001 年,第 274 页。

中国人类学(含民族学、考古学、体质人类学、语言学)学界所面临的机遇和窘境。

　　一方面,人类学作为一门新学科被介绍到中国不久,中外学人合作研究的良好氛围初显,预示着中国人类学的发展从一开始就站在世界学术的前沿,前景无可限量。然而,不幸的是,人类学田野调查在中国起步的同时,也唤醒了国人心中的学术民族主义情绪,这种情绪蒙蔽了彼时绝大多数国人的国际学术视线。即使是受过一定人类学训练的杨成志也不能例外。他坚称:外国人由于对中国的历史的背景、社会的习惯以及人情和语言的隔膜,以致对中国内地的认识程度还比不上一个中学生。因此,对于中国的民族学调查的工作,"外国人是不适合的",还是"让黄脸黑发的人自己来干吧"![1] 盲目排外心理显露无疑。

　　外国人真的不适合做中国的民族学研究工作么? 史氏关于中国民族学研究最重要的几部著作均在中国出版,但并未能引起中国学界的广泛注意。相反的,其论著刊出之后,引起包括伯希和在内的欧美学界广泛且深入的讨论,书评如潮,在国际人类学界享有崇高的学术威望。因此,只能说明史氏在汉学人类学领域的创造性价值,由于国人的眼光局限在狭小的中国范围之内,所以难以被理解罢了。但是,如果我们放大学术视野,史氏不仅没有脱离国际主流学术圈,甚至在某种程度上引领了国际汉学人类学的学术潮流。虽然傅斯年竭力为之辩护,却因孤立无援,难以扭转局面,最终使史禄国难逃"被疏离"的窘境。

　　其次,对于史氏被中国学界"疏离"的认识,与现下学界在研究材料选择的局限性具有重要的关系。作为史氏的学生,费先生的回忆文章虽从史氏的个性和学术风格入手分析,具有开阔的视野,但其中不乏夹杂着复杂的感性认识在里面,缺乏说服力;同样,后来学界关于"云南调查事件"的研究取材,均来自杨、容二人以及顾颉刚等属于"反对派"当事人的书信日记或调查报告,但不见任何有关史氏的书信、报告等材料,具有不可避免的片面性。诚如古语所云:"兼听则明,偏信则暗"。学术研究更要尽可能收集各当事人的相关材料,展示历史发展的多面向,才能更加接近客观真相。遗憾的是,以往关于"云南调查事件"的研究,由于受到材料选择的限制,史氏作为该事件的主角,也是"被研究者",他的主体叙事和主体意识并没有得到应有的发掘和重视,致使整个调查事件过程中长期被忽略的某些重要的事实未能被揭示出来。

---

　　[1]　杨成志:《杨成志致函傅孟真》,史语所档案:元64—4。

　　最后,史氏被中国学界疏离的另一原因可能还与其处境与性格有关。自 1917 年俄国革命之后,新国家的"克格勃"无孔不入,史氏有国不能回,只好寄人篱下,被迫流亡中国,那种"人在矮檐下,不得不低头"的心境恐怕一般无此经历的学人难以理解。在学生费孝通的眼里,史氏是个"孤僻的隐士",常人多以"怪人"目之,在清华园里深居简出,与校内外同行鲜少过从,过着"遗世独立"的生活。① 此外,对于史氏的性格特点,学生徐烺光也有类似的评价。史氏在清华任教期间,也曾在辅仁大学兼课,彼时徐烺光是辅仁大学研究院里的一名研究生,据他回忆:史氏不仅是"一位怪人",在课堂上常"认为自己的话是圣旨,谁都不可冒犯",而徐烺光却专以与之辩论为乐。② 由此推测,在现实生活的人际交往中,史氏性格孤僻,难以让人接近应为实情。不过,在自己的课堂上,却迥然不同,显得乐于交流、辩论,甚至为了掌控课堂而有过于执拗之嫌。因此,费孝通将其性格特点概括为"人不知而不愠",可能仅窥及一面,而对于史氏身上具有的看似矛盾的性格特征应区别对待之。

　　时至今日,距史氏离世已经近八十年了,其针对中国的人类学调查研究成果,以及在此基础上形成的理论与方法,是史氏留给中国学界的一份珍贵的遗产,具有极高的学术价值,仍值得我们深入发掘。

---

① 费孝通:《人不知而不愠:缅怀史禄国老师》,《师承·补课·治学》,北京:三联书店,2002年,第 79 页。
② 许烺光:《边缘人:许烺光回忆录》,台北:南天书局,1997 年,第 39 页。

第五章 杨成志与中国人类学"南派"

云南民族调查归来之后,由于缺乏必要的人类学基本训练,杨成志的罗罗研究一筹莫展,在中山大学校方的资助之下,杨成志先后两次赴欧美留(访)学。学成归来之后,杨成志竭力恢复语史所时期的《民俗》杂志,积极组织多次田野调查活动,创办人类学系,培养了一大批影响学界的专门人才,并形成了将文献分析与田野调查相结合的学术风格,学界称之为中国人类学的"南派"。本章主要介绍杨成志在中山大学文科研究所时期的学术活动及其成就。

第一节 留 欧 游 美

1930年3月23日,杨成志结束了长达20个月的云南民族调查工作回到中山大学。此次调查区域经滇南迤东、川滇交界的巴布凉山、昆明、河口以及越南河内等地,收集独立罗罗、花苗、青苗、夷人、散民、瑶人、安南民俗物品数百件,其中尤以调查所得的各种地方文献经典"最为宝贵"。[①] 云南之行对于杨氏来说一方面获得了田野经验,赢得了包括蔡元培在内的国内学术界嘉许;[②]另一方面,由于缺乏专业的人类学训练,杨氏对于田野所获

---

① 杨成志:《云南民族调查报告》,广州:中山大学语史所,1930年,第21页。
② 1930年5月1日,杨成志应岭南大学校长钟荣光、李应林两校长的邀请,前往岭南大学发表公开演讲,此次演讲内容经整理后,发表在《广州民国日报·现代青年》(1930年5月3、5、9日)上,《广州民国日报》社编辑何子恒在文前"附识"中评论:"我友杨成志先生,费了两年多的时间,经了千辛万苦,生活在蛮苗的部落中,凭其孜孜不倦的调查精神,将西南几个蛮苗部落的生活,作一番精细的调查。他的成绩,据我所目击的他搜集的物证推断,虽够不上说是'绝后',但'空前'却是确实的。"见杨成志:《西南民族概论》,1930年5月1日在岭南大学演讲,《云南民族调查报告》,广州:中山大学语史所,1930年,第23页。

得的资料一筹莫展,因此,亟欲出国学习人类学方面的知识。

抵法后,杨成志进入巴黎大学人类学院攻读博士学位,跟随法国著名学者 Mauss(巴黎大学及民族学研究所民族学教授)、Rivet(民族学研究所主任兼教授)、Papillant(人类学院实验室主任兼社会学教授),学习人类学和民族学课程。同时竭力搜集有关罗罗的参考书籍,他在巴黎图书馆阅读了法、英、德文参考书籍有 200 余种,并编成摘要目录,对法国东方语言学校、国家图书馆、天主教外国教会等机关所藏的罗罗经典文献的目录也均有摘抄。

此外,他还进入巴黎大学人类学实验室学习人体测量学(Anthropométrie)及头骨学(Craniologie),作世界各人种的比较研究,在民族学博物馆(Musée D'Éthnographie)学习如何整理、分类、陈列和保藏民族物的方法,作博物馆的研究,在地质学实验室学习如何进行第四纪人类化石与古生物学的研究等;为与外国专家加强交往,切磋学问,杨氏还加入了国际人类学会(Institut International D'Anthropologie)及民族志博物馆友谊会(Sociéte des Amis du Musée D'Ethnographie),又成为英国伦敦皇家人类学院(Royal anthropological Institute of Great Britain and Ireland)的研究员。① 经过一年多的文献搜集和理论学习,杨氏开始对国内带来的罗罗文献做出进一步的分析整理,先后写成《罗罗字典》、《独立罗罗的社会组织》、《罗罗歌谣集》等相关论著的初稿。

1934 年杨成志以《罗罗文字与经典》一文获得巴黎大学民族学博士学位后,于翌年冬带着全套人类学测量器具、摄影机,以及人体骨骼模型、标本、挂图等研究工具取道回国。

如果说杨氏的第一次留学历经了坎坷,对欧洲各国的人类学有了一个比较深刻的体认,那么第二次留学对于已成为中山大学史学系教授的杨氏来说则显得尤为顺畅,此次考察也使杨氏对美国的人类学前沿有了比较直观的了解和把握。

1943 年 11 月,国民政府教育部通知北大、清华、南京、武汉、中山等十所大学遴选各科资历合格的教授一人赴美访问进修,杨氏代表中山大学以考察人类科学、黑人、印第安人和华侨为对象获选成行。② 在美国的一年中,

① 杨成志:《我对于云南罗罗族研究的计划》,《禹贡》第 1 卷第 4 期,1934 年 4 月,第 28、29 页。

② 《本校本年度岑麒祥、杨成志教授特准休假进修》,《国立中山大学日报》1943 年 10 月 21 日,第 1 版。关于杨成志出国的时间,杨成志在《杨成志自述》以及《我与中山大学人类学系》中都曾提到时间是在 1944 年冬天,然而根据 1943 年 10 月 21 日《本校本年度岑麒祥、杨成志教授特准休假进修》以及 1943 年 11 月 17 日《文科研究所欢送杨岑两教授盛会补志》、顾铁符的《广东海丰先史遗址探检记》等关于杨成志出国时的相关报道,笔(转下页)

杨氏除了考察印第安人的文化及美国白、黄、黑三大种族关系外,曾参观全美各地著名大学的人类学系以及重要的人类学博物馆等,查阅国会图书馆所藏专书,加入美国人类学会,并与诸多人类学专家往来过从。①1946年6月底,杨氏结束考察返抵广州。②

　　近六年的留欧游美经历,使杨氏近距离了解到了英、法、德、美诸国人类学科的发展趋势,取精用宏,开阔了学术视野,他在晚年总结其学术方法时说:"我的理论方法不是法国式的,不是德国式的,也不是英国或苏联式的,尽管这些国家我都去学习过,我用的是综合式的。"③这种拥有多个国家人类学学科知识背景的特质,也深刻影响了杨氏今后在中山大学的人类学学科建设和专业学术人才培养的方向。

第二节　缔造中山大学人类学系

　　由傅斯年和顾颉刚主持的语史所,几年间成为南方一充满蓬勃生机的学术机关,可谓"人才济济,左右逢源",然而随着傅、顾二人先后北上,原先的所员星散四方,研究所的工作基本处于停滞状态。④ 1931年1月,语史所更名为"文史研究所",至1935年复更名为"文科研究所",这四年间为"保守时期,可足述者为继续出刊物数种,与招收研究生"。⑤1935年冬,杨成志取道莫斯科回到中山大学,任文学院史学系教授兼研究院秘书长,便着手恢复民俗学会和刊物,进行民俗学、人类学的教学和研究工作。

（接上页）者采用1943年冬天之说。另外,《杨成志自述》以及《我与中山大学人类学系》两篇文章都是杨成志晚年回忆性文字,记忆上可能会发生误差。参见杨成志:《我与中山大学人类学系》,中山大学人类学系编:《梁钊韬与人类学》,广州:中山大学出版社,1991年,第138页;《杨成志自述》,高增德等编:《世纪学人自述》第2卷,北京十月文艺出版社,2000年,第112页;顾铁符:《广东海丰先史遗址探检记》,国立中山大学文学院编:《文学》第2期,1948年5月15日,第62页。

① 杨成志:《当代美国人类学的动向》,郑师许、岑家梧、江应樑等编:《广东日报·民族学刊》第21期,1948年10月4日,第4版。

② 《杨成志教授已由美返校》,《国立中山大学日报》1946年6月28日,第1版。

③ 杨成志:《我与中山大学人类学系》,中山大学人类学系编:《梁钊韬与人类学》,广州:中山大学出版社,1991年,第137页。

④ 杨成志:《广州中山大学语言历史学研究所出版物提要》,《新亚细亚》第1卷第6期,1931年3月1日,第145页。

⑤ 杨成志:《文科研究所十六年来回顾与前瞻》,国立中山大学出版组编:《国立中山大学校友通讯》(校庆纪念专号),1942年11月11日,第9页。

其一,恢复民俗学会、《民俗》,刊发《民族学刊》。

1933 年 3 月,在朱希祖的支持下,《民俗》由容肇祖主持一度复刊,但是仅刊出 13 期,便停刊。① 1935 年冬,杨氏由欧返任中山大学教职,在历史系讲授人类学、考古学与民俗学诸课程,当他再次检阅语史所民俗学会出版的丛书与周刊材料时,"尝忆起当日民俗学会开始播种的一般同仁的融洽,每起恋念"！遂起恢复《民俗》之心,此举"一方面想唤起中山大学同学对民俗学的注意,继续向前的研求精神;一方面又想召集一班曾在民俗园地里做过开掘工作的老农夫,再加一致的联络"。② 1936 年 9 月 15 日,在杨氏的多方奔走呼吁之下,《民俗》二次复刊,封底刊登《民俗学会简章》,该会定名为"国立中山大学研究院文科研究所民俗学会",以"调查、搜集及研究本国之各地方、各部族民俗为宗旨,凡一切关于民间之风俗、习惯、信仰、思想、行为、艺术皆在调查搜集及研究之列,并尽力介绍各国民俗学之理论与方法",加强国内与日本及欧美之民俗学会或同性质之团体的联络,务使民俗学成为"真实之国际科学"。③

《民俗》再次复刊立刻引起了学界的注意。原中山大学语史所主任傅斯年致信杨成志,谓:"此物复刊,为之大快也。"④原民俗学会主席容肇祖从北平致信杨成志:"兄此次振奋精神,使断了三年之期刊复活,无任钦佩……《民俗》有兄作台柱,重建起来,不忧倒塌也。"⑤民俗学研究健将张清水偶至南京中央大学图书馆,发现《民俗》赫然在列,"心中雀跃,欣羡莫名"。⑥ 会员袁洪铭不仅对《民俗》的复刊表示祝贺,同时也对其办刊方针有所建议,认为在今日中国"民俗学"刊物出版已形成"晓天星影暮天鸿"之状态,而停刊三年的《民俗》,"忽而复活起来,重新在民俗学园地做一番发掘、栽培、灌溉底工作,以为将来产生无数芬芳灿烂底花儿之准备,已属难能可贵"！而刊物篇幅的增加,材料丰富,制作精美,珍贵的插图等,"不但昔日之中山大学《民俗》有望尘莫及之叹,即历年国内出版之民俗期刊,亦无与之颉颃",建

---

① 《民俗》第一次复刊由容肇祖主持,自 1933 年 3 月 21 日至 1933 年 6 月 13 日,共刊出 13 期 (111 期至 123 期),共 11 卷。

② 杨成志:《民俗学会的经过及其出版物目录一览》,《民俗》第 1 卷第 1 期,1936 年 9 月 15 日,第 229 页。

③ 《民俗学会简章》,《民俗》第 1 卷第 1 期,1936 年 9 月 15 日,封底。

④ 傅斯年:《傅斯年致杨成志的信》,1936 年 10 月 20 日,《民俗》第 1 卷 2 期,1937 年 1 月 30 日,第 261 页。

⑤ 容肇祖:《容肇祖致杨成志的信》,1936 年 10 月 22 日,《民俗》第 1 卷 2 期,1937 年 1 月 30 日,第 261 页。

⑥ 张清水:《张清水致杨成志的信》,1936 年 10 月 23 日,《民俗》第 1 卷 2 期,1937 年 1 月 30 日,第 263 页。

议今后《民俗》应注意于长篇研究作品之登载，加插各地风俗、民俗之照片及民俗学先进之照相，刊载各种专号，翻译国际民俗学研究作品等。① 此外，原民俗学会健将钟敬文、叶德均、翁国樑等人也纷纷致信对《民俗》的复刊表示祝贺。

《民俗》的复刊，不仅星散各地的原民俗学会会员迅即表示响应，一些年轻的民俗学爱好者也纷纷致信杨成志对《民俗》表示关切，希望加入该会。北大研究院研究生张为纲在北平图书馆看到《民俗》复刊号后，遂将北大出版的《歌谣》周刊各期要目抄下，希望《民俗》摘

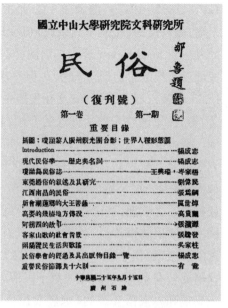

图 5-1 《民俗》复刊号

要登载，藉通声气，建议《民俗》与《歌谣》两刊物互换，加强联络。② 从事民族学研究多年的青年学者杨堃，认为杨成志主持的《民俗》，"斯真我国学术界之幸运也"，并希望通过崔载阳、黄凌霜（文山）等人的介绍加入学会。③ 至 1942 年 10 月，文科研究所民俗学会员已发展杨成志、朱谦之、胡体乾、容肇祖、郑师许、钟敬文、王兴瑞、董家遵、魏应麒、梁钊韬、张为纲、顾铁符、罗致平、陈安仁、崔载阳、洪深、张寿祺、吴钧、王启澍、黄庆英等会员数十人。④

《民俗》季刊共刊出 6 卷，在内容上与先前出版的《民俗》周刊相比则有较大的进步。一是所刊载的调查研究性文字增多，如先后出版了《广东北江瑶人调查报告专号》、《粤北乳源瑶人调查报告》和《广西西部调查特辑》以及王兴瑞的《海南岛苗人的婚俗》、张寿祺的《管埠婚俗记》等。二是翻译性的文字明显增多，如杨成志译有爱德华·伯内特·泰勒（Edward Burnett

① 袁洪铭：《袁洪铭致杨成志的信》，1936 年 10 月 5 日，《民俗》第 1 卷 2 期，1937 年 1 月 30 日，第 265 页。
② 张为纲：《张为纲致杨成志的信》，1936 年 10 月 30 日，《民俗》第 1 卷 2 期，1937 年 1 月 30 日，第 266 页。
③ 杨堃：《杨堃致杨成志的信》（时间不详），《民俗》第 1 卷 2 期，1937 年 1 月 30 日，第 262~263 页。
④ 参见《文科研究所民俗学会座谈会盛况》，《国立中山大学日报》1941 年 12 月 3 日，第 1 版；《研究院文科研究所民俗学会座谈会志盛》，《国立中山大学日报》1942 年 10 月 12 日，第 2 版。

Taylor,1832~1917)、詹姆斯·G. 弗雷泽(Sir James George Frazer)的短文近十篇,戴裔煊译《论巫术与宗教》(Lord Raglan 著)、陈必恒译《学习初民语言的方法》(Jules Henry 著)、王启澍译《神话与民俗》(F. Boas 著)、吴钧译《西亚细亚诸族的生活形态》(大久保幸次著)、罗致平译《佛莱则传略》(J. H. Huddon 著),以及岂索译《文化发展中的有限可能性原理》(A. Golde Weiser 著)等,注重国外人类学理论的介绍,具有开阔的学术视野。三是扩大了范围。杂志虽名为《民俗》,但所负任务却"兼及一般民族事实底的记述和探究",既是刊载民俗志和民俗学的期刊,又是民族志和民族学的期刊。[①] 诚如天津《大公报·科学副刊》所言,复刊的《民俗》对于"报章副刊填塞篇幅或补白式之歌谣,谜语抄录,则甚少见",刊载的调查研究性文章则与"往日民俗刊物以故事传说、歌谣为主,具有浓厚之文学味者不同"。如杨成志所著的《现代民俗学——历史与名词》,"考证精详,允称佳构无论矣,而叙述材料亦较有系统,且颇能注意于民俗志解说,及其与社会各方面之联系",而王兴瑞和岑家梧合著的《琼崖岛民俗志》,"文长数万言,叙述周到,系统清晰,不失为我国民俗志之进步作品"。[②]

　　《民俗》不仅在国内学界享有一定声誉,还引起了国外学术机构的注意。早在 1928 年,巴黎大学中国研究院来函征求期刊及著述时,研究所就将该所所有出版物十余种各拣数份赠之,参与交流。[③] 1935 年冬,杨成志自巴黎学成归来,恢复《民俗》并将其改为季刊,刊出大量民族学、人类学研究性文章,意大利罗马民俗志博物院院长 S. Michel Shulien 致信杨成志"愿意将来年的出版的刊物与民俗学会进行交换",美国民族馆馆长 M. W. Stirling 将《民俗》列为该馆的交换期刊。[④] 此外,德国莱城博物院、英国牛津、剑桥大学等教授等都致信杨成志对《民俗》季刊的发行表示祝贺,并愿积极推进与民俗学会的学术交流。不幸的是,《民俗》复刊不久,全面抗战爆发,1938 年 10 月广州沦陷后,出版发行时断时续,至 1943 年 12 月,出满 6 卷后便告停刊。此后民俗学会会员原班人马移师中国民族学会西南分会,创办依附《广东日报》的《民族学刊》,这也预示着中山大学民俗学运动彻底转向了对民族学、人类学的研究。

---

① 《编者缀话》,《民俗》第 2 卷第 1~2 期合刊,1943 年 5 月,第 73 页。

② 古通今:《〈民俗〉复刊号:兼评我国民俗学运动》,《大公报·科学副刊》第 10 期,1936 年 11 月 14 日,第 11 版。

③ 《学术信息》,《语史所周刊》第 33 期,1928 年 6 月 13 日,第 34 页。

④ "S. Michel Shulien to the Chinese Folk-Lore Society" (31, XII, 1936);"M. W. Stirling to Dr. Young" (December. 9, 1936),参见国立中山大学文科研究所编:《通信》,《民俗》第 1 卷第 2 期,1937 年 1 月 30 日。

1948 年 5 月 5 日,中国民族学会西南分会的第一次年会在中山大学文明路钟楼历史研究所人类学部举行,与会者凡三十余人,由杨成志任主席,岑家梧报告总会年会情形,会上各会员宣读论文 19 篇,①推选黄文山、郑师许、杨成志、岑家梧、罗香林、王兴瑞、张为纲、林惠祥、江应樑、胡肇春、梁钊韬、龙非了、陈兼善、董家遵、戴裔煊十五人为理事,陈大年、张廷休、刘节、梁仲谋、武国雄、罗致平、周达夫等八人为监事,议决在《广东日报》出版《民族学刊》周刊,作为"西南会员共同发表研究工作的园地",使西南研究会内外研究人员"互相切磋,互作辩难"。所刊布内容主要包括民族学的诸家学说、研究方法、研究资料、长篇论文、简短消息等。因作为中国民族学会西南分会主办的刊物,其研究的区域主要集中在福建、台湾、两广以至云贵等省,以及与之在海外移民、文化交流、交通、经济等方面息息相通的越南、暹罗、缅甸、马来半岛、荷印、婆罗洲、菲律宾等地。②

前文有述,《民族学刊》自 1948 年 5 月 17 日至 1949 年 9 月 30 日(自第 46 期始刊载在《中央日报》上),共刊出 67 期,刊载"兼容并包,细大不遗"的论文、译作及学术通讯计 172 篇,涉及人类学的全部领域,其中尤以民族史志之作为多,且大多是经过实地田野调查研究之后立论的,执笔之人包括如杨成志、陈序经、黄文山、罗香林、岑仲勉、董家遵、江应樑、王兴瑞、岑家梧、张为纲等业已成名的数十位专家学者。简言之,《民族学刊》成为《民俗》之后华南学者发表论著的重要基地,所刊出的论文和译作至今"仍不乏有益的见解",对于推进南方文化和历史研究具有重要的学术意义。③

其二,创办中山大学人类学系。

1935 年夏,中山大学成立大学研究院,下设文科、教育、农科三所,其中文科研究所下设语言、历史二部。复于历史学部下设考古、档案和民俗三

---

① 会员宣读论文计有梁仲谋之《人类血型 Rh 因子述评》;刘节之《古代的部族图腾》;杨成志之《美国洲印第安人考察观感》;罗香林之《畲民源流考》;陈大年之《饕餮之研究》;郑师许之《中古时代阿剌伯在广州活动情形》;王兴瑞之《开发海南岛与治黎》;戴裔煊之《木棉考》;董家遵之《中西奴隶制度之比较》;梁钊韬之《民族博物馆的标本陈列及研究方法》;江应樑之《凉山夷族的奴隶制度》;岑家梧之《四川蛮洞及其文化》;顾铁符之《中国东南几种石制平口利器》;龙非了之《中华民族与建筑》;张为纲之《贵州榕汀个人龙歌》;吴大基之《文化学之定性》;王鉴之《古宗情歌》;黄锡凌之《浮山瑶迹》;武钢雄之《汉语与粤语之关系》等十九篇。见《中国民族学会西南分会年会纪盛》,郑师许、岑家梧、江应樑等编:《广东日报·民族学刊》第 1 期,1948 年 5 月 17 日,第 4 版。

② 参见《发刊词》及《中国民族学会西南分会年会纪盛》,两文均载于《广东日报·民族学刊》第 1 期,1948 年 5 月 17 日,第 4 版。

③ 容观复:《建国前我校人类学研究述略》,中山大学人类学系、人类学博物馆编:《人类学论文选集(第三集)》,广州:《中山大学学报》编辑部,1994 年,第 8 页。

组,正式招收史学专业研究生。杨成志回国后,便与朱谦之在文科研究所共同招收研究生,并开始筹划设立人类学部和人类学系。

全面抗战爆发后,全国主要文化机构相继搬迁至云南、贵州、重庆等地,西南边疆一时成为"抗战之重要根据地",自 1939 年起国民政府教育部为"提高边民教育文化水准,配合政治、军事等方面的需要",除督导各大学院办理边政之外,还直接办理边疆教育学校。① 1939 年,中山大学西迁至云南澄江后,杨氏便开始筹备办理"边疆学系",他说:

> 本大学鉴西南边疆问题之发生,百废固待急举,惟根本之图,莫如本教育为经,立研究为纬,使教育学术与国家建设,打成一片……窃查本大学十余年来对于西南边疆问题之研究,素具注意,如研究院文科研究所对于西南民族之调查,农科研究所对于农林与土壤之考察,两广地质调查所对于地质之探讨,地理与生物两系对边区地势与动植物之检查,前后继续曾刊行不少专门学术之报告。兹因敌寇犯粤,迁校云南,既利边区环境之接近,正思集中力量,本科学以救国家,适奉钧部训令着设立"边疆科系",筹议再三,认为边疆教育之旨趣,多属于大学文学院之范围,爰拟在文学院设立"边疆科系",在教育上希冀培成西南边疆建设之青年干部,在学术上务使可作国家建设之咨询机关,如此则西南边疆建设之理论与实际赖以发扬,亦我国族文教政策得放曙光也。②

该系"以养成边疆各项建设专门人材之干部,并本科学研究精神,从事开发西南边疆自然与人文之学术宝藏为宗旨",在文学院设系主任一人,由校长聘请具有边疆研究经验之教授兼任,设助教一人至二人,协助主任办理本系一切教务及研究事宜,对于其他一切规程,均应仿照文学院各学系惯例办理。学系所开设的课程第一学年注重基础科学,有本国民族史(注重边疆民族史)、本国地理(注重边疆地理)、人类学(注重边疆人民)、社会学(注重国防)、生物学(注重边疆动植物)、地质学(注重边疆地质)、经济与政治(注重边疆交涉及边政)、外国文 (英法文任选)、国文、党义及军训;第二学年注重技术科学,课程有民族调查法、语言学实习法、

---

① 教育部教育年鉴编纂委员会编:《第二次中国教育年鉴·十·边疆教育》之《部办边疆教育事业》,上海:商务印书馆,1948 年,第 1221 页。
② 杨成志:《西南边疆文化建设之三个建议·国立中山大学边疆学系组织计划纲要》,《青年中国季刊》创刊号,1939 年 9 月 30 日,第 293 页。

绘图法、工艺学或统计学、边疆教育研究、公共卫生技术、农林或畜牧技术学、动植矿物采集法、外国文(英法文任选)、摄影技术;第三学年注重专题研究科学,科目有边政改良问题、边疆人口问题、边疆经济研究、边疆语文研究、民族教育、民族心理或初民心理研究、边疆文献研究、边疆外交问题研究、边疆考察实习;第四学年注重考察与材料收集,开设边民文化比较研究、边民宗教比较研究、边民语文研究与翻译(罗罗语文、僰夷语文、苗瑶语文、西藏语文、么些语文各选一种)、边民社会研究、考察与材料收集、毕业论文。

除在课堂开设诸多专业理论课程之外,杨氏非常注重田野考察工作,要求学生利用寒暑假全部时间外出考察,收罗研究资料,使理论与事实互证,并出版《边疆》季刊、"边疆丛书",编辑边民语文字典或文献等;设置边疆物品陈列室,尽力收罗或征集关于自然的、人文的一切边疆物品,汇集后分类陈列于室内,俾作研究上之物证。该学系预备在1939年开始招生,其生源主要是来自昆明南菁中学、贵阳青岩乡村师范学校、贵州省立地方方言讲习所、重庆中央政治学校、蒙藏学校、桂林广西特种师资训练所等处的各部族优秀毕业生。[1]

很明显,边疆学系相关课程基本上是按照人类学系的要求而设置的。该计划纲要于1936年6月经中山大学文学院院务会议通过,并由学校呈请教育部审核。虽然最终不知何因,边疆学系未能正式成立,但该计划"是目前所见最早的高校边疆学系筹组计划,应视为中国边疆学构筑的学科源头"。[2]

在杨成志拟定的《国立中山大学文学院边疆学系组织计划纲要》中,拟在文科研究所增设边疆学部或人类学部,每年与文科研究所语言学部和历史学部同时招考研究生若干名。1937年7月中山大学研究院院务会议决定批准由杨成志拟定的《国立中山大学研究院文科研究所增设人类学部计划书》,从时间来看,该计划书的草拟应与筹办边疆学系的计划在时间上相差不远。

杨成志在计划书中首先陈述增设人类学部的理由,认为人类学(Anthropology)分文化与体质两大领域,总称为"人之科学"(Science of Man),已为今日社会科学领域一种重要新兴综合科学,在欧美各大学,不仅

---

① 以上引文见杨成志:《西南边疆文化建设之三个建议·国立中山大学边疆学系组织计划纲要》,《青年中国季刊》创刊号,1939年9月30日,第293~296页。

② 娄贵品:《"西南研究"与中国边疆学构筑:以〈国立中山大学文学院边疆学系组织计划纲要〉为中心的考察》,《思想战线》2011年第2期,第142页。

在本科设人类学以教授学生,且建立"人类学研究所"(Anthropological Institute)或"民族学研究所"(Ethnological Institute)作高等或专门之研究,各种专著、期刊琳琅满目。反观文化落后之中国,其学"不可不加以提倡者"。此外,人类学不仅为人种与民族之体质、文化及语言之纯粹学术研究,其致用之效果可作为政治改进之方针,中国边疆建设之专才与边民文化语言之沟通,可利用人类科学之原理与方法促其成就。

继而杨成志罗列中山大学自语史所成立以来在民俗学、人类学、民族学方面所取得的成绩,作为申请设立人类学部的学术成果。

1. 研究方面。曾组织云南罗罗(见杨成志《云南民族调查报告》及其他二十余种著述)、僰夷(见江应樑《云南摆夷研究》)、广东黎瑶(见《广东北部瑶人调查报告》及王兴瑞《海南岛黎人研究》)、广西瑶苗(见《广西瑶山调查报告》)、贵州仲苗等民族调查。

2. 出版方面。有《民间文艺》、《民俗周刊》、"民俗丛书"、《民俗专刊》等刊物及多个民族调查报告。

3. 设备方面。有民俗物陈列室,收罗中国各省民俗品,尤其是西南各省苗夷民俗品数至万种,古物陈列室藏有金、石、陶、骨、图谱等器数千种以上。

4. 教材方面。有人类学、考古学、民俗学、语言学诸科目,如本所第二届(民二十五年)硕士论文有李丛云的《广东方言调查》,第三届(民二十六年)硕士论文有江应樑的《云南摆夷研究》及王兴瑞的《海南岛黎人研究》,均属人类学研究之领域。

按照杨成志的计划,人类学部设在文科研究所内,其组织依照原有的历史学部组织规程而订定之,并将文科研究所原有的民俗物陈列室划归人类学部改为人类学陈列室,如法国之"民俗志室",或英美之"人类学博物馆",俾作文化或社会人类学研究上参考之物证。除扩充原有人类学陈列室外,拟购置全套人类学测量器,如人体测量具、头颅学测量具、骨骼测量具、脑学测量具、器官测量具、生理与心理测量具,及世界一切人种模型与化石人类模型,及其他研究上需要仪器,组成"人类学实验室",作为体质人类学之实物场所,"对人类学理论研究及田野工作同时兼重"。人类学部为将师生研究所得及时公诸学界,拟编印人类学杂志一种(拟将原有《民俗》专刊扩大),提倡中国人类学理论及方法,其目的是"赶上国际人类学今日之前进急潮,及编印'人类学丛书'若干种,建立中国人类学研究之最高学术机关"。

在课程方面,杨氏参照巴黎大学、伦敦大学、牛津大学、剑桥大学、柏林大学、罗马大学、莫斯科大学、哥伦比亚大学、哈佛大学、耶鲁大学等校的人类学课程,且考虑中国人类科学之需要而设立人类学部科目,具体如下:

表5-1　中山大学文科研究所人类学部科目表(1)

学　年	科　目	必(选)修	学分
第一学年	文化或社会人类学	必修	4
	体质人类学测量法	必修	4
	史前考古学	选修	4
	语言学原理	选修	4
	大中华民族文化研究专题	选修	4
	现代人类学说研究	选修	4
第二学年	人类学田野工作实习	必修	4
	语言学实习	必修	4
	现代人类学方法与理论研究	必修	4
	人类生体学或生理学	选修	4
	大中华民族体质测量或文化比较研究	选修	4

　　不久,人类学部按学习时间之程序原理、内容、方法与应用重新规划课程如下：①

表5-2　中山大学文科研究所人类学部科目表(2)

学　年		科　目	必(选)	学分	教　授
第一学年	上学期	人类学原理与方法	必	3	杨成志
		种族与文化	必	3	杨成志
		史前考古学	必	3	杨成志
		民族文化讨论	选	2	各教授
	下学期	体质人类学	必	3	医学院解剖学教授
		民族学调查法	必	3	杨成志
		语言学原理与方法	必	3	王力或岑麒祥
		中国民族史	选	2	郑师许或其他教授
		中国民俗研究	选	2	钟敬文

---

① 《国立中山大学人类学部课程表》,广东省档案馆藏：全宗号(020)—目录号(001)—卷号(0021)—起止件号(002)—起止页号(006)。

（续表）

学　　年		科　　目	必（选）	学分	教　授
第二学年	上学期	社会心理学	必	3	周信铭
		中国边疆民族研究	必	3	杨成志
		应用人类学	选	2	杨成志
		社会制度	选	2	龙观海
		人口论	选	2	刘渠
	下学期	考古方法论	必	3	拟聘新教授
		博物馆学或技艺学	选	2	拟聘新教授
		宗教学或原始心理	选	2	拟聘新教授
		优生学	选	2	杨成志
		美洲印第安人与亚洲古民族比较	选	2	杨成志

说明：根据部令硕士学位学分由 27 至 36。

　　人类学部设立的当年就实现了招生。入学考试普通科目有国文、外国文（英法德选一种）、党义、口试（与所拟研究计划及大学毕业论文有关系之基本科常识作回答），专门科目包括文化或社会人类学、体质人类学（以上两种必选）、考古、社会学、语言学、民俗学（以上四种任选考两种）。① 1939 年9 月，研究院文科研究所在云南澄江、昆明、成都、上海、香港五处同时举行人类学部研究生的入学考试，杨成志由云南亲赴香港主持。② 人类学部设立后，继续以西南研究为重点，计划调查粤、桂、湘、黔诸省瑶、苗、黎、僮等少数民族之地理环境、社会组织生活、文化、民俗风尚，考察东南沿海新石器时代遗址、遗迹，作南方史前史之研究，在调查中搜集西南民族文物、粤海先史遗存、各地民俗物品及历代古物、古书及中外民族及考古杂志，征集各地通志、县志、文物志；继续出版《民俗》季刊，编纂民族、考古田野调查报告及西南各族之氏族志、图谱，翻译国外学者对于中国民族及考古调查研究之著述，"文献记载与实际调查结果之配合，比较及其发展试探"。③ 1947 年 12

---

① 杨成志：《国立中山大学研究院文科研究所增设人类学部计划书》，《青年中国季刊》创刊号，1939 年 9 月 30 日，第 296～299 页。

② 《中山大学在港招研究生：教授杨成志来港主持》，《香港华字日报》1939 年 9 月 13 日，第 2张第 4 页。

③ 《中山大学历史研究所人类学部研究计划》，《中山大学研究院文科研究所 1942 年下学期研究工作报及 1943 年度上学期研究计划书》，广东省档案馆藏：全宗号（020）—目录号（001）—卷号（0021）—起止件号（015）—起止页号（072—073）。

月,中山大学研究院根据教育部相关规定,将研究院文科研究所改组为中国语言文学研究所及历史学研究所,中国语言文学研究所之下设中国文学部、英语言文学部,于历史学研究所之下分设历史学部、人类学部。①

杨成志关于设立边疆学系的构想及其人类学部的设立,目的是要培养专业的学术人才,最终实现成立人类学系的目标。杨成志认为中山大学人类学研究已有二十余年的历史(起自中山大学语史所),"虽不敢谓开全国风气之先,然对我国西南民族之调查及研究已有明显的表现",②为继续发扬传统和推进西南及南洋民族与文化的资料搜集研究,杨成志于1948年3月致书校长王星拱和教育部长朱家骅,建议以中山大学研究院人类学部为基础,在文学院内设立人类学系,使大学本科与人类学部有实际之联系,以便加强机构建设和聚集人才,俾益于教学与研究,促进理论与科学研究之发展,并对建系以后的专家延聘和课程设置都提出了具体的设想。③ 据此建议,中山大学校

---

① 《文学院研究所各部研究计划昨已呈部核备》,《国立中山大学日报》1947年12月20日,第1版。

② 《杨成志教授建议设立人类学部系计划预算已由校呈部核办》,《国立中山大学学报》,1948年6月26日,第1版。

③ 杨成志在建议书中罗列设置人类学系的理由有:(1)研究方面:有杨成志在康、滇、桂、粤、海南岛各民族调查,海丰考古及美洲印第安人考察中外文专著廿余种,研究生王兴瑞《海南岛黎人研究》(民国廿六年硕士论文)、江应樑《云南摆夷研究》(民国廿六年硕士论文)、梁钊韬《中国古代巫术宗教的起源及其发展》(民国卅一年硕士论文)、王启澍《贵州苗族研究》(民国卅三年硕士论文)、吕燕华《粤北瑶民社会研究》(民国卅三年硕士论文)、曾昭璇《海洋洲种族志》(民国卅六年硕士论文)、梁欧第《西康罗罗及新疆民族考察》(民国廿五年本校硕士)、戴裔煊《人类学理论与西南民族史研究》(民国卅二年本校硕士),此外还有张为纲《方言及民谣研究》、岑家梧《滇黔各民族考察与研究》、雷镜鎏《云南澄江罗罗及桂北瑶族调查》、廖晨光《南洋新几内亚民族社会》,以上或成专著,或已在国内外学术刊物先后发表。(2)校外服务:西南各省政府的边疆教育工作,常聘请中山大学文科研究所师生,前赴协助设计或往任实际指导工作,如在抗战中,广东省政府聘杨成志为边政指导委员会研究主任委员,梁钊韬为该会研究员兼省干训团边政班教官,协助战时边政教设计与指导训练;广西省立桂岭师范学校聘雷镜鎏为校务主任;教育部派梁欧第为国立贵州师范学校校长;贵阳大夏大学聘岑家梧为社会研究部主任;云南省政府聘江应樑为该省边政设计委员会主任委员兼车里县长;中英庚款科学考察团选派本校梁欧第、江应樑前后为边政考察团团员;重庆乡村建设学校聘王启澍为民族学副教授。此外,尚有其他曾受人类学训练之毕业生在各机关服务者为数不少。(3)教育方面:中山大学历史系和社会学系,一直有人类学、民族学、民俗学、考古学及有关边疆等课程的开设,文科研究所与新近之历史研究所人类学组亦有人类学理论与方法、边疆民族研究、史前考古学、世界种族及文化学课程,十余年来从未有间断。(4)出版方面:甲、期刊有《民间文艺》12期,《民俗》周刊123期,《民俗》专刊2卷8期。乙、专刊有《云南民族调查报告》、《广东北江瑶人调查报告》、《粤北乳源瑶人》、《广西部族调查报告》、《广东人民与文化》、《人类科学论集》等十种。丙、民族学丛书有《民俗学问题格》、《孟姜女故事研究》、《谜史》及各地故事、神话、歌谣风俗等,总共四十余册。(5)设备方面:有语史所和文科研究所设立的古物陈列室和民俗物品陈列室,收藏有金石、陶器、甲骨、图谱、碑帖二千余种,民族、民俗物品千余(转下页)

方以十三票对十二票通过成立人类学系。①在得到国民政府教育部核准后,即于当年 8 月底招收第一届本科新生 20 名。② 1949 年 1 月 3 日,人类学系在文明路钟楼人类学研究部举行成立大会,到会有人类学系全体员生廿余人,杨成志、卫惠林、刘孝瑜、戴裔煊、梁钊韬、顾铁符等人亦出席,会后在人类学部举行展览会,展出手抄蒙古剧本数千册,民间通俗读物千余种,民俗期刊百余种,民族调查之摄影数百幅,以及杨成志考察美洲印第安人照片数百幅等。③ 中山大学人类学系及人类学会的成立,预示着前后延续了二十余年的民俗学研究成功实现学术转型,民俗学会的原班人马也随之在人类学会下继续开展研究和教学工作。

第三节　新学术流派的诞生

1927 年,杨成志从岭南大学文科历史系毕业,经同乡钟敬文的介绍结识了顾颉刚,顾氏对杨成志的印象颇佳,在日记中夸其为"英俊少年",④长于英文的杨成志受顾颉刚之托,翻译了俄裔美国耶鲁大学古代史教授 M. Rostovtzeff 的 *A History of Ancient World* 一书之绪论部分,取名为《历史之目的及其方法》,这篇译文颇得顾颉刚的赏识,被聘为语史所事务员,月薪 50 元。⑤ 杨氏后来回忆到,在其进入语史所之后,就"在傅斯年、顾颉刚等领导主持下提倡到'民间去',开展民俗学与民族学调查研究活动"。⑥ 1929 年后,傅斯年、顾颉刚先后离开语史所,杨成志继承了语史所同仁已有的学术

（接上页）种,虽经过抗战学校播迁,幸存之古物、民俗品及图书近五六千种,加之杨成志本人游美归来新带回外文图书凡千余册。见杨成志:《国立中山大学设立人类学系建议书》,《广东日报·民族学刊》第 12 期,1948 年 8 月 2 日,第 4 版。

① 学术消息:《中山大学人类学会成立大会纪实》,《广东日报·民族学刊》第 12 期,1949 年 1 月 14 日,第 8 版。据梁钊韬回忆,中山大学通过成立人类学系的时间为 1948 年秋。参见氏著《建国前我校人类学研究述略》,中山大学人类学系、人类学博物馆编:《人类学论文选集(第三集)》,广州,1994 年,第 11 页。

② 《本校人类学系教育部核准增设》,《国立中山大学日报》1948 年 8 月 28 日,第 1 版。

③ 学术消息:《中山大学人类学会成立大会纪实》,《广东日报·民族学刊》第 12 期,1949 年 1 月 14 日,第 8 版。

④ 顾颉刚:《顾颉刚日记》第 2 卷,1927 年 5 月 5 日,台北:联经出版公司,2007 年,第 44 页。

⑤ 杨成志:《历史之目的及其方法》,《语史所周刊》第 15 期,1928 年 2 月 7 日,第 61~65 页;施爱东:《倡立一门科学:中国现代民俗学的鼓吹、经营与中落》,北京:中国社会科学出版社,2011 年,第 248 页。

⑥ 杨成志:《杨成志自述》,高增德等编:《世纪学人自述》第 2 卷,北京十月文艺出版社,2000 年,第 110 页。

成就和成果,肩负中山大学的民俗学、人类学的学术研究和学科建设的重任,经过 20 余年的研究与探索,他与文科研究所同仁终在华南建立了人类学及民族学的研究中心,实现了顾颉刚早年提倡的民俗学向人类学建设的转化,杨氏也成为同行眼中"南方最优秀"的人类学家。① 因此,他的学术经历对于中国民俗学、人类学的理论建设和本土化研究具有重要的启示意义。

第一,致力于南方社会文化史全貌的重建。

在 20 世纪三四十年代,一批留学欧美的学者相继在国内建立起人类学的教学和科研机构,但对于人类学的学科名称,既使用"人类学",也使用"民族学"。② 这一点与欧美各国近似,二者虽名称各异,但在实际理论与应用上并未能分开。③ 国内早期从事民俗学研究的学者多是历史学家、人类学家或社会学家,各自从自己的学科出发将民俗学看做是一种辅助学科,但凡研究历史、人类学、社会学、宗教学、民族学、考古学等,都是需要借助于民俗学的,"所以民俗学之成为'学',是学术之林中所必不可少的一株小树"。④ 又有学者认为,Folklore(民俗)不过是一种学问的手段,而不是一个独立有组织的说明学,将其译成民俗学"不免过重"。⑤ 欧洲留学归来后,杨成志综合欧洲各国关于民俗学的理论并结合自己的见解,认为民俗学的真面目是"集团化"(Collective)而不是阶级(Class)的,是"社会化"(Socialization)而非个人(Individual)的,"科学的民俗学,正如人类学一样,只注重集团,少及某阶级,借考察某社会而忽略某个人"。⑥ 杨成志为民俗学正名的同时,又将民俗学归为人类学的一个分支学科。

1942 年,杨氏在《民俗学之内容及分类》一文中说道:"民俗学者乃人民传袭上一切信仰、制度、惯俗、风尚、艺术及口传文学的民间文化共同态之科学也",其研究对象不仅限于一切口传文学、民间各种生活方式,举凡关于文明社会中之民间智识、艺术与技能、普罗大众等方面的内容均应当注意。在学科关系上,民俗学与他种学科的关系如下所示:

---

① 这句话是出自原中央民族学院民族学系主任王辅仁之口。见〔美〕顾定国:《中国人类学逸史:从马林诺斯基到莫斯科到毛泽东》,胡鸿保、周燕译,北京:社会科学文献出版社,2000 年,第 70 页。

② 黄淑聘:《文化人类学理论方法研究》,广州:广东教育出版社,1996 年,第 415 页。

③ 杨成志:《今日中国人类学与民族科学的贡献》,《广东日报·民族学刊》第 1 期,1948 年 5 月 17 日,第 4 版。

④ 郑师许:《我国民俗学发达史》,《民俗》第 2 卷第 1、2 期合刊,1943 年 5 月,第 58 页。

⑤ 何思敬:《〈民俗学问题格〉序》,《民俗》第 19、20 期合刊,1928 年 8 月 8 日,第 11 页。

⑥ 杨成志:《现代民俗学:历史与名词》,《民俗》第 1 卷第 1 期,1936 年 9 月 15 日,第 5 页。

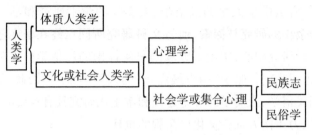

图 5 - 2　民俗学与其他学科关系图

在图 5 - 2 中,杨成志将人类学分为文化人类学和体质人类学,体质人类学本动物学观点,研究人类自然史及其种族;文化人类学则以具有智慧之人生存于社会之观点研究人类;心理学研究人类一般之心理表现或特别注重何种人或民族之心理;社会学以研究社会团体及演进法则为职责;民族志以研究无文字传袭之民族群或社会集团为对象;民俗学则以研究文明国家中大众或民间阶级之物质的与理智的文化为其目的。① 又说,"人类学为探讨人类文化的科学",凡由人类由手或由脑,或由环境创造出来的物质、精神和社会三种综合的生活型,包括一切器物、技艺品、宗教、美术、音乐、思想、语言、制度、风俗、习惯及仪式,有形的或无形的总表现,即为文化(Culture)。每一个民族的文化型常由"传播"(Diffusion)、"独立发展"(Independent development)、"平行类似"(Parallelism)、"辐合"(Convergence)诸实际条件下产生出来。②

可见,在杨成志看来,无论是社会人类学,还是民俗学、民族志都以人类社会文化史为研究对象。在其文化人类学的研究实践中,以进化史观为指导,注意对南方文化史全貌的观察。在朱谦之等倡导"南方文化运动"和提倡社会文化史研究时,杨氏也开始从文化人类学的视角发掘广东文化的历史价值。《广东人民之构成分布及其文化》一文就是这方面的代表作。文章认为一个民族的文化能够生存与延续并非偶然,广东千余年以来,民族系由史前居民、秦汉时之蛮夷,以及后来之广府、客家、福佬、瑶、畲、黎、僮、蛋,甚至欧番黑混种人等诸族血统混合融化而构成,在文化上深受中原、海外文明之浸染,在这种独特的自然环境和中西文化孕育之下,最终形成独特的"广东型"文化,近百年来,"影响全国甚巨",尤以其在近代革命事业上的光荣地位为著。③

---

① 杨成志:《民俗学之内容及分类》,《民俗》第 1 卷第 4 期,1942 年 3 月,第 4~9 页。

② 杨成志:《广东北江瑶人的文化现象与体质型》,《民俗·广东北江瑶人调查报告专号》第 1 卷第 3 期,1937 年 6 月 30 日,第 2 页。

③ 杨成志:《广东人民之构成分布及其文化》,周大鸣主编:《杨成志人类学民族学文集》,北京:民族出版社,2003 年,第 332、355 页。

　　为考证广东文化与中原文明的关系,杨氏于1942年在对海丰先史遗物的调查分析后,认为这些遗物在世界各国及中国东三省、山东、陕西等省均有发现,考古学家常据此指出人类之史前文化诸形态,在中国北方所发现者足证明中华文化之源远流长,而此次在海丰沿海各地发现的化石、陶器,经初步观察结果似系沿海渔民所遗之器物,"堪与仰韶时代之文物南北相辉映",可作为原海丰人文化与中原文化比较参证,据此不仅可以推出中国古代民族北方与南方迁移之路径,甚至与安南、马来亚、菲律宾及南洋群岛发现之新石器时代遗物比较,亦可看出其关系之异同,而古代史籍所载赵佗至广东以前所谓"广东无文化,土人皆蛮族"之旧观念至此亦不攻自破。① 在对广东北江瑶人的调查中,杨氏通过运用一整套人类学测量工具对瑶人的体质进行测量,并结合江应樑从古代文献中找到的关于瑶人的历史和地理记载,最终得出瑶人属于蒙古利亚种(黄种)范围成员之一,虽然经历了与汉人上千年的历史"辐合",但是瑶人自身的"内文化"仍然与汉化"并行平列"的结论。②

　　此外,在对广东文化史的研究上,杨氏认为各地胜迹,不仅为象征前人文化活动的具体表现,也是文化史上真确的物证,若能明了"全省名胜古迹之历史意义,即可洞悉广东过去文化活动之大要"。③ 因此,1943年通过对广东全省文物古迹的调查和研究,写出《广东名胜古迹之性质分类及其文化象征》一文。在他看来:

　　　　吾人今日之视名胜古迹能比前人心眼中更进一步而又较深切者约有三例证:首在时间上,已由历史时代扩伸至原史与前史之阶段。其次,在范围上,不仅注重其固定之天然物与纪念物,尤顾及其一切有关于艺术与科学之移动人工制造物。至除天然之景致外,凡经过人工制造之一切遗物与遗迹,在意义上,均可视作前人之思想结晶及其对物质创造之代表典型;在文化史上,不特可据为真确之例证,而且本此过去物质文化之遗留,更可指出当地人民在现代文化上如何活动之趋势。果能本此三者为出发点以提供名胜古迹寄托之象征,则吾粤历来对全

---

① 《研究院海丰考古团返校》,《国立中山大学日报》1942年6月11日,第1版。杨成志:《广东人民之构成、分布及其文化》,1943年11月,周大鸣主编:《杨成志人类学民族学文集》,北京:民族出版社,2003年,第333页。

② 参见杨成志:《广东北江瑶人文化现象和体质型》,江应樑:《广东瑶人之今昔观》,两文均载《民俗》第1卷第3期,1937年6月30日。

③ 杨成志:《广东人民之构成分布及其文化》,1943年11月,周大鸣主编:《杨成志人类学民族学文集》,北京:民族出版社,2003年,第348页。

国文化之伟大贡献,亦可藉此而发扬光大也。

　　该文试图利用对广东名胜古迹的调查、踏勘、测量、摄影、绘图、造型与发掘诸田野工作,本考古学方法之观点以窥见其整个面目;另一方面汇集大量的地方志资料,从事校勘、择误、补漏、比较、分类等文献考据工作,逐一叙述全省九十九个县的名胜古迹的特质并举出古迹各所代表之文化意义。不过,因时间上的限制,作者"不得不择其大而舍其细,重其意而轻其形",即注意总体把握全省各名胜古迹之一般认识,而重点探考具有显著文化价值的胜迹,对全省名胜古迹作整体之鸟瞰综检,以此来探视广东一省的文化史。根据遗迹的性质不同,他将胜迹分为自然景物(山川河流及一切景物)、史前遗物与遗址(石陶金属品)、教育遗址(书院、精舍、学校)、先贤纪念物(坟、墓、庙楼)、宗教建筑物(寺、庙、塔)、军事政治与交通建筑物类(城堡、桥)、金石遗物类(金属、碑刻)、文献纪念物类(图书)等八类;又据遗迹象征意义不同分为五种文化型式:一曰原始文化型,指秦汉前或史前无文献可征的未知史前时代,欲推出当时南粤之原始状况,惟有凭借考古之发现;二曰中原南渐文化型,指自秦汉以降经两晋、南宋迄元明清三朝更替时代,岭外人民或逾南岭或顺粤江或沿海岸相继至粤完成广东中原文化之遗型;三曰海外东传文化型,指唐宋间回、佛两教在粤建立基础而言,又如明末清初天主教与基督教亦先传入广东而分布全国,至中外贸易遗迹而特别显著;四为远播海外文化型,指回教徒因贸易,传教士因译书,僧侣因取经,华侨因谋生传播文化至国外而言;五曰近代本位文化型,指近代发生在广东历史上之鸦片战争,太平天国运动以及诸多革命遗迹等。① 通过对以上遗迹及其象征意义的分析,可以"透视广东过去文化的精华之总表现"。②

　　1943 年 11 月,在杨成志赴美游学之前又作《广东人民之构成分布及其文化》,系统阐述了广州人民之由来与构成、地理分布、文化表现等问题,寄希望于广东文化能"展其所长,补其所短",贡献于社会。③ 嗣后,出版《广东

---

① 杨成志:《广东名胜古迹之性质分类及其文化象征》,《中山学报》1943 年第 1 卷第 8 期,1943 年 1 月,第 24 页;杨成志:《广东名胜古迹之性质分类及其文化象征(续)》,《中山学报》1944 年第 2 卷第 3 期,1944 年 1 月,第 17~18 页。该文曾作为文科研究所演讲之一于 1943 年 3 月对全校师生演讲。参见:《文科研究所举行学术演讲会: 杨成志先生讲〈广东名胜古迹的文化象征及其分类〉》,《国立中山大学日报》1943 年 3 月 25 日,第 1 版。

② 杨成志:《广东人民之构成分布及其文化》,1943 年 11 月,周大鸣主编:《杨成志人类学民族学文集》,北京:民族出版社,2003 年,第 349 页。

③ 杨成志:《广东人民之构成分布及其文化》,1943 年 11 月,周大鸣主编:《杨成志人类学民族学文集》,北京:民族出版社,2003 年,第 356 页。

人民与文化》一书,该书约八万言,"内容丰富,可为关心地方文献、掌故及乡土教育人士作参考"。①

第二,人类学(民族学)作为古史研究的旁证。

正如民俗学研究可为历史研究提供资料和旁证,人类学、民族学自诞生之日起,也承担着为中国古史提供旁证的任务。第一章所述的中国人类学和民族学研究的先驱——蔡元培以及历史学家顾颉刚对此有的重要论述,几乎成为彼时人类学界和史学界的一般共识。当然,杨氏不仅深知民族学对他种学科的作用,更重要的是,他还将其主张贯彻在西南研究实践之中,曾多次著文强调西南民族研究在学术研究中对于"揭起阐发我国古代文化型的旗帜"具有重要的意义。②

这一点,在杨成志给挚友黄菩生③的一封信中便有相当的体现。黄曾致信杨,希望他能提供些有关罗罗的资料,作为研究人类社会进化的参考材料。杨氏遂将其观察到的有关罗罗保留的氏族制度告知黄菩生:罗罗各部落间以山壑,或以叉口(即山腰的部分),或以山林,或以山势等自然界限为界,部落的土地权均属酋长统辖及支配,凡承受酋长给予土地做耕种的奴隶,无庸纳租税,只进献些猪首或酒给酋长,但当酋长命令他们服兵役,或做任何工作时,他们必须绝对服从。杨氏认为在这里,中国古代社会"普天之下,莫非王土;率土之滨,莫非王臣"这句话,以独立罗罗的社会制度看起来,确实存在。并谓,其部落内部等级制度森严,在巫术、婚姻、财产继承等方面均处于奴隶社会阶段。④

研究生江应樑在杨成志指导下拟定《云南西部考察计划》,其中也认为,云南西部一带,既是古代民族之生聚地,又为汉民族初期南拓的主要路线,诸如武侯故迹遗事等均遍留境中,这里不仅可以"全部窥见古代西南民族的遗迹,与古代民族演化为现时民族之脱化痕迹,且可探求汉民族移植入滇的史象"。如《后汉书·南蛮传》所载,保山城南十里,为诸葛武侯屯兵之所,汉人留在这里聚族而居,至今仍被称为"旧汉人",这就是最早的云南移民,其移殖地皆在迤西一带,考察这些族群的拓殖,对历史及民族研究的价值,

---

① 《教育部奖励学术研究:杨成志教授得奖》,《国立中山大学日报》1943 年 11 月 22 日,第 1 版。
② 杨成志:《西南民族的研究·自序》,《西南研究》创刊号,1932 年 2 月 10 日,第 18 页。
③ 黄菩生,生卒年不详,岭南大学文学士,日本帝国大学研究生,先后任教于中山大学、暨南大学,著有《社会进化史》,上海:商务印书馆,1930 年。参见《国立暨南大学一览》,上海,1930 年,第 3 页。
④ 杨成志:《独立罗罗在社会经济学研究上的蠡测》,《西南研究》第 2 期,1932 年 4 月,第 66~68 页。

实不可估量。①

杨氏根据自身多年对西南族群社会的调查研究经历,并结合当时学界的研究现状,敏锐地观察到,中国史前人类与文化的重生与再造,并不能从"字纸堆里"或"毛笔尖头"推求出来,却是由"锄头"与"田野"始能获得,人类学对"无文字记载"的社会,凭借着史前史或考古学的方法,才能将过去"湮没无闻"的历史发掘出来。在中国西南、西北、东北、台湾、内蒙的无数边疆民族和部族,其体型特征、文化现象与语文结构,曾长期不被重视,或视为"化外集团"、"野蛮土著",但是二十余年来,经过民族学田野工作者努力调查、考察、收集品物和刊发专门报告,国人才知晓所谓"东夷、西戎、南蛮、北狄"的人体形态和特征,与汉族其实并无差异(除新疆的少数民族外),其文化也各有特色。如苗族的铜鼓和刺绣,藏人的美术与建筑,回人的宗教,罗罗的社会组织及西南各部族的歌谣和舞蹈等,比汉族水准优美殊多,而蒙、满、回、藏、摆夷、苗、罗罗、么些等族的文字及其语言结构与表现,亦均可视作高度文明的结晶。对于上述诸例,杨成志"觉得在明清两代的个人笔记或地方志书实找不到头绪,只能从今人民族学者直接观察的报告中才能告诉国人民族体型、文化与语言的真况。换句话说,民族学能够贡献于新学术的地方,正如史前史或考古学所具的特质一样。他曾打破了'考据与臆测'的旧枷锁而自动建立了新的'实验园'"。②

由此可见,杨氏试图通过未开化地区的人类学、民族学的田野考察,从中窥测到先史社会文化遗留,以补充先史研究中的断片或佐证先史研究过程中的相关结论。

第三,强调田野调查和文献结合,历史学与人类学等多学科的交叉融合。

云南考察归来之后,杨成志将调查见闻及所得的材料与中国古代有关西南夷的史书记载进行比较研究,结果颇令他失望。他认为古代《逸周书》、《史记·西南夷列传》、《后汉书·南蛮传》、《云南通志稿·南蛮志》等有关西南夷分门别类的记录,表面看起来条理秩然,其实都是'闭门造车'的资料,犯了画蛇添足的笑柄,"一个鼻孔出气",而世人尚以为实录,实不得其解!③杨氏通过对《云南通志》、《滇海虞衡志》、《南诏野史》、《云南游记》等文献

---

① 江应樑拟,杨成志指导:《云南西部民族考察计划》,《国立中山大学日报》1937年7月8日,第7版。

② 杨成志:《今日中国人类学与民族科学的贡献》,《广东日报·民族学刊》第1期,1948年5月17日,第4版。

③ 杨成志:《西南民族的研究·西南民族自序》,《西南研究》创刊号,1932年2月10日,第1页。

有关罗罗记载的考察,加以参考外国人的著述及自己的考察结果,发现上述文献中有关罗罗同族异名的记载达到 32 个之多,由此可以证明中国书籍关于民族的记载,有许多方面是"完全靠不住",且往往"以讹传讹",误导一般民众。他因此主张:对于西南民族的研究切不可仍在故纸堆去寻解释,须从事田野考察,"揭起'到民间去'的标识,负锄、持箕、挖泥和撒肥,使其开花结果,辟为中国新学术的园地"!① 杨氏在考察的过程中,十分注意民间文献的收集。如在深入凉山调查中,大量搜集罗罗族的经书、卜书、卦辞和符咒等文献记载,经昆明师范散民学生李本霍和杨宙介绍,跟随罗罗文教师张正"觋爸"学习罗罗文,将所得的《蛮经》、《夷经》、《子君经》、《白夷人经》等的百余部宗教经典翻译过来,内容涉及祈祷、请神、安坛、祭献、消灾和祈福、占卜、符咒等宗教仪式。②

　　留学法国后,在论述西南族群的研究方法时,重申中国自古以来除司马迁《西南夷列传》、明代杨升菴《南诏野史》等少数有关西南民族的史料得垂不灭而益彰外,实在找不出几部使人满意的有关西南民族的记载。如欲对西南民族进行研究,"非实地做一番勘定的比较的分析和综合的研究,断不能成为一种新科学的贡献";西南罗罗的研究,须根据生理的、文化的和语言的三种元素,利用人类学、生物学、考古学、语言学的四种方法,根据人类学与民族学的原理,不能专靠字纸来找材料,要亲身跑到他们居住的山国里去,才能得到新的发现。这种实地考察的工作,再通过严格分析与综合才能得到有条理有系统的结果。若仅凭一人的见闻,或藉一事的旁证,就贸然下结论,"虽或侥幸而得完全不致落空,然至少非至形成中空外直的一种暂时学说或假定的推论不止的"。虽然,外国人对罗罗的研究虽曾有很明显的成绩,但因为历史背景的差驰、风土的殊异及语言的背驰,到底总有几分隔膜;或因一时走马看花的考察,即大书特书其游记;或因种族偏见太深,终脱离不了其带茶色眼镜的观察;或自谓闻一知十,便构筑其海市蜃楼的梦想之谈,如此种种皆然。因此,研究者不要以为一切舶来品便是上等货,应该谨慎地审察其言论,分别弃取之。最后,杨氏引用研究中国罗罗的法国神父费亚(Paul Vial)的话说道:"若站在中国西南民族的研究上,我们想得到些结果时,便应把一切中国书籍(我以为对外国书也要一样)掩阄起来,实地去从事深究和考察的正式功夫!"③

---

① 杨成志:《罗罗说略》,《岭南学报》第 1 卷 3 期,1930 年 6 月,第 141、152 页。
② 杨成志:《罗罗太上清净消灾经对译》,《历史语言研究所集刊》1933 年第 4 本第 2 分册,1933 年,第 175 页。
③ 杨成志:《中国西南民族中的罗罗族》,1933 年 9 月 1 日脱稿于巴黎人类学院实验室,《地学杂志》1934 年第 1 期,第 1、44、45 页。

1935 年底,杨成志留学归来后,便将田野调查和历史文献结合,将人类学与其他诸社会科学综合起来研究西南族群社会的文化和历史。

杨氏在《北江瑶人的调查报告》的导言中说:

> 所谓科学的民族学或民族志,正和物理学和化学一样。物理学和化学需要实验室(Laboratory)以证验或分析其力、声、电、光和有机的或无机的物质,念物理学和化学的人们若未进入过实验室,直等于空无所得。

在杨成志看来,民族学研究的实验场地分为两种,一种是民族学博物馆,它是从事民族学研究的内部实验室;而走向田野"出发调查"比前者的实验更为重要。西南族群的研究若仅从书本上找资料,充其量恰像一种"买空卖空"的勾当,中国古代的士大夫关于民族史或人种论的著述,虽从故纸堆里选出一份史料,但这种闭门造车的研究,或"削足适履",或露出了"蛇足"或"马背","时至今日,其理论已被事实粉碎无余地了"。又说:

> 自十九世纪以来,民族学之所以能成为独立科学者,完全靠着聚集民族的物质品物,为静态的文化分析,和探讨民族的生活实况,为动态的文化观察,这两方面互相表里的发现而使然的。

中国拥有广阔的民族学园地,而"负锄挑箕的人工太小",民族学要在中国发展起来,须集合志同道合的同仁"抛开了书本能够到山国去或边疆去"。①在这里,杨氏所指"静态的文化分析"和"动态的观察",即指通过文献的分析和实际的田野调察相结合的研究路径。为此,杨氏曾多次组织文科研究所对南部中国不同族群社会和文化展开田野调查,概况如下:②

(一) 粤北北江瑶山考察

1936 年 11 月 12 日至 11 月 18 日,杨成志与中山大学研究院文科研究所以及文学院史学系修读人类学与民俗学课程的学生组成广东北江瑶山考

---

① 杨成志:《广东北江瑶人调查报告·导言》,《民俗》第 1 卷第 3 期,1937 年 6 月 30 日,第 1~3 页。

② 1936 年 3 月,中山大学研究院文科研究所与岭南大学西南社会经济研究所合组黎苗调查团对海南岛的调查参见本书第三章"岭南大学西南社会经济研究所与中国西南研究",以及本书第六章中有关王兴瑞对海南岛黎苗的调查研究。

察团,在位于粤北曲江、乐昌、乳源三县之间的瑶山进行第一次田野工作的实习,目的是为"指示同学们与汉族稍具等差的'中华集团'的接触",①对瑶人的"种属之来源及其现实生活情况作实地之观察与研究"。②该考察团成员有文科研究所史学部研究生王兴瑞、江应樑,文学院史学系四年级学生刘伟民、李秋云、罗比宁,及二年级学生宋兆麟,由杨成志教授领队,生物系黄季庄先生做向导,此外还有广州市立博物馆职员二人参加,总共十人。③考察之前,他们预先对调查工作进行了内部分派:由杨成志负责对瑶民文化进行总体观察和体质测量;江应樑负责瑶人历史、宗教、居住及服饰等方面的记载及观察;王兴瑞考察瑶人的经济社会;罗比宁负责农作物生产概况的观察;刘伟民负责瑶人歌谣和经典文献的抄录。考察结束后,各人将考察所得写成报告结集出版《广东北江瑶人调查报告专号》,刊登于《民俗》第1卷第3期。④

(二)广州市疍民调查

1938年4月,中山大学民俗学会以广州市十万疍民之现实生活足资民俗学之研究,组成"疍民调查团",由杨成志指导分配工作,参加同学有研究生刘伟民,本科生梁钊韬、何瑞麒、陈国恩、雷镜鎏、宋兆联、黄庆华等十余人。4月10日,由杨成志亲自率队先对珠江两岸疍民各集中区作鸟瞰之观察,并决定以后每逢周六下午及周日全日集队出发,分区研究,预备用三个月时间收集文献上之疍民资料,实地调查疍民之现实生活,包括统计疍民人口与地域分布、物质生活、经济生活、家庭与个人、宗教信仰以及对疍民进行体质测验和生活摄影等工作。⑤

---

① 杨成志:《广东北江瑶人的文化现象与体质型》,《民俗》第1卷第3期,1937年6月30日,第1页。
② 《国立中山大学研究院文科研究所广东北江瑶山瑶人考察经过》,《民俗》第1卷第2期,1937年1月30日,第275页。
③ 王兴瑞:《研究院文科研究所北江瑶山考察团日记》,《民俗》第1卷第3期,1937年6月30日,第1页。
④ 该报告收录的调查研究文章有:杨成志的《广东北江瑶人调查报告导言》《广东北江瑶人的文化现象与体质型》和 Introduction to the Report of An Ethnographical Investigation of Yao People;江应樑的《广东瑶人之今昔观》《广东瑶人之宗教信仰及其经咒》《广东瑶人之房屋及其工具》《广东瑶人之服饰》;王兴瑞的《广东北江瑶人的经济社会》《研究院文科研究所北江瑶山考察团日记》;罗比宁的《广东北江瑶人的农作之概况》;刘伟民的《广东北江瑶人的传说与歌谣》共十篇文章及考察日记一篇,见《民俗·广东北江瑶人调查报告专号》第1卷第3期,1937年6月30日。
⑤ 《研究院文科研究所民俗学会广州市疍民调查团工作近况(制定疍民调查团工作纲目)》,《国立中山大学日报》1938年4月18日,第4版。

（三）粤北乳源瑶人调查

1940 年秋，中山大学从云南澄江迁回粤北，于地理位置上毗邻粤北曲江、乐昌、乳源三县之间的瑶山，引起了杨成志等人对其田野工作的极大兴趣。1941 年 4 月，杨成志以"一方面作民族学资料之收罗，一方面作研究生田野工作之实习"为由，从学校获得调查经费三百元。1941 年 4 月 25 日至 5 月 4 日，以杨成志为首的调查团赴粤北乳源瑶山，以"考察瑶人之语言、惯俗、信仰、社会组织、日常生活、地理分布及测量其体型，收集民族物品为对象"。① 此次考察乃研究所返粤后第一次田野工作，出发前杨成志根据各人特长对考察团成员的工作进行细致的分配，由王启澍负责瑶人经济生活和社会组织两项；梁钊韬调查宗教问题；顾铁符负责技术绘画；杨氏本人则担任人口调查和语言记录、摄影等工作。考察结束后，各成员将撰写的论文结集成《粤北乳源瑶人调查报告》，②刊发在《民俗》第 2 卷第 1、2 期合刊上。本次调查报告可与前次北江瑶山的调查报告同时参阅，对于曲江、乐昌和乳源的瑶人民族志可得到更广泛深入的综合和分析的知识。

（四）广东海丰先史遗址探险

1942 年春，鉴于杨成志阐述"海丰新石器时代古物之发现，关系中国史前文化研究甚为重大"，③此次考察得到中山大学校长张子春（云）大力支持，杨氏遂在 2 月初与文科研究所技佐顾铁符二人对广东海丰先史遗址进行田野考古。时中山大学临时校区位于粤北坪石，距离海丰约有七百公里，海丰经过兵燹之后刚刚收复，交通异常不便，除了部分路程可以乘火车或搭乘汽车外，其余全靠步行，因而大部分的时间都花在路途上，实际留在海丰工作的时间，是从 2 月 16 日至 3 月 25 日，不到 40 天。此次调查分别以汕尾镇、捷胜墟、东洲坑为驻站，对祯祥、下洋、埔上墩、梧桐乡、石脚桶、牛堵、沙坑前、沙坑西、东坑南、东坑北、三角尾、桥岸头、狮子地、石鼓、南町、拔子园等十六处展开考察，所得石器和陶器、陶片，总数约一万一千多件，加之接收

---

① 杨成志：《研究调查费用》，广东省档案馆藏：20—（4）—（1427），第 40 页。同时杨成志列出考察计划的目的是考察该地瑶人之语言、惯俗、信仰、社会组织、日常生活、地理分布及测量其体型，收集民族物品。

② 杨成志：《粤北乳源瑶人考察导言》，《民俗》第 2 卷第 1、2 期合刊，1943 年 5 月，第 1 页。另外，该考察报告所收录的文章还有：杨成志的《粤北乳源瑶人的人口问题》、王启澍的《粤北乳源瑶民的经济生活》、梁钊韬的《粤北乳源瑶民的宗教信仰》、顾铁符的《粤北乳源瑶人的刺绣图案》共 4 篇。

③ 《研究院海丰考古团返校》，《国立中山大学日报》1942 年 6 月 11 日，第 1 版。

汕尾天主堂里为麦神甫收藏的四五千件藏品,总共约得一万五千件。①

此次考察所得的石器、陶器和陶片,系新石器时代文化遗物,计石器有斧、刀、刮、钻、针、锄及装饰品石环、串等陶器,有赤白灰等质,有网纹、细纹及各种几何纹式样不下数百种。② 此后,顾铁符又在江西赣州及遂川云岗乡、纲埠李家村等地发现石斧、网纹灰陶器、陶片等古物十余件,携返后赠与古物室陈列。其中陶片中有的与海丰出土的灰陶无异,其余陶器在型制、纹饰上均与海丰出土者具联系性。江西和海丰两地的古物发现,"更证知我先民从中国北部至南方之文化播迁路线,其对学术上贡献自不待言"。③

1939 年中山大学迁校云南澄江后,研究院文科研究所语言文学及历史学两部得地利之宜,曾数次派出员生分赴澄江、松于围、路南、昆明等少数族群村落考察,调查语言及搜集民俗物品,收获颇丰。④ 1943 年 6 月,文科研究所民俗学会召开会议,会议认为"集体调查坪石民俗为最重要",并拟定调查计划,包括坪石的历史、地理、人口、民间组织与制度、民间惯俗、信仰与崇拜、民间文学与艺术、方言、教育、人民等八个方面,参加者有杨成志、钟敬文、郑师许、容肇祖、黄朝中、关自恕、董家遵、雷镜鎏、丘陶常、王启澍、梁受安、梁钊韬、罗致平、李肇新、马采、顾铁符、吕燕华、张为纲、陈必恒、萧维元等二十人,规定参加调查工作人员自六月起,每月至少举行谈话一次,预备在《民俗》季刊第 2 卷第 4 期出坪石调查专号。⑤

以上这些调查不仅对了解西南族群社会的历史与现状具有重要的学术

---

① 杨成志和顾铁符二人自 4 月中旬从海丰启程,因为运输遇到意外的困难,回到学校已经 6 月初,经过初步整理之后,在当年"双十节"曾公开展览过一次调查收获。1943 年 11 月,杨成志休假出国进修,古物由顾铁符继续负责整理工作。1944 年 3 月,顾铁符在中山大学校长金湘帆(曾澄)的裁员令下被迫离职,但工作并没有因此而停顿,顾氏因得到文学院院长崔载阳与文科研究所代主任朱谦之的许可,破例无条件继续留所整理古物。1944 年 5 月,由于日军对长沙、湘潭等地的空袭,衡阳告急,坪石也在风声鹤唳之中,学校迁留不定,此时顾铁符打算离开中山大学去上海谋生,离开前经崔载阳的允许选出了其中的二百余件携往上海,其余均留在坪石。1945 年 1 月,坪石沦陷,中山大学在匆忙中疏散,校内图书仪器大部没有及时迁出。1947 年春天,顾铁符从上海再次回到中山大学任职,其时杨成志已于半年前回到中山大学,双方谈到该遗存时,方知坪石的古物已全部遗失,最后保存下来的,仅有顾铁符转辗五千余里所带走的二百余件而已,此"亦是不幸中之幸事"。参见顾铁符:《广东海丰先史遗址探检记》,国立中山大学文学院编:《文学》第 2 期,1948 年 5 月15 日,第 62~63 页。
② 《研究院海丰考古团返校》,《国立中山大学日报》1942 年 6 月 11 日,第 1 版。
③ 《文科研究所前技佐顾铁符君在赣搜获古物多种赠与古物室陈列》,《国立中山大学日报》1944 年 5 月 18 日,第 1 版。
④ 《文科研究所编辑瑶山考察报告》,《国立中山大学日报》1941 年 7 月 20 日,第 2 版。
⑤ 《文科研究所民俗学会大会议决:集体调查坪石民俗,预出〈坪石民俗志〉》,《国立中山大学日报》1943 年 6 月 3 日,第 1 版。

意义,同时通过这些调查活动,让学生将课堂所学的理论与实际调查所得互相验证,培养学生的田野独立工作能力,这对文科研究所学术研究队伍的壮大具有重要的作用。在调查过程中,杨成志注意从深入族群的空间生活之中,解读调查所得的地方文献,注意发掘造成历史现状背后的深层动因。例如1941年在对粤北乳源的人口调查,便是通过实地调查解读文献的一个成功的实例。

粤北乳源县政府自清代始,曾在瑶山设有瑶目一人,专门管理瑶人和汉人一切接触来往事宜,因此,杨成志等人甫到县城,便找到在任瑶目邱璧联,探访与调查相关的初步知识。邱瑶目是一位蝉联瑶目三十余年、年届六十的老人,对杨氏等人提出的问题,均尽量口述作答,使考察团对瑶山开始有了一个鸟瞰的印象。同时,邱瑶目还提供给考察团《北山瑶民烟户册》及历来瑶民和瑶目上县政府呈文的底稿等数种文字资料,这些资料,反映了瑶民的人口、村寨分布,以及设立瑶目的原因、瑶民反对归辖连阳化瑶局的理由、县政府分拨瑶盐的由来与内容等,皆属"汉瑶关系的宝贵文献",将其与瑶山实地考察所得的资料相参照,便可推出乳源瑶人人口的今昔动态及其真确的数目,而且也可认识其村寨的分布和增减、姓氏的名目和每家的平均丁数究等。杨成志依据烟户册上所载瑶村的坑数(瑶人一般选在比较平坦且附近有树林和水源的山谷地带建立村寨,他们不称村寨而独称"坑",可能是因为村寨位于山坑而得名),以及在瑶山实地的观察所得,认为乳源瑶山瑶民人口在3 000人左右。而在此之前邱瑶目告诉考察团瑶民的人口"廿四坑瑶民有万余人"。随后,又看到邱瑶目在上县长的呈文原稿称:"瑶民等世居乳属瑶山,近者数十余里,远者恒一二百里,山居野处,人口约一万一千有奇",这一数字与考察团的调查结果悬殊甚大。

对此,杨氏认为瑶人人口数至今模糊不清的原因有三:

其一,瑶目作为汉瑶交流的中间人,一方面起到代政府解释政令的作用,挟官势以欺瑶;一方面又借识瑶情来骗官。他认为邱瑶目提出瑶人有一万一千有奇的出发点,虽不能说有何恶意,然而他即使只想利用这个数目引起县长的注意,或提高他自己职位的重要性,但这种夸大的人口数目,不仅会使不知瑶情的汉人据以为真,对欲明瑶情的县长来说,也有相当的迷惑性。而对于考察团来说,在没有亲自踏上瑶山或是尝详细分析和校勘烟户册内容之前,从心理上也会受到这种传闻失实的影响。

其次,瑶人人口至今未弄清的主因,根本上是汉人素来怀着"山野顽民,无足轻重"的偏见所致。而县政府也向以"视若无睹,听若无闻"的态度对待瑶人,故关于瑶人的一切风俗、习惯、信仰、制度和语言等无从明其端绪,即真确的人口数目,非经过调查或编保甲的工作不能弄清。

其三,瑶人为避免缴纳赋税和逃征兵役,往往拒绝向外人透露出真实的人口数目。在瑶境调查户口过程中,他们发现如果欲从瑶人自己那里来探悉正确的数目字是很不容易的,这是因为瑶人往往对汉人有防范心理,不愿将真实丁口告诉汉人,反而会借各种缘故来避免汉人对他们直接的访查。原因在于,瑶人为了避免缴纳赋税和逃征兵役,唯一的办法便是拒绝你问及他们究竟有多少人,因而考察团惟有用直接观察法来探刺每坑的户口。然当问及他们别坑户口数时,瑶民也总是含混不清,因为瑶民缺少准确的数目观念。[①]

研究生梁钊韬则考察了乳源瑶人的宗教信仰。通过观察瑶人信仰的神庙、巫师的职业,以及宗教仪式、金钱卜的一般过程等,来考察乳源瑶人宗教信仰的特质。[②]

另外,研究生王启澍在考察乳源瑶民经济的过程中,利用《天下郡国利病书》、《广东通志》、《曲江县志》以及调查过程中所获乾隆年间的田契,考察瑶人采集、狩猎、牧畜、财产支配权、汉瑶交易等经济问题。[③] 文科研究所技佐顾铁符搜集了大量的刺绣图案,这些图案对于认识瑶人的历史、经济、家庭以及生活诸方面有着汉文历史文献无可比拟的真实性。[④]

总而言之,该报告最大的特色是将实地走访调查所得的地方文献材料与观察相结合,基本勾勒出乳源瑶人的经济生活以及宗教信仰等方面的实际情形,对于后人研究瑶人的历史具有重要的参考意义。但是,由于调查"时间过短,观察未能周详",尤其是没能对瑶人的体质和语言进行测量和研究。

正如杨成志所说的那样:

很明显,这需要我们更多的科学组织,实行更多的田野调查,以便从中得到更多新东西,这将会比书本上发现不必要的信息或错误的材料更加有益。我们走访的西南山区的族群越多,我们越是感觉到如果仅仅依靠来自书本上的知识,而不去实地接触这些族群,就谈不上真正

---

① 杨成志:《粤北乳源瑶人调查报告·乳源瑶人的人口问题》,《民俗》第 2 卷 1、2 期合刊,1943 年 5 月,第 2~5 页。

② 详细请参见本书第五章第四节:《承上启下:梁钊韬与中山大学人类学》。

③ 王启澍:《粤北乳源瑶人调查报告·粤北乳源瑶民的经济生活》,《民俗》第 2 卷 1、2 期合刊,1943 年 5 月,第 6~15 页。

④ 顾铁符:《粤北乳源瑶人调查报告·粤北乳源瑶民的经济生活》,《民俗》第 2 卷 1、2 期合刊,1943 年 5 月,第 24~28 页。

地研究他们。①

　　虽然杨氏在多篇回忆性文章谈及他所用的方法是吸收欧美各国而成一家的"综合式"方法。但从其研究的方法和成果看,他在早期受到法国的民族学派的影响,而到 40 年代影响他的则是以博厄斯为代表的美国历史学派。②1942 年 1 月,他在《人类学史的发展鸟瞰》一文中介绍了以法兰兹·鲍亚士(Franz Boas,又译为弗朗茨·博厄斯,1858~1942)为首的美国历史或批评学派(History of Critic School)的观点。认为历史学派的原则,主要集中"研究于一定的地理历史区域内,一方面求纵的历史背景,一方面调查横的部落间的接触"。③ 1948 年,在介绍美国人类学的新动向时,杨成志自谓从前虽在广州专攻人类学四年(应指留学法国前的 1928 年至 1932 年——笔者注),颇明了英、法、德等国的人类科学的发展与趋势,但却偏于仰慕纽约的哥伦比亚大学人类学系主任教授鲍亚士和美京国立博物馆体质人类学部主任赫利斯加两位现代美国人类学泰斗的伟大人格与贡献,在读到鲍亚士的著作后,"恨不能赴美亲请教益",可惜鲍亚士已在杨成志赴美学习前两年辞世,遂使杨"有迟来失教之感",希望通过译述其《人类学与现代生活》一书,以"表示崇敬的微忱"。④

图 5-3　鲍亚士

① 英文原文:"Evidently, it is required that we have more scientific organization, and should carry on more expeditions in order to get something new from the field work, which is much better than finding unnecessary information, or wrong materials in books. The more we visit the various mountains people in Southwest China, the more we feel that it is completely impossible to study a certain group of people without making intimate contacts with them instead of deriving from books."见 Young Ching-Chi, "Introduction to the Report of An Ethnographical Investigation of Yao People",《民俗·广东北江瑶人调查报告专号》第 1 卷第 3 期,1937 年 6 月 30 日,第 5 页。

② 〔美〕顾定国:《中国人类学逸史:从马林诺斯基到莫斯科到毛泽东》,胡鸿保、周燕译,北京:社会科学文献出版社,2000 年,第 70 页。

③ 杨成志:《人类学史的发展鸟瞰》,中山文化教育馆编:《民族学研究集刊》1943 年第 3 期,第 101 页。

④ 杨成志:《当代美国人类学的动向》,《广东日报·民族学刊》第 21 期,1948 年 10 月 4 日,第 4 版。

在 1943 年出版的《人类学与现代生活》序言中,杨成志明确提到人类学对历史研究的作用。他说:

> 人类学的历史虽然比较短,但种种成就,的确已影响到全部人文科学的领域,尤其是对历史学和文化学,已使得其中许多旧的概念和理论根本动摇而启示了一些新的问题。我们知道,传统的所谓历史,只是成文史,时间方面只包括人类发展的一个短时间,空间方面仅涉世界的一部分,人类的一部分,传统的文化观,同样也只涉及某一期间某一些人之活动的部分成果,而且论者往往以主观的成见,作为衡量文化价值的准绳。自人类学发达以来,因先史考古学的贡献,人类有文字以前的历史逐渐明瞭了,因民族学的贡献,若干未被人注意过的民族的情况逐渐明瞭了,由于各种族体质与心理的比较研究,主观的武断的种族论和文化观渐被批判了。从这几方面的发展,人类学并就形成了一种研究人文的新方法论体系。例如,人类学者把各种人类集团各种文化看做整体来研究,把个人作为集团的一员来研究。对于文化,不仅注意其内部的关系,也着重其外部的关联;不仅注意其现况,也着重其历史与传统……这一切,便都是人种学新方法体系的一些表现,其影响于他种科学,实在是很大的。①

从学术观点上看,鲍亚士采用"纵"的方面求历史的背景,从"横"的方面求与部落间的接触,实质上即为通过历史学的文献搜集和考据以明了研究对象的历史演化、拓殖等历史过程;以人类学的田野工作接触族群,近距离考察族群的地理分布、语言文化、民间习俗等空间上的存在,并将种族、民族、文化、社会、语言、民俗、考古、心理等各学科结合起来,融合自然科学、社会科学、心理科学之大成作跨学科研究,以及反对演绎,重视归纳,强调"埋首于微观的钻研",认为历史只能对各个事实和现象作经验描述,不应有任何抽象的推理。② 这些方面,都与杨成志的人类学理论方法有共通之处,也与他的学术实践产生了共鸣。

1937 年 7 月,研究生江应樑在杨成志指导下撰写《云南西部民族考察计划》,该计划拟从"纵"、"横"两方面对云南西部族群进行考察。其中

---

① 杨成志:《人类学与现代生活·译者序言》,上海:商务印书馆,1945 年,第 2 页。
② 黄淑聘、龚佩华:《文化人类学理论方法研究》,广州:广东高等教育出版社,1996 年,第 154、169、170 页。

"横"的方面包括:(1)种族及种系间的关系;(2)各种种族之地理的分布;(3)体格构造之测定;(4)生活实况;(5)文化;(6)语言;(7)民间信仰及习俗;(8)特殊事物;(9)与当地汉民族之关系。"纵"的方面有:(1)古代民族遗迹及遗物的探检;(2)民族演变痕迹及窥察;(3)夷民族与汉民族同化之史的观察;(4)汉民族移殖考。并解释补充道:此次考察,"横"的方面首先应注意各民族之种属及相互间的关系,再进而从地理上考察各民族分布状况,体格构造的测量,此属于人类学方面的研究;对于西南族群的生活、文化、语言、信仰、习俗等方面,则偏近于民俗及民族文化范围内与汉民族关系一项,拟窥探汉夷间相互的关系,以作政府实施化夷工作时之参助。"纵"的方面之各种考察,虽稍偏重于历史及考古方面,但欲求明了现时汉夷民族之实况,此种研究,却是绝对不可少者。①

学生戴裔煊在《中国民族史上之种族分类问题及方法》一文中认为,若探讨中国民族的源流,使其历史上的事实不与现代情形相悖,须经过"横"的、"纵"的及"比较"的三种研究。从"横"的研究可以了解一个民族现在的实际情形,具体可分为:(1)地理环境的研究,(2)体质的研究,(3)文化的研究;纵的研究,可以了解某个民族所含的质素、分合、迁徙、同化之迹,这方面的研究纯然是就历史方面,应用史学方法,检讨一个民族的迁徙、混合的由来,就如同一条大河,或者有几个发源地,流经各地方,汇合无数支流而入大海。②

杨成志在从事人类民族科学理论方法建设的同时,"在教学上着重培养学生,引导其兴趣,醉心专业,在田野工作上分析实况和发现问题,作出客观的识别",教导学生民族学要由"'脚'爬山开踏进来,却不要由'手'抄录转贩出去!"③在十四年间(1936年至1949年)共招收培养了10位研究生,这些学生后来都成为人类学、民族学、历史学等方面的专家教授。现根据相关材料列出这些学生的姓名及相关信息如下:

---

① 杨成志指导,江应樑拟:《云南西部民族考察计划》,《国立中山大学日报》1937年7月8日,第8版。

② 戴裔煊:《中国民族史上之种族分类问题及方法》,民族文化研究会编:《民族文化》(广州)第1卷第2期,1938年9月15日,第31~33页。

③ 杨成志:《乳源瑶族调查资料汇编·序言》,周大鸣编:《杨成志人类学民族论文集》,北京:民族出版社,2003年,第523页。

表5-3　杨成志在史学研究所的研究生信息表①

姓名	籍贯	本科毕业学校	毕业年份	毕业论文题目	学术专长
江应樑	云南昆明	暨南大学历史系	1938	云南摆夷研究	民族学、历史学
王兴瑞	海南琼海	中山大学历史系	1938	海南岛黎人研究	民族学、历史学
梁钊韬	广东顺德	中山大学历史系	1941	中国古代巫术：宗教的起源及其发展	民族学、人类学
戴裔煊	广东阳江	中山大学历史系	1942	人类学理论与西南民族史研究	民族学、历史学
王启澍	贵州怀仁	中山大学历史系	1944	贵州东南部苗族之历史及其现状	民族学、历史学
吕燕华	广东鹤山	中央大学社会学系	1946	粤北瑶民社会研究	民族学、历史学
曾昭璇	广东广州	中山大学地理系	1947	海洋洲种族志	历史地理学、人类地理学
容观夐	广东中山	中山大学社会学系	1948	1948年赴美留学没有确定论文	文化人类学、民族考古学
张寿祺	广东东莞	中山大学	1950	疍家人研究（代表作）	民族学、人类学
刘孝瑜	重庆荣昌	中央大学社会学系	1949	土家人研究（代表作）	民族学、人类学

　　在课堂上，杨成志为他们开设考古学、人类学理论和方法、民族学等课程。② 课堂外，为了能让学生获得第一手的资料，提高研究成绩，研究所还积极联系相关部门团体，安排学生前往实地进行田野调查研究。例如1937年文科研究所与岭南大学社会调查所合作组织"海南岛黎苗考察团"，派出研究生王兴瑞前往海南岛深入大旗苗村调查长达五个多月，写成《海南岛黎

---

① 表格的信息主要参考材料主要有：《研究生院研究生硕士及各院系代表》，广东省档案馆，档案号：20-(2)-309；《研究院研究生登记学籍表》，广东省档案馆，档案号：20-(2)-304；杨成志：《国立中山大学人类学系建议书》，刘昭瑞编：《杨成志文集》，广州：中山大学出版社，2004年，第263页；高增德：《中国现代社会科学家大辞典》，太原：书海出版社，1994年。

② 参见《中山大学研究院年报》，广州，1937年，第90~91页；杨成志：《我与中山大学人类学系》，刘昭瑞编：《杨成志文集》，广州：中山大学出版社，2004年，第263页。

人研究》,获得硕士学位;①1937年夏,研究所派出研究生江应樑与云南地方政府合作,深入调查研究傣族(旧时通称为"摆夷"),1938年5月回广州,写成《云南摆夷研究》一文,作为调查报告,取得硕士学位;②1941年4月又组织梁钊韬、王启澍到广东乳源乌坑对瑶山调查,归来后梁钊韬、王启澍分别撰成《瑶人宗教信仰》《瑶民经济生活》,把整个瑶民的经济生活、社会组织和宗教信仰做一比较研究。③

正是在杨成志的影响之下,学生的学术视野不断得到拓展,在实际的研究中尤看重田野调查对其他学科研究方法、工具的借鉴。例如,史学部研究生江应樑在其拟定的《西南民族研究计划》中认为:由于古人对于西南民族一贯持有"一个错误的歧视心理","此种主观记载怎能据以作研究的立论"? 关于民族历史的演变部分,除以历史文献记载作主要资料,亲自访问作副要资料外,他还认为"向西南民族中作实际调查,实为研究本题之唯一方法"。同级研究生王兴瑞也认为其《海南岛黎人研究》"主要材料的来源,非依靠实际考察不可","最重要的是基本知识的准备,如历史学、人类学、民族学、民俗学、语言学等都非有相当的修养不可"。二人在实际的调查研究中都运用了体质人类学方法,对研究对象的"体质构造"、"智力及文化"进行测定,此外,他们还拍摄照片,搜集所研究民族之民俗、宗教及有历史价值之古物。研究生王兴瑞在调查期间甚至使用当时少有的摄影器材对苗黎民族活动进行摄影,将影片带回研究所观摩研究。④

研究院史学研究所研究生吕燕华因"抗战的赐予",随中山大学从云南澄江来到粤北坪石,亲往粤北各瑶排去调查访问,以《粤北瑶族社会研究》作为硕士论文的选题。该文所用的主要资料,系由典籍、史志、瑶民传说、前人报告以及自己调查所得,上篇追述瑶人源流及瑶汉间关系的问题,所用材料以前人报告及本人调查为多,间有牵及历史及原理部分,则运用一般基本理论及史籍,文化人类学、社会学、经济学、宗教学、艺术学及其他书籍等。所用方法除采用民族学上一般的进化观、播化观、历史批评观、功能观和普通

① 参见《海南岛黎苗考察团定期出发》,《国立中山大学日报》1937年1月30日,第5版;《海南岛黎苗考察团团员工作结束返校》,《国立中山大学日报》1937年6月8日,第2版。

② 江应樑:《江应樑自述》,高增德等编:《世纪学人自述》第3卷,北京:北京十月文艺出版社,2000年,第313页。

③ 参见杨成志:《乳源瑶族调查资料汇编·序言》,收入刘耀荃、李默编:《乳源瑶族调查报告》,广州:广东省社科院,1986年。

④ 以上参见《中山大学研究院年报》,广州:中山大学,1937,第99~100、126~129页。《国立中山大学日报》1937年1月30日,第5版。吕燕华:《粤北瑶族社会研究》,《中央日报·民族学刊》第64期,1949年9月9日,第7版。

的演绎及归纳法外,便是历史法、比较法、调查法、统计法及统体法。从历史法分析瑶人文化纵的发展及其相互间的关系;从比较法分析苗人文化和其他文化的异同,并且以之确定其普遍进化的一般原则;从历史比较法去综合其纵横类型,求得其异同特质;从调查法获得其具体真实;从统计法归纳其中心原则;从调查统计法,去发现其一般趋势和特殊路向;从统体法以求得其整体的大综合,建立其最高类型,同时在这一综合因子中,分出其何者为主要因子,何者为次要因子,辨明主从关系,以明整体的组织构造。①

　　文科研究所历史学组和人类学组②用十几年培养了一批史学和民族学、人类学专业人才,形成一支阵容强大的学术生力军,奠定了中山大学人类学、民族学研究在国内学界的地位。据著名史学家严耕望的回忆,在他中学时代,喜欢读人类学、民族学方面的书,希望从人类学观点研究中国古代史,而"当时中山大学在人类学、民族学方面表现的成绩比较好",拟以中山大学历史系作为自己深造的第一目标。③ 虽然严耕望最后没能去中山大学历史系深造,但我们借此可以从侧面窥见中山大学史学系的人类学、民族学研究在国内的影响力非比一般。1948 年历史学研究所人类学组主任杨成志正是以该研究所员生关于"西南民族的调查和研究"的丰硕成果作为向教育部申请开设人类学系的重要依据,并得到了教育部的批准,从而成为国内较早开设人类学系的高等学校之一。④

　　综上所述,文史研究所在国内的民族学、人类学研究领域中不仅形成了一种具有独特治学观点和方法的研究旨趣,同时还构建了一套从本科到研究生完整的学术传承体系,他们的研究风格和成果得到学界同行的一致认可,将其誉为"南派",以区别与其研究方法和旨趣不同的"北派"。"北派"讲理论,重应用,推燕京大学社会学系吴文藻先生为首,主要受英国功能学派人类学理论的影响,致力于近代民族社区和社会结构的分析和研究;"南派"注重实践,偏向文化史重建,由中山大学文科研究所杨成志先生挂帅,更多地运用"历史学派的理论主张,从事于南方少数民族历史文化全

① 吕燕华:《粤北瑶族社会研究》,《中央日报·民族学刊》第 64 期,1949 年 9 月 9 日,第 7 版。
② 1941 年,研究院将原历史学部改称历史学研究所,原先历史学部下设的考古、档案、民族三组取消,改设史学组和人类学组,杨成志任人类学组主任,起草了《国立中山大学历史学研究所人类学部研究计划》。参见《1941 年研究院及各研究所报告》,广东省档案馆藏,档案编号:20—(1)—21。
③ 严耕望:《治史三书》,沈阳:辽宁教育出版社,1998 年,第 286 页。
④ 此外,在中山大学人类学系成立稍前,暨南大学、浙江大学以及清华大学已于同年成立人类学系。见《国立中山大学设立人类学系建议书》,刘昭瑞编:《杨成志文集》,广州:中山大学出版社,2004 年,第 263、265 页。

貌性研究",①主张在"运用人类学方法研究中国历史文献的同时,也在一定程度利用已有的历史资料进行人类学研究",即通过历史文献与人类学田野调查、测量相结合,进行跨学科交叉研究,形成一定程度上的"互证"效果,因而又有人称之为中国人类学研究的"历史学派"。②

黄淑聘则认为,中国人类学"南派"的产生,早期接受了进化论派的观点,但后来更多地受美国历史学派影响,并与中国传统的历史考据方法相结合。该学派认为中华民族的文化也有进化的过程,提出应研究中华民族文化历史的主张,而人类学方法正是重建中华民族文化史所必需的。同时,该学派不大注重理论的阐释,偏向于材料的搜集和解释,因此该派的论著中往往是大量材料的堆砌、烦琐的现象罗列,因而不能说明所研究的社会及其文化发展的本质问题。当然,这种研究方法"在后来的中国人类学研究中有进一步的发展,研究现状追溯其历史发展进程,以说明现存社会文化现象之所以然",③在其影响之下,直接催生了国内历史人类学、考古人类学的产生,这也代表着新时期史学发展的重要趋势。④

第四节　承上启下:梁钊韬与中山大学人类学

1949 年 10 月,广州解放。是年底,中山大学文学院人类学系奉广州市

---

① 容观夐:《中山大学人类学教学和研究述略》,《广西民族学院学报》2001 年第 5 期,第 27 页。

② 黄淑娉:《民族学人类学中国化的理论和实践》,《黄淑娉人类学民族学文集》,广州:中山大学出版社,2003 年,第 223 页。

③ 黄淑聘、龚佩华:《文化人类学理论方法研究》,广州:广东高等教育出版社,1996 年,第 420、421 页。

④ 例如,1984 年梁钊韬主持恢复中山大学人类学系,曾昭璇认为这个人类学系在学科体系建设上将"民族学、考古学、语言学、体质人类学"有机结合,具有"明显的学术流派特色"。(参见曾昭璇:《哲人已逝业绩畅流》,收入《梁钊韬民族学人类学研究文集》,北京:民族出版社,1994 年,第 1 页)1986 年 10 月,中山大学历史人类学研究中心成立(由历史系和人类学系合办),该中心提倡历史学、人类学和人文社会科学多学科综合研究的方法取向,提倡田野调查和文献分析、历时性研究与结构性分析、上层精英与基层社会研究的有机结合,重视民间文献和口述资料的收集和整理。(参见张荣芳:《顾颉刚先生与中山大学》,中国社科院编:《纪念顾颉刚先生诞辰 110 周年论文集》,广州:中山大学出版社,2004 年,第 31 页)另外,笔者浏览中山大学历史人类学研究中心门户网站,网页在《历史人类学研究中心简介》一文中写道:"历史人类学是战后新史学发展的重要趋势,其特色是把人类学的田野调查、'参与体验'的方法与历史学的文献训诂、考据、文本解读等方法结合起来,重视普通人日常生活的历史。中心成立是在历史学系、人类学系共同合作的基础上,跨学科的交流体现,对促进学科间发展有着长远和积极的作用。"

军管会、文教会通知停办,该系学生转入历史系,杨成志、梁钊韬等人类学教授、副教授则在历史系下设的"民族组"的领导下自行选择教学方向。① 1950 年 4 月,为调整课程和改进教学方法,文学院历史系召开系务会议,会议由历史系主任刘节主持,决定历史系下学期停开"民俗学"一科。② 1952 年全国院系调整,人类学作为"反动资产阶级学科"被取消,包括中山大学在内的全国几乎所有高校的人类学系被取消,③杨成志及其培养的 10 名人类学、民族学研究生大多离开中山大学,④只有梁钊韬最终留在中山大学历史系继续任教,承担了复兴中山大学人类学的重任。

梁钊韬(1916~1987),字勉之,广东顺德人。1935 年入厦门大学历史系,在著名考古学家郑德坤和文化人类学家林惠祥的影响下,梁氏萌发了对历史学、考古学和民族学的兴趣,殊受林惠祥的器重。⑤ 1937 年全面抗战爆发后,林惠祥为免自己收藏的文物遭日寇掠夺,避难东南亚,临行前亲自将梁钊韬送往中山大学,介绍给杨成志,随后经杨成志的推荐,梁氏于当年 9 月进入中山大学历史系学习。⑥

甫入中山大学,梁钊韬就表现出极大的学术热情,据梁钊韬昔日同门张寿祺和曾昭璇二人回忆,早在本科期间,梁钊韬就开始运用人类学理论与方法分析先秦文献,研究先秦宗教文化,且有"新的突破"。⑦ 1941 年 4 月,梁

① 《本校人类学系奉令停办》,《中山大学校报》,1949 年 12 月 27 日,第 1 版;〔美〕顾定国:《中国人类学逸史:从马林诺斯基到莫斯科到毛泽东》,胡鸿保、周燕译,北京:社会科学文献出版社,2000 年,第 114 页。

② 《积极改进下学期教学:文法两院纷纷召开系务会议》,《中山大学校报》1950 年 4 月 4 日,第 2 版。

③ 中华人民共和国成立后中国高校的学科体制建设模仿"苏联模式"建立,由于当时莫斯科大学的人类学是设在生物学科之下,因此新中国也保留了体质人类学部分系科,如在复旦大学的生物系设立了人类学教研室。参见周大鸣:《中山大学人类学系与中国人类学的发展》,《中山大学学报》2009 年第 6 期。

④ 如杨成志被调往北京民族事务委员会,后来到中央民族学院文物研究室工作,容观夐、岑家梧、刘孝瑜调至中南学院历史系,加之此前任教于中山大学人类学系的江应樑调至云南大学历史系,王兴瑞调至广雅中学任校长等。

⑤ 庄益群:《梁钊韬教授生平业绩》,中山大学人类学系编:《梁钊韬与人类学》,广州:中山大学出版社,1991 年,第 1~2 页。

⑥ 〔美〕顾定国:《中国人类学逸史:从马林诺斯基到莫斯科到毛泽东》,胡鸿保、周燕译,北京:社会科学文献出版社,2000 年,第 49 页。

⑦ 张寿祺、曾昭璇:《哲人已逝,业绩长留:记梁钊韬教授生前在学术上的贡献》,《广州研究》1988 年第 10 期。遗憾的是笔者未能找到张寿祺和曾昭璇所说的单篇文章,不过梁钊韬在中华人民共和国成立后出版的硕士论文《中国古代的巫术:宗教的起源和发展》一书的《"气"与西洋说中的马那思想》一节即为利用先秦文献中有关"气"的记载与"前灵有论"的马那(Mana,意为"神秘力量")观相比较,以此来考证中国古代巫术起源的问题。见梁钊韬:《中国古代的巫术:宗教的起源和发展》,广州:中山大学出版社,1999 年,第 38~57 页。

钭韬参加了杨成志组织的粤北乳源调查,并负责瑶民民间宗教信仰部分,归来后发表《粤北乳源瑶民的宗教信仰》一文。该文分别从乳源瑶人信仰的神与神庙、巫师职业、宗教法事仪式的过程、金钱占卜以及瑶人宗教信仰的特质五个方面来阐述。梁氏认为从人类学上探讨人类文化、宗教信仰最为重要,如探讨一个族群的社会组织,便会牵涉图腾制度,研究某一民族的语言也要顾及很多禁忌词语,他如歌谣、故事、神话、艺术等均与宗教发生直接的关系。同时,研究一族群,其宗教行为、仪式也具有特殊的社会意义。研究浅化族群社会的宗教文化,应注意到两个方面:一、仪式中所具有的社会功能;二、宗教观念中所内含的一切社会缺点,分析其"功"和"罪",因势利导,为开化落后民族社会张本。

梁氏通过瑶人巫爸传法的经书找到乳源瑶人所崇拜的神,将其分为两类:一类是瑶人所最畏惧的,可以致人生病或死亡的精灵,其作用完全是针对着瑶人的简单生活要求,具有斩邪伏精,克服瘟疫的能力,此外并没有其他较大的作用;第二类是人神,可以治邪鬼驱妖魅,巫师常借着这班人神的法力来驱逐一切害人的精灵。总之,瑶人的"宗教作用大部分是去防备疾病或精灵的侵害,并没有一种较高的理想"。

值得一提的是,通过实地观察并参以文献,梁钭韬指出了瑶人宗教信仰的特质。在此之前,曾经调查过瑶人宗教的学者,认为瑶人宗教信仰从宗教形式和宗教仪式要素来看,最大的特质是具有浓厚的道教色彩。① 但是,通过实地调查,梁钭韬敏锐地发现,瑶人对祖先的崇拜,并没有显示出特别的热情,反而具有很多恐惧的心理,家里所安奉的太上老君,其唯一一个效能是能捉邪驱鬼妖。从这个意义上来看,瑶人整个宗教的氛围,最大的要义是专门对付鬼怪,并没有较高智慧的宗教理想,所以乳源瑶人的宗教信仰,在外表上似乎近于道教,其实并不具备道教的一切内容。

在调查过程中,梁钭韬观察到,瑶人的整个宗教仪式上,运用的一切巫

---

① 如江应樑在《广东瑶人之宗教信仰及其经咒》一文中对粤北瑶民宗教信仰的研究就是一例。江应樑从分析瑶人的经咒出发去研究瑶人的宗教信仰,得出的结论是:"一是瑶人现时宗教,已经深度受到汉人的道教化;二是道教化之程度虽深,但其信仰的意识及宗教的仪式,仍有一部分保持着野蛮民族之原始信仰的意味;三是其宗教信仰中,丝毫没有佛教成分的渗入。"见江应樑:《广东瑶人之宗教信仰及其经咒》,《民俗·广东北江瑶人调查报告专号》第 1 卷第 3 期,1937 年 6 月 30 日,第 36 页。另外,法国学者雅克穆瓦纳教授在《瑶族宗教仪式绘画》中谓:"瑶族宗教——道教","我要指出的就是瑶族肯定是道教徒"。引自李默:《韶州瑶人:粤北瑶族社会发展跟踪调查》,广州:中山大学出版社,2004 年,第 242 页。

术的要素,似乎和汉人一样,同时又有阴阳五行干支上的应用,但细察之下,却有很大的区别。这是因为瑶人已经接受了汉人不少的文化,但汉人的文化传到瑶山里,与其生活互相混化,才逐渐形成一种似同非同的现象。由此得出结论:瑶人的宗教中"所受道教影响的部分,只不过是他们信仰中的躯壳而已,骨子里他们主要的特质,却是精灵崇拜(Spirit Worship)、有灵崇拜(Ammism)和妖物崇拜(Fetishism),而并非道教"。① 而这一结论,至今仍然被认为"使人感到深刻而新鲜"。②

在人类学研究方法上,梁钊韬受杨成志影响至深。他说:

> 国人之先进学者,如顾先生颉刚、许先生地山、江先生绍原、郑师德坤、林师惠祥之间接或直接启示于我于先,杨师成志、罗师香林之指导我于研究院时代,三年前批阅 MEN 人类学杂志所介绍 Wilhelm Schmidt 于 1939 年所著 *The Culture-Historical Method of Ethnology* 一书的内容等,足令我深刻地认识文化史与人类学共通的原理,且深信从事民族学研究,往往为找寻各民族文化关系等问题,常须假借文化史的方法以资证明,同时研究文化史却不能不借助于民族学或文化人类学的方法。换句话说,前者是"以古证今",后者是"以今证古"的方法。③

又说:

> 以往研究历史,多致力于训诂、考据、校勘等方面,今后可参以民族学理论和方法,而使之趋于精密。即地方志书,亦可以同样的方法,施以整理,而宏达其功效。④

---

① 梁钊韬:《粤北乳源瑶民的宗教信仰》,《民俗·粤北乳源瑶人调查报告》第 2 卷 1、2 期合刊,1943 年 5 月,第 16~23 页。

② 张寿祺、曾昭璇:《哲人已逝,业绩长留:记梁钊韬教授生前在学术上的贡献》,《广州研究》1988 年第 10 期,第 36 页。1948 年毕业于中山大学人类学系的李默,曾于 1963 年至 1981 年下放到粤北乳源自治县,负责县民族办公室、民族工作队工作,期间得以长时间在瑶山蹲点,收集了大量乳源瑶人的文献,写成《韶州瑶人:粤北瑶族社会发展跟踪调查》一书,该书接受了梁钊韬的观点,认为"瑶人宗教信仰不是道教化"。参见李默:《韶州瑶人:粤北瑶族社会发展跟踪调查》,广州:中山大学出版社,2004 年,第 242~245、336 页。

③ 梁钊韬:《祭礼的象征和传袭:民族学的文化史研究》,《文讯·风物志专号》1944 年第 5 卷第 1 期,第 75 页。

④ 梁钊韬:《民族学与民俗学及其在我国的展望》,《文史杂志·民俗学专号》1945 年第 5 卷第 9、10 期合刊,第 2 页。

由此可见,梁钊韬主张的是将历史文献的分析与民俗学、民族学研究的理论和实践相结合。

　　梁氏在学术上取得的成就,除受杨成志和林惠祥等人类学家等影响之外,与历史学家朱谦之对他的指导也分不开。在研究院期间,梁钊韬对中国古代的宗教和巫术产生了浓厚的兴趣,而朱谦之是先秦哲学史大家,熟悉古典文献,在朱氏的指导下,梁钊韬刻苦攻读《十三经注疏》,直到晚年,梁钊韬还多次谈及该书对于研究中国民族文化史的重要性。同时还注意将西方人类学理论与方法的钻研与阅读先秦群书及二十四史结合起来,注重实地调查,其著作“显示出理论基础扎实、材料丰富、论证有力三大特点”。1942年,梁钊韬在朱谦之的指导之下完成其硕士论文——《中国古代的巫术:宗教的起源和发展》,该书虽在四十多年后才出版,但至今仍被认为是一部观点新颖、方法独特、材料翔实的著作。① 1948年,中山大学人类学系成立,杨成志任系主任,梁钊韬作为杨氏的助手,成为中山大学人类学科研与教学的重要学术力量之一。

　　新中国成立后,全国学科进行重大调整,人类学、社会学、心理学等学科被认为是为殖民主义服务的伪科学而取缔,而考古学并没有被取缔而列为历史学科的一个分支,其中“考古学通论”不仅列入大学课程,还从1953年起作为历史系的必修科目,列入学生的基本训练科目之一。② 1953年,中山大学历史系在学习苏联教学方法运动的高潮下成立中国史教研组,梁钊韬被编在该组,讲授考古学。③ 是年,因教学上的需要,梁钊韬先后出版《考古学通论》和《原始社会史及人类学通论》,作为“高等学校交流讲义”系列教材,由中央人民政府高等教育出版社公开出版。④ 在这一时期,梁钊韬始终以“在中山大学重建综合的人类学”作为毕生的计划,利用中华人民共和国

---

① 庄益群:《梁钊韬教授生平业绩》;陈启新:《梁钊韬教授学术思想研究》。以上两篇文章均收入中山大学人类学系编:《梁钊韬与人类学》,广州:中山大学出版社,1991年,第4、19页。

② 夏鼐:《考古学通论与考古学史》,《夏鼐文集》(上),中国社会科学院考古研究所考古学专刊甲种第二十六号,北京:社会科学文献出版社,2000年,第40、43页。

③ 1953年,中山大学历史系在学习苏联教学方法运动的高潮下成立中国史教研组,该组为了集中人力,搞好专业,曾集中了全系所有教授中国史及与中国史有关课程的教师,“组成一个教研组,这里包括五班中国史,一班考古学,一班人类学,一班中国思想史,一班隋唐史,一班教学实习,一班历史文选读,一班唐诗、正史共十二门。参加教师十人,组内又分三个小组:一资料研究与问题解答组;二草拟计划与提纲组;三辅导组”。参见《中国史教研组的收获、缺点和努力方向》,《中山大学周报》第2卷合订本,1953年1月1日,第1页。

④ 笔者在中山大学访学期间,曾获准打开校史珍藏室的楠木橱柜,见到二书的手刻油印本,并翻拍了主要章节。

成立后国内普遍学习"社会发展史"的契机,开设的"原始社会史与人类学"课程(后来受苏联影响,"人类学"一词被禁止使用,于是便将该课程更名为"原始社会史与民族学"),以介绍西方人类学理论为主,阐述恩格斯的"劳动创造人"的论断和社会进化阶段说。为力争将更多的民族学和考古学内容纳入历史系和学校的教学中,梁钊韬经常假"少数民族研究"和"少数民族工作"之名,而行传授人类学理论之实,但不久,这种做法就遭到了严厉的政治批判。① 曾与梁钊韬一同立于杨成志门下的张寿祺、曾昭璇也深知梁钊韬此举的真实用意,他们说:

> 1949 年末,由于历史的误会,以上各大学(指中山大学、浙江大学、辅仁大学等有过开设人类学系的高校——笔者注)的人类学系陆续停办,有的并入生物学专业,有的进入历史学专业。当时梁钊韬教授任教于中山大学,在这种时刻,他仍能清醒地看到中国的科学事业不能缺少人类学。他千方百计地把当时适用于"人类学"的某些部分加以突出发展。人们普遍学习"社会发展史",他便积极筹办"从猿到人"的展览,将人类学知识传播给更多的人。②

梁钊韬去世二十余年后,中山大学人类学系主任周大鸣在回忆他对该校人类学系的贡献时仍认为,在杨成志等其他人类学教员先后离开中山大学后,"惟一留在中山大学的梁钊韬在考古学的庇护下,以原始社会史为标签,继续人类学的研究"。③ 很明显,考古学或原始社会发展史的研究和教学成为人类学遭到禁止后的几十年中梁钊韬培养人类学人才的主要手段之一,也正是通过将"人类学所包含的考古学、原始社会史、中国民族志之部的教学和研究工作担负起来,使中山大学人类学的科学原理得以持续下去"。④

这一时期,梁氏在考古学上取得的重大成就中,最值得一提的是马坝人

---

① 〔美〕顾定国:《中国人类学逸史:从马林诺斯基到莫斯科到毛泽东》,胡鸿保、周燕译,北京:社会科学文献出版社,2000 年,第 234 页。

② 张寿祺、曾昭璇:《哲人已逝,业绩长留:记梁钊韬教授生前在学术上的贡献》,《广州研究》1988 年第 10 期,第 36 页。

③ 周大鸣:《中山大学人类学系与中国人类学的发展》,《中山大学学报》2009 年第 6 期,第 74~75 页。

④ 张寿祺:《〈中国古代的巫术:宗教的起源和发展〉序》,梁钊韬:《中国古代的巫术:宗教的起源和发展》,广州:中山大学出版社,1999 年,第 4~5 页。

的发现。① 他还利用多次外出考察所搜集的新石器时代的文物和海南五指山的民族物品,为在武汉举办的"民族文物展览会"提供展品,正是通过这些有意义的工作,"使广大人士理解到民族学、民族考古、民族史的重要性,从而使人类学的部分力量在中山大学保留下来了"。②

1956 年,在梁钊韬的筹划之下,中山大学历史系成立考古学教研室,开展考古学、民族学的研究和教学工作,并于 1962 年开始在历史系培养民族学研究生,其方向为原始社会史。③ 为了培养学生的实际操作能力,梁钊韬还经常组织学生进行田野调查工作。如 1963 年冬至 1964 年初夏,受校方委托,他率领助教李松生、研究生陈启新、杨鹤书、黄崇岳一行五人赴滇西进行社会调查,深入村寨观察和访问,先后写成《滇西民族原始社会史调查资料》及《滇西民族原始社会史论文集》。④ 经过梁钊韬的努力,除"十年动乱"以外,中山大学的人类学及其相关学科的教学未尝间断,从而为后来在全国范围内率先恢复人类学系奠定了基础。⑤

十一届三中全会以后,中国的社会科学重新获得了新生。1981 年 4 月,在梁钊韬的多方奔走努力之下,中山大学人类学系率先在全国恢复。梁钊

---

① 1958 年 5 月,广东曲江县马坝乡农民在挖掘石灰岩洞穴堆积作为肥料时,发现了人类头骨化石和大批古脊椎动物化石,当时正值广东省委第一书记陶铸在马坝视察,指示交予广东省文物管委会鉴定。8 月 26 日,时任广东省文管会副主任商承祚教授将梁钊韬请至家中辨别头盖骨化石碎片,经梁氏初步鉴定认为属于猿人或古人阶段的人类头骨化石。8 月 30 日至 9 月 2 日,梁钊韬赴马坝参加现场调查工作,在当地政府保管的一批化石中拣出了人类头骨化石两块,与先前所发现的属于一个头骨。梁氏根据地层学、地质学、体质人类学等方面的知识,在调查现场通过认真勘察、碎片复原、精细研习,鉴定为古人类头骨化石,并将鉴定结果整理成简报,随后连同化石寄至北京中国科学院古脊椎动物研究所鉴定。9 月 14 日至 18 日,古脊椎动物研究所裴文中、吴汝康和周明镇三位先生到马坝进行复查,裴文中认为属于古人类型,吴汝康认为是由猿人至古人之间的类型,充其量只能属于很早的古人类型,二人的结论与梁钊韬的鉴定结果相差不大。马坝人的发现在中国学术史上具有重要的科学意义,"它不仅将广东乃至华南的历史提早到远古时代,为研究华南原始社会史提供了极其重要的史料",同时对华南地区的地质学和国民经济也有重要的贡献。梁钊韬:《马坝人发现地点的调查及人类头骨化石的初步考察》,原载《中山大学学报》1959 年第 1、2 期,收入《梁钊韬民族学人类学研究文集》,北京:民族出版社,1994 年,第 143~154 页。

② 张寿祺、曾昭璇:《哲人已逝,业绩长留:记梁钊韬教授生前在学术上的贡献》,《广州研究》1988 年第 10 期,第 37 页。

③ 当时中山大学历史系招收研究生的专业有考古学、民族学、古代史和东南亚史等专业。参见梁钊韬:《中国民族学概论·序》,昆明:云南人民出版社,1985 年 5 月,第 1 页;〔美〕顾定国:《中国人类学逸史:从马林诺斯基到莫斯科到毛泽东》,胡鸿保、周燕译,北京:社会科学文献出版社,2000 年,第 239 页。

④ 梁钊韬:《中国民族学概论·序》,昆明:云南人民出版社,1985 年,第 1 页。

⑤ 周大鸣:《中山大学人类学系与中国人类学的发展》,《中山大学学报》2009 年第 6 期,第 75~76 页。

韬将历史系考古专业教师转调到人类学系,历史系 77 级、79 级考古专业的研究生也转到人类学系。自 1981 年秋季开始,人类学系面向全国正式招收本科和研究生。就在同一年,梁钊韬成为国内第一位文化人类学专业博士生导师。① 看到昔日的学生梁钊韬经过数十年的努力在人类学方面作出的成绩,作为老师的杨成志深感欣慰,特托人将自己收藏的一大批相关图书资料赠送给人类学系。② 显然,中山大学人类学系的恢复,使杨成志师生对中国人类学事业的发展重新燃起了无限希望。

---

① 周大鸣:《中山大学人类学系与中国人类学的发展》,《中山大学学报》2009 年第 6 期,第 76~77 页。

② 杨成志:《我与中山大学人类学系》,中山大学人类学系编:《梁钊韬与人类学》,广州:中山大学出版社,1991 年,第 138 页。

第六章　王兴瑞的西南区域社会史和族群社会研究

　　王兴瑞(1912~1977)，海南乐会县(今琼海)中原乡迈汤村人。生于一个耕读之家，幼入乡学，后进广东省立琼崖(今海南)东路中学，1929年入中山大学文学院史学系学习。期间因家境贫寒，一度休学，幸得黄文山协助，为《广州日报》撰稿维持学业。1935年，在朱谦之指导下，以《中国农业技术发展史》为题完成本科毕业论文，该文经教授委员会评议决定给予"甲等"，并提出请奖。① 1936年秋，考入中山大学文科研究所历史学部，在朱谦之和杨成志的共同指导下学习历史学和人类学。1938年，研究院毕业后，被聘为校长邹鲁并文学院办公室秘书，②1943年调重庆国民党中央党史编纂委员会工作。期间响应顾颉刚、罗香林等提倡重振民俗学之研究的号召，与岑家梧、董作宾等四十余人，致函赞同并全力支持发行《风物志》，致力于刊发

① 王兴瑞提交给学校的本科论文，系由他在《现代史学》上连载的同名文章合订而成，故文字均为铅印。论文的封面注明指导教授为朱谦之，并有"甲等"，"教授会议评定"，"提出请奖"等批语。参见王兴瑞：《中国农业技术发展史》，文学院史学系廿四年度(1935)毕业论文，该文现藏中山大学图书馆校史特藏室。另外，王兴瑞的同乡王会均先生曾撰有《海南人类学家王兴瑞生平与著作》一文，刊发在《广东文献季刊》上，文中认王兴瑞于1935年入研究院，1936年获得硕士学位(参见王会均：《海南人类学家王兴瑞生平与著作》，台北广东同乡会编：《广东文献季刊》(台北)2000年第4期，第65页)。但是，根据笔者所掌握的资料，王会均的说法明显有误。王兴瑞1935年毕业于文学院史学系，1936年才正式考入研究院，1938年才与江应樑一同毕业，获得硕士学位。见《国立中山大学研究院年报·研究生表》，1937年，第141页；另据台湾地区黄福庆《国立中山大学毕业学生名录(1926~1937)》所载："王兴瑞，广东乐会，24年度毕业，年龄24，总平均分83.66"，参见氏著：《近代中国高等教育研究：国立中山大学(1924~1927)》，台北：中研院近代史研究所，1988年，第247页。
② 据江应樑哲嗣江晓林在《江应樑传》中所言，当时学校有两个职位，一个是作研究人员，另一个是给校长作秘书，校长邹鲁找到二人谈话，让王兴瑞和江应樑二人协商。江应樑认为自己粤语不太流利，希望从事研究工作，而王兴瑞自然就成为邹鲁的秘书了。参见江晓林：《江应樑传》，桂林：广西师范大学出版社，2005年，第79页。

"民俗学、民族学、文化史、社会史底理论和资料"的研究和搜集。① 抗战胜利后,任广东省教育厅秘书、广雅中学校长,兼任中山大学、岭南大学、珠海大学教授。1954 年后任广东湛江雷州师范学校教师。②

与民国时期众多海南籍文史学家相比,王兴瑞对海南乡邦文化的发掘与研究最为卓著,不仅著有《琼崖简史》、《海南岛经济史研究》、《琼崖参考书目》、《海南岛的虚市及其商业》、《海南岛手工业之史的考察》、《海南岛各宗族间相互关系之考察》等关于海南全岛历史的论著及工具书。更为重要的是,他对海南黎苗的研究贡献也独步学界,先后撰有《海南岛黎人研究》、《海南岛之苗人》两部专著,关于黎苗研究的论文二十余篇。这些论著不仅是"治史学、民族学、农学之珍贵的文献资产,同时亦系'海南'研究不可缺少的史料与借鉴"。③ 遗憾的是,由于王氏曾在国民政府任职,中华人民共和国成立之后卷入政治漩涡,一度与学术绝缘,学界至今尚无关于他的学术研究之作。本章通过梳理王氏的地方经济史研究理论及实践,同时对他的海南黎苗研究缘起及其对海南黎苗社会调查研究的成绩作分析,进而总结其学术研究特色,引为当今学术研究之参考。

第一节　西南区域社会经济史 研究理论与实践

王兴瑞的学术经历,与历史学家朱谦之和人类学家杨成志的影响密不可分。前者将其引入到经济史学研究的领域,后者则培育了他对人类学田野调查的兴趣和研究技能。王兴瑞后来将历史学和人类学这两种不同学科的训练熔为一炉,并在学界潮流的助推之下,成就了其独特的理论创新之路。

1932 年起,朱谦之全面主持中山大学史学系工作,提倡"现代史学运动",王兴瑞加入中山大学史学研究会,积极响应朱谦之倡导的社会经济史研究。同一年,《现代史学》刊出了国内首个"经济史研究专号",陈啸江、傅衣凌、王兴瑞等一批研究中国社会经济史的青年学生积极为该刊撰文供稿。

① 王会均:《海南人类学家王兴瑞生平与著作》,《广东文献季刊》(台北)2000 年第 4 期,第 66 页;顾颉刚:《序辞》,顾颉刚、娄子匡编:《风物志》第 1 期,1944 年 1 月 31 日,第 1 页。
② 参见岭南文化百科全书编纂委员会编:《岭南文化百科全书》,北京:中国大百科全书出版社,2006 年,第 213 页。
③ 王会均:《海南人类学家王兴瑞生平与著作》,《广东文献季刊》(台北)2000 年第 4 期,第 71 页。

王兴瑞在为《现代史学》撰稿的同时,还时常参与杂志的组稿和编辑工作,成为该刊印行的"最大的助力"者之一。①

在朱谦之提倡社会经济史研究的影响下,王兴瑞在《现代史学》、《广东日报·副刊》、《食货》等杂志上发表《海南岛汉黎交易》、《关于中国古代用铁的研究》、《中国农业技术发展史》、《地方经济史研究方法导言》、《海南岛手工业之史的考察》等系列有关中国社会经济史研究的论文,并翻译了日本著名中国经济史学家加藤繁的《清代农村的定期市》,加入到中国社会经济史研究的大潮中。

1935 年,王兴瑞考入中山大学研究院文科研究所史学部读研究生,追

随杨成志系统地学习人类学知识,积极从事田野调查。长时间的人类学学习和田野调查实践,使王兴瑞有机会接触各类民间历史文献资料,观察多种民间宗教仪式,这直接影响了他后来对民间历史文献在地方经济史研究意义上的阐述。比如,在北江瑶山调查时,为了从农业技术上考察各时代瑶人的农业生产实情,作者通过调查农业生产工具,并绘制简图,通过对正史及地方志文献、歌谣等资料的比较对读,考察瑶人的农业经济发展水平;通过传说、家先书来考察瑶人的婚姻制度等。② 在海南黎苗调查期间,他有机会近距离观察黎苗"打山"、"跳娘"、"出葬"、"做平安"等民间宗教仪式,搜集族谱、地契、契约文书、经书、歌谣、传说等民间文献考察黎苗的社会经济。③

图 6-1　杨成志(中)与王兴瑞(左)、
　　　　江应樑(右)

① 《编后话》,《现代史学·中山大学史学研究会成立十周年纪念论文集》1940 年第 4 卷第 3 期,第 73 页。
② 王兴瑞:《广东北江瑶人的经济社会》,《民俗》1937 年第 1 卷第 3 期,第 6~15、49~55 页。
③ 王兴瑞:《海南岛黎苗考察日记》,贵州省民族研究所编:《民国年间苗族论文集》,1983 年,第 346、348~350 页。

当然,王兴瑞之所以能提出地方经济史研究的理论和方法,除与他本人独特的学术训练以及主观能动性有关,更离不开当时整个学术环境的浸染。

王兴瑞关于中国社会经济史研究源于发生在 20 世纪二三十年代的中国社会史大论战。对于这场论战,王兴瑞目睹全部过程,他后来回忆道:在 20 世纪二三十年代之交,中国社会政治风云谲变,出现许多突发事件,这使亲历这段历史的当事人"眼花缭乱,手足无措",于是不得不重新去认识中国社会,从而引起中国社会史研究的狂热。然而,经济是社会结构的下层基础,欲理解整个社会的性质,不能不从经济结构的理解开始,在这种形势之下,中国经济史的研究,便风起云涌,盛极一时。①

以社会史大论战为背景,研究者"多于历史诸现象中特提经济一观点,其说风靡一世,社会史遂有取政治史而代之之趋势"。② 嵇文甫根据中国经济史的研究特点将其概括为概说、论战和搜讨三个时期。③ 其中"论战期"显得尤为热烈,一时间大小书肆坊间充斥着大量社会史研究书刊。对于这一时期出现的作品,陶希圣认为这种"材料取自过去的史家,解释取自过去的理论家,作者不过从中拍合一下子"的作品很难叫做社会史,充其量只能叫做"中国史的社会学的解释"。④ 以郭沫若发表的《中国古代社会研究》为标志,中国社会史研究进入"搜讨期",各种期刊杂志均以能搜集史料相号召,这与《读书杂志》上剑拔弩张的气象迥然不同,开始"从热烈到冷静,变空疏为笃实","偏重材料的搜集,而轻视理论的探讨",这种学术风气的出现是之前"空洞论战到处碰壁之后"的一种必然趋势。⑤ 其中《食货》杂志的创办可以说是这种学风转变的风向标之一。陶希圣认为奢谈方法论,而不去寻找材料,仍然是"说梦"而不是"治学","丰富的材料才是犀利的战具"。于是,在 1934 年,陶希圣为扭转中国社会史研究中"搭架子"、"拼材料"那种"公式主义"的流弊,创办《食货》杂志,"鼓励学生青年们搜集经济社会史料,并从史料中寻找法则",⑥在中国社会经济史的研究道路上,为"脱离宣传革命的窠臼,而走上了研究学术的大路"所做的功绩不

① 王兴瑞:《地方经济史研究方法导言》,《现代史学》第 4 卷第 4 期,1942 年 3 月,第 71 页。
② 顾颉刚:《中国社会史料丛钞·序》,瞿宣颖:《中国社会史料丛钞》(甲集上),上海:商务印书馆,1937 年,第 1 页。
③ 嵇文甫:《中国经济史·序》,马乘风:《中国经济史》,上海:商务印书馆,1935 年,第 1~3 页。
④ 陶希圣:《中国社会史料丛钞·序》,瞿宣颖:《中国社会史料丛钞》(甲集上),上海:商务印书馆,1937 年,第 1 页。
⑤ 嵇文甫:《中国经济史·序》,马乘风:《中国经济史》,上海:商务印书馆,1935 年,第 1~3 页。
⑥ 陶希圣:《潮流与点滴》,北京:中国大百科全书出版社,2009 年,第 124~125 页;李秉衡:《方法与材料》,《食货》1935 年第 1 卷第 9 期,第 1 页。

可埋没。①

这些探讨,预示着中国社会经济史研究的最新理论风向,对于一直关注经济史研究前沿,从事经济史研究与理论思考的王兴瑞来说,无疑具有重要的启示作用。

1930 年代的社会经济史研究,大多是关于古代社会经济史的探讨,且主要材料来自传世文献,鲜少有涉及现代经济史研究的作品。王宜昌在《中国社会史短论》一文中曾提到:

> 我们知道:人体的解剖是猿体解剖的钥匙。因为在猿体中还未发展的部分,在人体中十分发达起来,而在猿体中十分发达了的衰颓的部分,在人体中还留下了痕迹。这种科学的研究方法,不但在解剖学上应该如此,而且在研究人类社会史的科学研究上,也应该如此。我们应该从最高阶段的最发展的人类社会解剖起去,而渐次达到最原始的社会阶段。这样,我们才可以从一事物的结果的存在,推求其原因与发展……由此,我们可以说中国社会史底研究方法,是从当前的现代社会研究起。②

王氏所说的"人体的解剖是猿体解剖的钥匙"源自马克思的经典名言——"人体解剖是猴体解剖的钥匙"一语,其形上学的引申则是要确立自觉的历史意识,而历史意识的核心原则是把"理解现在"作为"解释过去"的前提。③ 一言以蔽之,即"用现实来理解历史"。

王兴瑞对王宜昌引用马克思的经典名言来指导中国社会史的研究深表认同。在他看来,现实的农村经济社会调查,不仅在理解现阶段中国经济社会上有重要的意义,而且对于探讨中国社会发展史,其重要性也不亚于书本上传世文献的搜集。1935 年 6 月,暑假伊始,陶希圣在《食货》上刊文,希望热爱经济史研究的学生,乘回乡之机,作本乡现代经济现状的调查。④ 王兴瑞响应了陶希圣的号召,于当年暑假回乡之时,考察海南一个乡村社会经济的现状。他选择的田野调查点是一个有近千年历史的典

---

① 顾颉刚:《当代中国史学》,上海古籍出版社,2006 年,第 99 页。
② 王宜昌:《中国社会史短论》,王礼鹏、陆晶清编:《读书杂志·中国社会史论战专号》第 1 辑第 4、5 期合刊,上海:神州国光社,1931 年,第 3~4 页。
③ 俞金吾:《人体解剖是猴体解剖的钥匙:历史主义批判》,《探索与争鸣》2007 年第 1 期,第 4 页。
④ 陶希圣:《编辑的话》,《食货》第 2 卷第 2 期,1935 年 6 月 16 日,第 48 页。

型农村,该村有一百户,人口 675 人,其中成年及老年男女占 443 人,其余 232 人则为男女幼童人数,可谓"是一个纯然的宗族组织,也就是一个血统的自然团体"。

他详细调查了村民结构、农业经济、土地分配、生活消费、外汇以及宗族组织等现状,尤以该村的外汇经济和宗族现状最为详细。如就粮食产量来说,该村仅有 6%的居民粮食能够自足。此外,还有衣饰、肉菜、婚丧、应酬、纳税、教育费、添置农具、杂项等其他不可缺少的家费,自耕农及贫农均不能依赖土地出产来解决生活开支,即使是最少数的富农手头亦无富余。然而该村的农业经济困乏,工商业又很不发达,靠什么来支持日常的生活? 调查结果表明,在当地农村有一个普遍的特点,村内的各项支出主要依靠旅居海外的成年男子,将外汇寄回以调剂农村经济。外汇给萧条的经济输注了新血,成为这个村庄经济的"求生圈",因此,便使这个农村经济和世界经济发生了更密切的联系。但同时,该村的经济也被卷入世界经济的漩涡中,使这个村庄的命运和整个世界的命运连接起来。如 1929 年经济恐慌的狂潮撼动了全世界,华侨海外的产业屡告破产,纷纷失业回乡,致使外汇进款锐减,当地农村经济破产,随后高利贷便盛行起来。此外,王兴瑞认为辛亥革命对于农村宗法制度冲击不大,宗法社会最受冲击应在 1927 年大革命之后,宗法组织逐渐解体,被资本主义社会的意识取而代之。[①]

根据"慎重调查"所得的资料,王兴瑞以"忠实"的态度,"解剖麻雀"的方法,对一个具有千年历史的农村社会进行微观考察,从而透视出外部世界(国际及国内)对中国农村社会的影响,一改社会史研究注重宏观社会形态的讨论。其成绩不仅对于理解彼时中国农村的社会经济现状具有重要的参考价值,同时采用实地观察,一改往日社会史论战中的浮泛论述之学风,对当时学界亦具有重要的启示意义。陶希圣看完该文后,认为其对"现社会描写,使本刊(《食货》——笔者注)新开一例",社会史研究"绝不以专攻旧书为任务,研究过去本是为了明了现在的"。[②]

由此不难看出,特殊的研究经历和受学术发展潮流的影响,使得王兴瑞的社会经济史研究可谓独辟蹊径,研究重点已转向南方区域农村社会经济史的研究,这与当时学界有关社会经济史的重点研究领域有着较大的不同,为其地方经济史理论的提出打下了坚实的学术基础。

[①] 王兴瑞:《广东一个农村现阶段的经济社会》,《食货》第 3 卷第 2 期,1935 年 12 月 16 日,第 43~47 页。

[②] 陶希圣:《编辑的话》,《食货》第 3 卷第 2 期,1935 年 12 月 16 日,第 53 页。

　　王兴瑞生于海南,对于当地历史文化情有独钟,数年的专业训练,使其对海南地方史的研究兴趣大增。1937 年夏间,王兴瑞结合多年来对于经济史研究的心得体会,写成《地方经济史研究方法导言》一文,首次系统提出他的地方社会经济史研究的理论。然而,不幸的是,这篇文章写成之后,因日寇侵略,干戈扰壤,广州不久沦陷,中山大学先后被迫播迁至云南澄江和粤北坪石,致其文章不能及时发表。全面抗战爆发后,中国西南随即成为全国政治、经济和文化的中心,抗战的主要力量也寄托于此,"开发西南"便成为举国一致的呼声。王兴瑞认为,"开发西南"尤在开发西南的经济资源,首先要对西南各省经济过去一切情况有深切的明了与认识,否则茫然开发的结果,"纵不致徒劳无功,也将不免事倍功半"。因此,西南各地经济史之深入分析的研究,实为当前之急务。为了能够更好地研究西南的经济史,对该研究领域"夙具兴趣"且浸润多年的作者,遂将近年来"发现地方经济史之研究实为中国经济史研究之一新蹊径,前人尚无道及之者,因颇欲致力于地方经济研究之方法论的探求,以为之唱"。[①] 由此看来,王兴瑞对地方经济史研究的理论思考在 1937 年已经完成,直至 1942 年,时局稍微安定之时,作者为呼应"开发西南"的时代需要,借用中山大学历史系复刊的《现代史学》版面,"不揣浅陋,公诸于世"。至此,文章从写成到正式发表已有五年之久。

　　前文有述,嵇文甫将这一时期的中国社会史的研究分为概说、论战和搜讨三个时期。在王兴瑞看来,"搜讨"时期的经济史研究主要集中在以下三个方面:一是断代经济史的研究,如吕振羽的《史前期中国社会研究》、《殷周社会史研究》,曾謇的《中国古代社会》,马乘风的《中国经济史(古代)》,陈啸江的《西汉社会经济研究》、《三国经济史》,陶希圣、鞠清远的《唐代经济史》等;二是经济史中的专题研究,如全汉昇的《中国行会制度研究》,刘兴唐的《中国铁业史》,以及他本人的《中国农业技术发展史》等;三是断代专题研究,范围更狭窄,如刘道元的《两宋田赋制度》、《中国中古田赋制度》,鞠清远的《唐宋官私工业》等。此外,《食货》、《中国经济》及《中国近代经济史研究集刊》等学术杂志所载关于经济史研究的单篇论文,"无一不以这三种研究精神为依归"。以上论著,虽是"搜讨期"内的大收获,显示着中国经济史研究的新进展,但美中不足之处在于地方经济史研究独付阙如。如果说,中国经济史研究由第二期发展到第三期,本质上是由一般的全部研究到特殊的局部研究,那么,地方经济史正是特殊的局部研究之一种,这种

---

　　① 　王兴瑞:《地方经济史研究方法导言》,《现代史学》第 4 卷第 4 期,1942 年 3 月,第 55 页。

依空间来划分的研究对象,和上举三种依时间及性质来划分的研究范围,可相辅相成,不容偏废。①

为了弥补前期研究的不足,王兴瑞系统地提出了地方经济史研究的基本原则和方法,具体内容主要包括以下几个方面:

首先,地方经济史研究的作用和意义。

中国地域广阔,各地的自然环境差别明显,仅就大陆来说,黄河、长江和珠江各流域,自然环境的差异显著,加上南北历史发展的不平衡性,从而影响各地经济的发展,形成诸多不同的面貌,客观存在的地域差异在研究中国经济史中不容忽略。但是,对于过去参加社会经济史论战的人,大多数忽视了客观存在的地域差异性,结果各人把自己所见的一部分用来概括全部,将"树枝"当做"森林"。于是彼此之间不可避免会发生龃龉,各有理由和证据,因而在论战的过程中,只能是各持异说。例如,当时讨论春秋时代经济发展情形时,有学者看见齐、郑商业的发达,便咬定春秋时代是商业资本主义社会,看见周、秦、燕、赵农业依然占绝对的支配优势,便断定春秋仍是农业经济时代;谈到中国社会经济的性质问题,生活在沿海大都市的学者们,认为中国社会已经是资本主义的社会,而注意内地农村经济情形的人,却说中国仍然是个封建社会。诸如此类的论争,不胜枚举。

解决以上诸分歧,王兴瑞认为最好的办法是将经济史研究区域化,"求同"先"存异"。如将春秋时代各国(或各地区)经济发展的实际情况分别加以仔细的研究和分析,对于现阶段中国都市经济和农村经济也用同样的方法来处置,这些纠缠不清的问题,便可迎刃而解。在此基础上,王兴瑞进一步指出,在中国经济史的研究上,笼统的、粗枝大叶的研究时代已经过去了,现在需要深入精密的分析研究,笼统的研究所以求中国经济史的"同",而分析的研究是求中国经济中的"异",只有经过一番精细的分析工作之后,才能写出一部理想的综合的中国经济史。②

其二,研究地方经济史应具备的基本知识。

地方经济史研究,除辅以科学知识以及史学的各种基本技能,具有一般经济史研究所须掌握的"从动的观点上去把握经济的发展过程","从整个社会观点上去理解经济的机构"等方法外,还须了解中国经济史的发展法则。中国地方经济史,是直接构成中国经济史的一部分,也是世界经济史的一部分。中国经济史的发展法则,虽未能脱离一般经济史研究法则的规范,

---

①　王兴瑞:《地方经济史研究方法导言》,《现代史学》第4卷第4期,1942年3月,第54页。

②　王兴瑞:《地方经济史研究方法导言》,《现代史学》第4卷第4期,1942年3月,第55页。

然而两者未必就完全相同,其中也有未完全一致的地方(如奴隶社会经济及亚细亚生产方法的存在等问题在中国社会经济史论战中提出,即为荦荦大者)。研究地方经济史的人,对此若没有深刻的认识,势必会犯一般公式主义的毛病,甚至陷于更大的错误。且整个中国经济史之一般的发展性及特殊的发展性,具体内容究竟怎样,还有待于各个局部的经济史研究的结果来补充说明。研究地方经济史,须把握中国经济史发展的法则,将地方经济史的研究汇合于整个中国经济史研究的大流中,贡献于中国经济史的研究。

除具有经济史的知识之外,还需要有丰富的地理知识。在王兴瑞看来,地理和历史关系密不可分,而于经济史关系尤为密切。地理因素不但影响经济发展的程度,更是直接构成经济的一部分,如气候、土质之于生产,山川、河流之于交通,皆有直接的因果关系。研究经济史的人不可不具备充分的地理知识,研究地方经济史尤然。因为地方经济史的研究范围是依照地理区域来划分,其任务便在指出地域经济发展的特殊形态及其特质。这些原因,往往须从地理因素中求之,假使研究某地方经济史的人,对于该地方的地理环境没有彻底的明了,那么对于许多经济发展的特殊现象便无法了解,解释必然会陷于错误。譬如研究广东经济史,非先把广东的地理位置、气候、土壤、山川、河海等弄清楚,便无从下手;另一方面,对于该地的地理沿革史,也必须熟习,因为中国有数千年的历史,每个地方的疆域及名称,常随朝代的更易而更易,前后反复多次,如果不甚清楚,结果与许多宝贵的材料失之交臂。反之,有些不属于这个地方的材料,却被收入进来,弄出张冠李戴的笑话。①

其三,地方经济史研究的步骤。

首先是研究题目如何选定? 王兴瑞指出,地方经济史研究以地方为中心,题目的选择,就要受一定的限制,须是局部、地方的性质。然而地方是一个相对的名词,其范围大小不好界定,若对整个世界来说,中国也是一个局部的地方,中国经济史也就是地方经济史的一种。"地方"一名词是对中国境内任何一块局部的地方而言,其范围可大可小,随研究的主体自由选定。就普通地方区域的划分来说,有因地理形势而大体划分的,如南方、北方;有因山脉、河流而划分的,前者如天山南路、天山北路,后者如黄河流域、长江流域、珠江流域;有本于政治划分的,如省、府、州、县、区、乡等;有指自然的经济单位而言的,如市、镇等。研究的主体,可就他自身的主观理由去选择,不过范围不宜太小,也不宜太大。太小则史料缺乏,研究工作无从下手,如

---

① 王兴瑞:《地方经济史研究方法导言》,《现代史学》第 4 卷第 4 期,1942 年 3 月,第 55~56 页。

研究某乡的经济史,便无多少材料可资凭借;太大则限于时间和能力,史料不易搜集完备,结果不免陷于空洞不充实,如研究黄河流域经济史,几乎等于古代全部中国经济史,范围如此广阔,是无法达到深入真实的境地。据他的建议,最大不宜超过一省,最小也需一县,清代的府,似乎是一个最合宜的单位,它一般包含十余县至二三十县不等,范围适中;就材料来说,向来府有府志,府所属的省有通志,属于府的各州县有州县志,材料比较充分易得。①

同时,题目选择时注意地方经济通史和专史之分。所谓通史,即该地方的全部经济史,如广东经济史等;所谓专史,即该地方的某一时代的经济史或某一部门的经济史,前者如唐代广东经济史、宋代广东经济史,后者如广东商业史、广东工业史等,又有该地方某时代的某部门的经济史,如唐代广东国际贸易史、清代广东的十三行研究等。研究主体在考虑如何取题时,须将时间的长短、空间的阔狭、部门的大小这三方面综合起来,才能得到一个满意的题目。遵守的大致原则是:阔的空间要配合着短的时间;反之,长的时间要配合着狭的空间,至于部门的大小和时间、空间也有同样的关系。譬如唐代的广东经济研究、广州市发达史、宋代泉州的国际贸易、江西瓷器业发达史等都合于这个标准,所以这些均是很好的研究论题。反之,则陷于两极端,非失之太大太阔,便失之太小太狭。前者如广东经济史、福建经济史等,研究的结果,不是内容空洞,便是徒劳无功。

当然,以上规则只是就一般情形而论,事实上在研究过程中每有许多例外,因为题目的选择,除了研究的人主观判断外,还要受材料的限制。譬如,根据上述原则,选了一个很满意的题目,可是因材料缺乏,便不得不把研究范围放大一点;又如选择的题目范围非常狭窄,表面看来似乎不可能展开研究,但如果有关这个题目的材料非常丰富,那么仍有研究的价值。总之,对于论文题目的选择,除了依据一般的原则,研究的人还须根据各方面的条件,随时变通。②

其四,资料的收集和整理。

前有所述,由于有人类学田野调查的经验,有较多机会接触民间历史文献,所以在地方经济史研究中,王兴瑞尤注重民间文献的搜集与应用。他认为地方志对于研究地方经济史的人之重要,可比拟于正史之于研究断代史者。各种省通志、府志、州志、县志中,关于各地方的经济状况,都有相当详

---

① 王兴瑞:《地方经济史研究方法导言》,《现代史学》第 4 卷第 4 期,1942 年 3 月,第 55~57 页。

② 王兴瑞:《地方经济史研究方法导言》,《现代史学》第 4 卷第 4 期,1942 年 3 月,第 57 页。

细的记载,这于研究经济史的人最宝贵不过。不同时期的地方志须一一检阅,从前后各志记载的异同中,可以觅见该地方经济状况升降盛衰之迹。此外,尚有地方的档案,古代文集、笔记、杂录等私家著述,外国旅行家、传教士、政府官吏等人来华游记,行会、会馆和商会等地方经济团体的文件,账簿契约、族谱、金石、口传等均含有大量的经济史的材料。

　　不过,以上几种类型的材料均有不同的缺点。地方志虽是地方经济史研究的主要材料,但其缺点在于修志的人,为着"图懒",一般不会做一番实地调查的工夫,只知转载前人著作中关于该地方的记事,以资塞责。如是,一部地方志并非当时活的事实记录,只是一堆过去材料的积累,前后辗转抄袭,结果异时代的同一地方志书的内容尽是千篇一律,使人看不到文本中记事的时间性。所以他提醒研究地方经济史的人,当处理这些材料的时候,要特别留意材料的来源及其真确性,细致判别,才不致上当。他如地方档案,是一种官书,总不免带着多少的夸大性,与事实常有若干出入,在整理这部分材料时,也是不可不注意的;文件、账簿和契约可说是最可靠、最可贵的材料,不过这些材料都出于没有多少知识的底层阶级之手,他们常用半通不通的词句和误谬的字眼记下琐碎的事情,其中还杂着许多本地的俚语,一眼看去未必就懂得全部意思,须慢慢推敲才能明白。这种材料对于研究地方经济史的人之重要,并不下于古文书之于古史者,可是它给研究者带来的麻烦,也不见得比古文书少一些,因此,在使用过程中,研究者须做一番订正、注解、注释的整理工作。①

　　其五,地方经济史研究的最终目标。

　　王兴瑞认为,地方经济史是整个中国经济史的一部分,研究地方经济也就是完成中国经济通史的一种准备工作,反过来说,完成中国经济通史乃是研究地方经济史的最终目标。尽管各人研究的地域范围各不相同,但总目标却是一致的,且全国经济史也不外是无数地方的经济史的综合,只有这种以地方经济史为基础的中国经济史,才是真正综合的中国经济史,才能使一切中国社会经济史上的论战待刃而决。因为历史上每种经济事实都将赤裸裸地摆在人们的面前,各家的理论都将面对客观具体的事实检验。届时,中国经济史研究基本可以达到"明朗化"的境界。进一步言之,对于一般(世界)经济史发展的原理和法则,也可以加入强调、补充,甚至修正,因为中国经济史也是世界经济发展史构成的一部分,一般的原则不能以中国为例外。②

---

①　王兴瑞:《地方经济史研究方法导言》,《现代史学》第 4 卷第 4 期,1942 年 3 月,第 57～59 页。
②　王兴瑞:《地方经济史研究方法导言》,《现代史学》第 4 卷第 4 期,1942 年 3 月,第 60 页。

此外,王兴瑞还特别提醒研究地方经济史的人,要"刻刻记住"地方经济史是中国经济史的一部分,尤其在撰述时,不能把地方经济史中某种经济现象看做是局部的,或是孤立地去了解。反之,须将地方经济史看作是经济通史中某种经济现象的一部分,从整体去了解,最终将"地方经济史研究和中国经济通史研究打成一片"。① 表达了对中国社会经济史研究"总的体系"的追求。

以上所述的地方经济史研究的诸原则,是王兴瑞多年对中国社会经济史研究现状的观察和反思,是"由个人研究经验中得来的",这在当时尚未为国内经济史家所注意,成绩更无从谈起,自认为"此举尚属破天荒"。② 难得的是,在正式提出该计划之前,实际上他已大胆地做过"一个尝试"。这个尝试是指在此之前已完成了约10万字的《海南岛经济史研究》。之所以选择这个题目,是由于海南岛是一个独特区域。从地理位置上看,该岛和大陆任何一个地方都不同,是中国最南部的一个悬于海外的孤岛;同时,该岛又是一个政治单位,从明清两代一府,辖三州十县,民国时期包括十六县,是广东省政府下辖几个行政督察专员区中之一,其范围合适。该书后来没有正式发行,但是作者给我们留下了大纲,兹抄录如次:

《海南岛经济史研究》	第四章　海南岛的墟市及其商业
绪论　地方经济史研究的原则和方法	第一节　商业的发达与墟市之产生及其发展
第一章　海南的地理与历史概说	第二节　城市的成立及其衰落
第二章　海南岛农业发展之史的考察	第三节　发市日期及时刻
第一节　农业在整个社会经济上的地位	第四节　城市中交易的货物
第二节　农业的自然环境	第五节　市容一瞥
第三节　农业生产技术与农作物季候	第六节　城市发展的一个实例——海口市
第四节　水利灌溉	第七节　民间交易的另一形态——"发军"
第五节　农业生产的劳动编制	第五章　海南岛上贸易交通史
第六节　农产物种类概述	第一节　汉代海南岛的发现与海上交通
第七节　总结	第二节　唐代海南岛的海上交通
第三章　海南岛手工业发展之史的考察	第三节　宋元两代海南岛的海上交通
第一节　手工业发展过程鸟瞰	第四节　明代海南岛的海上交通
第二节　手工业品种类概述	
第三节　手工业的生产样式	
第四节　官营工业及官工	

① 王兴瑞:《地方经济史研究方法导言》,《现代史学》第4卷第4期,1942年3月,第59页。
② 王兴瑞:《地方经济史研究方法导言》,《现代史学》第4卷第4期,1942年3月,第60页。

（续表）

第五节	清代海南岛的海上交通	第二节	资本主义经济的侵入与农村自给自足经济的动摇
第六节	海南岛的对外贸易的主要输出品	第三节	新产业部门的兴起
第六章	海南岛汉黎交易发展之史的考察	第四节	经济急剧转变下之一般的影响
第一节	汉黎交易发生的可能	第八章	海南岛华侨与现代海南岛经济的关系
第二节	历代汉黎交易概述	第一节	华侨出国的背景
第三节	汉黎交易的方式及交易的墟市	第二节	海南华侨的地理分布于职业
第四节	汉黎交易的货物	第三节	华侨汇款与海南岛经济的关系
第五节	汉黎交易商的货币形态		
第六节	黎人受汉商高利贷的剥削及其反抗	第四节	几个著名的海南岛华侨的介绍
第七章	《天津条约》后海南岛经济的转变	第九章	海南岛经济未来的展望
		附录一	海南岛地理沿革图
第一节	海南岛经济急剧转变的起点	附录二	海南岛经济史研究参考书目

从目录来看，绪论部分"地方经济史研究的原则和方法"，表明论著的撰写是他所倡导的地方经济史研究理论的全方位的实践之作；从目录所显示的内容来看，涵盖了海南的农业、手工业、墟市商业、海外贸易、汉黎交易、华侨，以及《天津条约》签订之后海南经济的变化等七个方面，从城镇到农村，从国内到海外，全方位多角度观察海南岛的社会经济的状况，从而成为国内第一部地方经济史研究的专著。《地方经济史研究方法导言》刊出后，全面抗战爆发，西南各省经济研究的需要尤其迫切，愈增加了区域社会经济研究工作的重要性和现实性，因此有人认为王兴瑞对中国经济史研究过程的检讨，提出了地方经济史研究中的新问题，对学术界是一种新贡献，更认为即将出版的《海南岛经济史研究》为中国经济史研究开辟了一个新园地。①

诚如斯言，王兴瑞关于地方经济史研究的理论和实践可谓领学界风气之先。前文所述，中国社会经济史研究进入到 20 世纪 30 年代中期，以郭沫若发表的《中国古代社会研究》为标志，学界关于社会经济史史料的搜集和整理成为该领域研究中的一项重要的工作，如陶希圣的《搜读地方志的提议》，鞠清远的《地方志的读法》、瞿兑之的《读方志琐记》、王沉的《关于地方志》等论文，提倡收集地方志史料作为社会经济史研究的资料；瞿宣颖更是将各地方志中的有关社会史的材料汇集成《中国社会史料丛钞》公开出版，

---

① 编者：《编后话》，《现代史学》1942 年第 4 卷第 4 期，第 116 页。

得到了包括孟森、陶希圣、顾颉刚在内的诸位历史学者肯定。不过,这些努力都只涉及地方经济史研究的资料搜集和整理,尚无关于地方经济史研究的系统理论,更无相关的研究论著。

稍晚于王兴瑞开始积极从事于地方经济史研究的学人中,著名经济史家傅衣凌便是其中的佼佼者。1939 年夏,为躲避敌机轰炸,傅衣凌随福建省银行经济研究室从沿海疏散到永安城郊的黄历村,无意中在一间破屋发现了一大箱从明代嘉靖年间到民国时期的土地契约文书,内容涉及田地的典当买卖、金钱借贷字据、分家合约、钱谷出入及物价的流水账等。后依据这些材料,于 1944 年著成《福建佃农经济史丛考》一书,开启了他的地方经济史研究的学术生涯。① 在该书的《集前题记》中,傅氏首先对中国社会经济史的研究现状提出批评,认为自社会史论战十数年以来,中国社会经济史的研究尚未有使人满意的述作,究其原因,多为史料收集不足所致。尽管不少研究者通过概括性的研究已经构筑了颇为新颖的理论体系,但仍属以一斑而窥全豹的粗放式研究,往往"以偏概全",一旦涉及某特定问题的深入探讨,便不免出现一些破绽,以致影响到"总的体系的建立"。为改变这种现状,他希望通过民间史料的采集,以地方志、寺庙志及数百张"民间文约"为基础,对福建农村经济更多地展开一些深入的专题研究,同时也"不放弃其对于中国社会经济形态之总轮廓的说明"。②

由此可知,王兴瑞与傅衣凌在中国地方经济史研究中,无论是在研究过程中表现出的民间历史文献的搜集、分析与田野调查相结合研究范式,还是最终不放弃对中国经济史研究"总体体系"的追求等方面的主张,可谓殊途同归,有异曲同工之妙。不过从时间上看,王氏的地方经济史的研究理论与实践明显早于傅氏,且更加系统化。遗憾的是,由于王氏曾有在国民政府任职的经历,受中华人民共和国成立后历经数次政治运动的冲击,逐渐淡出学界,这也使得王、傅二人身后在学界的声光一隐一彰,足见政治对学术影响至深。

时至今日,中国区域社会经济史研究的理论百花齐放,不断推陈出新,尤以中山大学和厦门大学学术群体所倡导的历史学的文献分析和人类学的田野调查相结合的研究理念最为学界所重视。比较而言之,这一理念与王兴瑞的地方经济史研究的理论仍有极大的相通之处。从这个意义上来说,

---

① 傅衣凌:《福建佃农经济史丛考·集前题记》,福建协和大学中国文化研究会文史丛刊之二,福州:私立福建协和大学中国文化研究会,1944 年。
② 傅衣凌:《福建佃农经济史丛考·集前题记》,福建协和大学中国文化研究会文史丛刊之二,福州:私立福建协和大学中国文化研究会,1944 年,第1~2 页。

于中山大学学习、任教过的王兴瑞,在距今八十年前提出的地方经济史研究理论和实践更显得弥足珍贵,仍值得我们深思。

第二节　南方族群社会的调查与研究

王兴瑞对海南黎苗社会的研究兴趣起于对海南民俗的观察。1934 年春,史学家陈廷璠任广东通志馆风俗组编纂,因受地理隔阂不能亲往海南调查,遂嘱托海南籍本科生王兴瑞撰述"琼崖风俗大概"。王兴瑞接到任务后,以个人力薄,恐不胜任,乃邀约同乡岑家梧氏通力合作,两月后而成《琼崖民俗及其他》一书。该书由历史学家朱谦之作序,古文字学家容庚书写封面,[1]内容包括《琼崖社会概观》、《琼崖民俗志》、《琼崖戏剧研究》、《琼崖贱民的研究》、《琼崖宗教概观》、《民间歌谣的一瞥》6 篇文章,约 12 万字,但是,最后"因种种关系",没有正式出版,[2]读者难窥全貌。不过,该书不少章节已发表在报纸杂志上,为学界留下了部分关于海南社会历史的记述。

如《琼崖社会概观》一文,最初在《广州民国日报·副刊》上连载十期,后为《琼农》转载。文章依据《海南岛志》、《崖县现况》、《方舆志》、《琼州府志》、《虞衡志》等文献资料及观察所得,比较全面地记述了海南岛经济(狩猎、畜牧、农业、手工业、贸易)、社会组织(村峒、私有财产与阶级、婚姻制度、妇女在社会上的地位、图腾遗迹)、日常生活(饮食、居住、衣服、装饰、武器)、风俗习惯(婚姻、死葬、迷信:盘古、鬼神、天神地神、占卜、魔术,特殊的风俗习惯:好斗、诚信)等,初步考察了海南黎人的种属、来源及地理分布。[3]

《琼崖民俗志》是该书中另一篇重要文章。文章指出,"过去"和"现在"的一切均是民俗学研究的范围,对于琼崖民俗的研究,不仅要明白其现状,还要进一步探求各种民俗产生的历史背景;不仅要努力刻画过去民众生活的真面目,而且要将现在民众的生活及其感受真实地记录下来。[4]

欲探讨各种民俗的现状及其产生的背景,就必须在具体的社会团体活

---

① 王兴瑞、岑家梧:《琼崖民俗及其他·自序》,《现代史学》第 2 卷 1~2 期,1934 年 5 月 25 日,第 362~363 页。

② 王兴瑞、岑家梧合述:《琼崖民俗志》,《民俗》第 1 卷第 1 期,1936 年 9 月 15 日,第 79 页。

③ 王兴瑞:《琼崖黎人社会概观》,《琼农》1934 年第 9~12 期。

④ 王兴瑞、岑家梧合述:《琼崖民俗志》,《民俗》第 1 卷第 1 期,1936 年 9 月 15 日,第 15~16 页。

动和日常生活过程中探求。在作者看来,数千年以来,中国仍然是一个农业国家,农业经济的生产,无须精密的分工,人与人社会关系极为松弛,形成一种家族主义的心理。农业活动的范围,仅及于宗族与村落,村落以外,则无紧密的联系。同样,农民团体的活动,不出宗族与村落之外。因此,研究琼崖民间的社会团体活动和日常生活,作者便紧紧抓住了宗族组织和村落两个关键要素。

在宗族组织中,作者详细考察了琼崖宗法组织、祖祠、宗子、祭祀、宗产、宗族会议、纠纷与处理等有关宗族社会组织的十三个方面的内容。村落是数千年来中国社会之基础,村落组织的解剖,是研究中国社会的初步。在琼崖农村,村落和宗族之间的关系有两种情形:单姓村落,一个村落仅包含一个宗族;而多姓村落,则包含几个宗族。对于单姓村落,从血统的观点上看,就是宗族;从地理上看,则是村落,宗族的成员,即是村落的分子,村落的活动,即等于宗族的活动。对于多姓村落,宗族与宗族之间的联系,造成村落中的活动,这种联系,是由地理上的关系而促成的。村落中同奉一神为境主,即村神,每年定某日为酬神之期,类似北方的庙会,琼崖土音谓之“军坡”,军坡之所在地,为乡村之中心地带。① 此外,文中还介绍了琼崖的风俗、迷信及生活的各个方面。

该文发表在1936年9月的《民俗》复刊号上,立即引起了学界的注意,认为是复刊号上“最堪注意”的文章,其“叙述周到,系统清晰,不失为中国民俗志之进步作品”。② 不过,王兴瑞和岑家梧关于琼崖风俗的记载仍有诸多不足之处。首先,二人离开家乡日久,没有经过专门的实地调查,只能凭借记忆所及来记述琼崖数种风俗,因而遗忘殊多。况且琼崖孤悬海外,共置有十三县,二人仅叙述各自的家乡乐会、澄迈两县,“遗漏之处,在所不免”;③其次,二人对于琼崖民俗和社会的文章,多属于民间风俗和普通材料的记述和堆砌,并没有多少研究的意味。直到1936年夏,王兴瑞考取中山大学研究院文科研究所史学部,师从杨成志、朱谦之学习人类学、民族学和社会经济史的知识后,才真正开始将这些专业理论知识应用到具体的田野调查和研究中,弥补了先前关于海南研究的不足。

---

① 王兴瑞、岑家梧合述:《琼崖民俗志》,《民俗》第1卷第1期,1936年9月15日,第17~28页。
② 古通今:《〈民俗〉复刊号:兼评我国民俗学运动》,《大公报·科学副刊》第10期,1936年11月14日,第11版。
③ 王兴瑞、岑家梧:《琼崖民俗及其他·自序》,《现代史学》第2卷第1~2期,1934年5月25日,第362~363页。

王兴瑞的第一次田野民族志调查实习是从粤北瑶民调查开始的。1936年11月,杨成志组织广东北江瑶人考察团,王兴瑞负责调查北江瑶人的经济社会,在杨氏的指导下进行第一次田野工作实习,调查结束之后写成《广东北江瑶人的经济社会》一文,刊发在《民俗·广东北江瑶人调查报告专号》上。

国内外对北江瑶山族群的考察,前后已有三次。最先是1901年至1911年,德国传教士 F. W. Leuschner 曾前后三次入乐昌瑶山考察,著有《中国南方之瑶子》(*Die Yautse in Sued-China*);其次是1928年中山大学语史所派容肇祖及商承祚两人至粤北乳源黄茶坑调查一次;第三次是1930年以庞新民为首的中山大学生物系采集队赴曲江瑶山采集动物、植物标本,"于采集之暇"兼事瑶俗调查,归来后就"目及所得,切实记载",著有《广东北江瑶山杂记》一文。作者通过实地调查,详细记载了瑶山居民的社会情形、手工与农业生产、习俗、称谓、服饰、居食、宗教信仰、婚姻、丧葬等内容,图文并茂,为今天的学术研究留下了一手的文献资料。[①]

不过,王兴瑞认为庞新民的论著只是对所得材料的客观叙述,"或病或屑",这固是庞新民谨慎之处,但庞氏对瑶人在歌谣和传说方面的记载付诸阙如,而这正是后来调查团搜得材料的重要部分,因此,庞新民对瑶人的考察结果,并不能满足王兴瑞对瑶人研究的"欲望",还须"进一步从人类社会一般的发展史上去考察瑶人,发现瑶人社会的有机组织"。[②]

据此,他以位于曲江较大的村落——荒洞村为代表,对瑶人的经济社会展开剖析。考察分经济状况和社会组织两部分进行,内容涉及瑶区的农业、畜牧、渔猎、手工业、交易、家族、姓、村、私有财产与贫富、婚姻制度、图腾遗迹等方面。

考察结果认为,瑶人经济方面的渔猎、畜牧农业、商业的诸形态,社会组织方面的氏族部族的残影,光怪陆离的婚姻制度,财产私有制的产生和图腾崇拜的遗迹,都是民族学和古代社会研究的绝好资料。并特别指出,瑶汉间交易的发达,对瑶人手工业的冲击严重,导致汉人诸多优良的产品进入瑶人的生活之中,正如彼时西洋商品所给予中国农村手工业的打击一样,瑶人的

① 庞新民:《广东北江瑶山杂记》,《历史语言研究所集刊》1932年第2本第4分,第473~514页。1931年庞新民再次利用随中山大学生物系采集队赴广西瑶山采集动植物标本的机会,对广西瑶山进行调查,归校后写出《广西瑶山调查杂记》。1935年,中华书局有见于两次调查的史料价值,认为有合刊发行的必要,遂将二文并成《两广瑶山调查》一书出版。见庞新民《两广瑶山调查》,上海:中华书局,1935年。

② 王兴瑞:《广东北江瑶人的经济社会》,《民俗·广东北江瑶人调查报告专号》第1卷第3期,1937年6月30日,第4页。

手工业品渐为汉人的商品所淘汰。①

北江瑶山调查对文科研究所来说是第一次田野实习课,通过调查使王兴瑞、江应樑等学生基本掌握了田野调查的理论和方法,并且将从朱谦之那里学到的经济史知识成功运用到田野调查及报告之中。稍后,王兴瑞又将所学的理论和方法运用到了海南岛黎人的调查实践之中。

自19世纪中期欧人东渐以来,赴海南的外国传教士中,不乏博学深思之士,海南社会如一个丰富的学术宝藏,引起了他们对黎人研究的兴趣,于是冒险入黎山考察。1926年德人史图博氏(H. Stubel)所出版《海南岛黎族》(*Die Li - Stämme der Inseln Hainan, Ein Beitrag zur Volkskunde süd Chinas*)一书,对黎人风俗习惯进行了翔实的调查,然于黎人种属问题,未有论定。②国内学术界对黎人之调查研究起于20世纪20年代。但最初都是个人单独进行,且带有"探险"的性质,没有严密的计划。如1929年李芳桂、杨成志曾入黎境做语言学与民族学考察,在此之后,又有彭成万、黄强访查黎山,先后著有《黎情调查报告》以及拍摄影片《五指黎山问黎记》;③1932年春,罗香林与北京协和医学院教授许文生(Paul H. Stevenson)受燕京大学委派前往粤东调查人种,后来罗香林留在广州测验人种,而许氏则赴琼崖测验黎人体质。王兴瑞认为以上对海南黎苗的调查和研究,虽各有相当的成绩,但个人能力毕竟有限,遗漏尚多。直至1934年春,中国科学社生物研究所、北平静生生物调查所、中央研究院植物研究所、青岛国立山东大学生物学系、两广地质调查所等机关,合组海南生物科学采集团,分动物学、植物学、人种学、地质学四组。其中刘咸(字重熙)负责人种学组,专司考察黎人之责。该组"深入黎洞,历时两月有奇,作深入民间之采访,除测量得黎人三百余名外,如民情风俗生活习惯、精神文化、物质文明,均有若干之调查与观察,并采得黎人日用之食、衣、住、行、安、乐各种民物标本二百余件",④归来后著有《海南黎人文身之研究》,著名文史专家闻宥为此文作跋,谓黎人文身风俗之研究,"自重熙先生此文出,而始获一科学的研究",嘉许为"吾国人类学上划时期之鸿著"。⑤王兴瑞认为对黎人做有系统有计划的考察,实以此为嚆矢,故成绩亦比以前可观。但是由于黎境广阔,刘咸在黎境的调查只有短短

① 王兴瑞:《广东北江瑶人的经济社会》,《民俗·广东北江瑶人调查报告专号》第1卷第3期,1937年6月30日,第20、58页。
② 罗香林:《海南岛黎人源出越族考》,《青年中国季刊》创刊号,1939年9月30日,第318页。
③ 王兴瑞:《海南岛黎人研究计划》,《国立中山大学日报》1937年1月8日,第3版。
④ 刘咸:《海南黎人文身之研究》,《民族学研究集刊》第1期,1936年5月,第197页。
⑤ 闻宥:《海南黎人文身之研究·跋》,《民族学研究集刊》第1期,1936年5月,第229页。

两个月,究不能窥其全貌。① 前辈学者对海南黎苗调查的经验和不足,为王兴瑞后来在调查实践中积极吸取,并试图找到突破的可能。

早在 1934 年,王兴瑞在《琼崖黎人社会概观》一文中,就表示他希望自己的研究能唤起学术界的注意,若能引起"黎人社会考察团"等相类学术组织的兴趣,则其"私愿已足"。因为在他看来,彼时学界对海南境内的黎苗调查时机已然成熟。一方面,通往黎境的公路已畅通,不仅调查中安全有保障,还可以深入黎境从容地去做有系统的考察;另一方面,政府开化黎民的工作已经展开,若不把握时机,待黎人进一步同化后,学界只有"望洋兴叹"了。所以他呼吁对海南黎苗调查有兴趣的"好学之士,盍兴乎来"!② 而对于王兴瑞本人来说,所缺少的正是一次实地调查的机会。

念念不忘,必有回响。自粤北瑶山归来之后,王兴瑞得知岭南大学西南社会调查所和中山大学文科研究所拟合组海南岛黎人考察团的消息,兴奋不已。他在导师杨成志的指导下拟定了硕士论文研究计划——《海南岛黎人研究计划》,该计划包括国内外黎人研究的学术史回顾、学术和政治的意义、研究的内容、方法步骤以及目标等五个方面。其中对海南黎人考察的目的在于:在学术上,通过实地调查,期成一部相当满意的海南岛黎人研究,对历史学、民族学、民族志、民俗学、人类学、语言学能提供些重要有用的新材料;在政治上,希望从研究工作中,得到实用意见,贡献国内民族问题、化黎治黎及开发海南岛。③ 1936 年 1 月初,王兴瑞将拟定的研究计划函呈研究院,申请参加此次调查,顺利得到批准。④

该考察团的主要"旨趣"在于理清海南黎苗的种族来源,以及黎苗的文化程度、生活状况、社会组织等问题,并希望通过实地调查研究所得,成为政府开发琼崖暨学者研究西南民族的参考。⑤ 1937 年 2 月初,考察团⑥一行经香港至海南黎境,香港及海口各地报纸对考察团行踪进行详细报道,沿途所过,各地方长官无不热情招待,并派警随身保护。⑦ 3 月中旬,杨成志、江应樑等一行四人完成初步考察计划先行回到广州,王兴瑞因通晓当地方言

① 王兴瑞:《海南岛黎人研究计划》,《国立中山大学日报》1937 年 1 月 8 日,第 4 版。
② 王兴瑞:《琼崖黎人社会概观》,《琼农》1934 年第 9 期,第 17 页。
③ 王兴瑞:《海南岛黎人研究计划》,《国立中山大学日报》1937 年 1 月 8 日,第 1~7 版。
④ 《文科研究所历史学部、文学院史学系廿五年度下学期第一次联席会议》,《国立中山大学日报》1937 年 1 月 12 日,第 10 版。
⑤ 《海南黎苗考察团简章》,《民俗》1937 年第 1 卷第 3 期,第 1、2 页。
⑥ 关于考察团的具体组织情况,请参见第三章"岭南大学西南社会经济研究所与中国西南研究"。
⑦ 王兴瑞:《王兴瑞致朱谦之的信》,《国立中山大学日报》1937 年 3 月 9 日,第 3 版。

和岭南大学学生何元炯二人驻扎在黎苗人聚集区域继续调查,二人在被视为畏途的蛮地瘴乡,形影不离地住在当地的草屋,"同病相怜,互助扶持,藉破寂寥",①直至 6 月初才结束考察先后返回广州。

　　按照原定考察计划,王兴瑞负责考察黎苗社会组织、个人生活,②到黎苗境内,他还考察了黎苗的人口、语言、经济状况、风俗习惯、宗教迷信及其他、歌谣传说、汉黎苗诸族间的相互关系,观察黎苗"打山"、"跳娘"、"出葬"、"做平安"等民间宗教仪式,搜集族谱、地契、契约文书、经书、歌谣、传说等民间文献。③ 整个海南黎苗调查中,因黎人是海南岛的主要土族,同时海南岛也是黎人的唯一根据地,因此考察黎人花去总时间的四分之三,而考察苗人作为"附带"的工作,仅占去余下的四分之一时间。④ 回到广州,他将所搜得材料整理后,结合历代史籍所载黎人资料,加以历史的分析,写成《海南岛黎人研究》一稿,约二十五万字,获史学硕士学位,学校奖其"金质奖牌",这是中山大学毕业生的最高荣誉。⑤ 1939 年他将书稿寄交时任成都齐鲁大学国学研究所所长顾颉刚先生手中,被列为该所丛刊之一。顾氏随即将书稿转寄给上海开明书局付印。至 1940 年冬,他接到刘咸从上海来信,告知该书稿通过两校已全部制版,孰料太平洋战事爆发,日寇侵入上海租界,开明书局被迫改变出版计划,此书遂"胎死腹中"。⑥ 此后,该书稿一直为顾颉刚收藏,1958 年 3 月,顾颉刚专门前往王兴瑞夫人陈佩馨工作的中国

---

① 王兴瑞:《海南岛之苗人·自序》,珠海大学中国边疆研究室边疆丛书,广州:珠海大学,1948 年,第 2 页。

② 《海南岛黎苗考察团计划大纲》,《民俗》第 1 卷第 3 期,1937 年 6 月 30 日,第 10 页。

③ 王兴瑞:《考察海南岛黎苗民族日记》,《边事研究·抗战特刊》(重庆),1940 年第 10 卷第 3 期,第 29 页。

④ 参见王兴瑞:《海南岛之苗人·自序》,珠海大学中国边疆研究室边疆丛书,广州:珠海大学,1948 年,第 2 页。

⑤ 王钊宇总纂,岭南文化百科全书编纂委员会编:《岭南文化百科全书》,北京:中国大百科全书出版社,2006 年,第 213 页。据罗香林先生回忆:"王兴瑞君《海南岛黎人研究》一书,为彼获得国立中山大学研究院文科研究所历史学部硕士学位之论文,文存中山大学研究院。"罗香林的《海南岛黎人源出越族考》,原载《青年中国季刊》1939 年创刊号,但该创刊号中未见上述回忆。直至 1955 年罗氏出版的《百越源流与文化》一书中,在补充注释"三"中有此段回忆。参见罗香林著,国立编译馆中华丛书编审委员会编:《百越源流与文化》,1955 年,第 219 页。笔者 2008 至 2011 年曾前后三次前往中山大学校史特藏室搜寻王兴瑞的毕业论文,只找到一份本科毕业论文,没有发现他的硕士论文,查阅中山大学所收藏的民国时期的本硕论文目录也没有发现,该论文应是在抗战期间随中山大学校舍多次流转中不幸遗失。

⑥ 王兴瑞:《海南岛黎人研究叙说》,《南方杂志》第 1 卷第 3、4 期合刊,1947 年 11 月 1 日,第 27 页;另见王兴瑞:《海南岛之苗人·后记》,珠海大学中国边疆研究室边疆丛书,广州:珠海大学,1948 年,第 146 页。

历史博物馆,欲归还该书稿,适值陈氏下放,交还稿件未成,此书稿最终去向一直不明。①

虽然我们至今对于书中具体内容不得而知,不过从对黎人颇有研究的罗香林先生评价中基本上可以窥见其书的真实水平。罗先生认为国内外纵有不少对于海南黎人的调查研究,然对于黎人的种属问题,亦未有论定;许文生对于黎人的测验报告亦未出版。因此,在罗香林看来,彼时学界"关于黎人调查与研究之论著,以友人王兴瑞先生去年所著《海南岛黎人研究》为独巨",在罗氏所著《海南岛黎人源出越族考》一文中也多处引用王兴瑞的调查结论。②

图 6-2 《海南岛之苗人》封面

《海南岛之苗人》是《海南岛黎人研究》的姊妹篇,作者本拟二稿同时出版,自黎人调查报告出版流产后,王兴瑞便暂时放弃了出版苗人研究书稿的计划。1948 年在好友岑家梧、江应樑二人的"怂恿"之下,由邹鲁赐予题签,江应樑惠借图片,罗宝钿绘制地图,始决定付梓出版,从而"了却了多年来的一番小心愿"。③

自 1939 年起,王兴瑞受到国民党元老、中山大学校长邹鲁的器重,进入国民党党史会任职,不少的精力付诸协助邹鲁编纂《中国国民党史稿》,编写《中国现代革命史》、《国父孙中山传记》等工作,虽然繁琐的行政工作占去了其大部分研究时间,但他始终以一个学者的本色示人,在这一时期发表了多篇有关海南黎苗研究的文章,如《海南岛的墟市及其商业》(重庆,《财政学报》2 卷 2 期,1944 年)、《黎人的文身婚丧》(重庆,《风物志》创刊号,1944

① 1958 年 3 月 29 日,顾颉刚日记写道:"到历史博物馆访陈佩馨,交还王兴瑞'黎人'书稿,值其下放,不遇"。参见顾颉刚:《顾颉刚日记》第 8 卷,1958 年 3 月 29 日,台北:联经出版公司,2009 年,第 314 页。
② 罗香林:《海南岛黎人源出越族考》,《青年中国季刊》创刊号,1939 年 9 月 30 日,第 318 页。
③ 王兴瑞:《海南岛之苗人·后记》,珠海大学中国边疆研究室边疆丛书,广州:珠海大学,1948 年,第 146 页。

年)、《琼崖简史》(南京,《边政公论》5 卷 1 期,1946 年)、《琼崖参考书目》(南京,《边政公论》5 卷 1 期,1946 年)、《海南岛研究叙说》(广州,《南方杂志》1 卷 3 期,1947 年)、《海南岛苗人之社会组织》(南京,《边政公论》6 卷 2 期,1947 年)、《海南岛古代海上交通史略》(香港,《广东文物》第一册,1952 年)、《海南简史》(曼谷,泰国海南会馆新厦落成纪念特刊,1958 年)等,得到了史学及民族学界的敬重,成为学界黎苗研究不可缺少的学术遗产。

新中国成立后,他因曾在国民政府任职,一度与学术研究绝缘,在经历过人生的起伏之后,任教于广东湛江师范学校,开始了对冼夫人信仰的调查和研究。他在谈到对冼夫人研究的动机时说到,在其故乡海南,历史上曾经是冼夫人及其后代所统治的地区,其家邻村有座婆祖庙,每年"军坡"节,乡民循例把婆祖神像抬到一个旷坡上,在锣鼓喧天声中游荡数周。童年时,他就经常参加这样的活动,却不明婆祖的由来,后来阅读了海南岛的史料,才知道这位婆祖原来就是南朝时的冼夫人,自隋唐以来已成为流传于地方社会的类似于祖先的地方神。来到冼夫人的家乡——湛江工作以后,得地利之便,随着接触到更多有关冼夫人的史料,对其认识也进一步加深。1961年,吴晗发表《冼夫人》一文,使他"从中得到更大的启发",遂将冼夫人列为业余研究工作的一个项目。①

王兴瑞所言吴晗的文章登载在《光明日报》上,该文热情赞扬冼夫人是一位有谋算、勇敢、善于用兵、对地方社会的安定和发展有着重要贡献的杰出领袖,并向戏剧家建议,将其事迹编成剧本,搬到舞台上。不过,吴晗在文中对冼夫人的认识仅限于正史文献上的记载,对冼夫人的生卒年以及出生地均不甚了解。② 对吴晗的建议,王兴瑞颇有同感。作为一个史学爱好者,他认为冼夫人及其后代,自南朝梁、陈至隋唐,统治广东南部地区百有余年,其家族的历史与当地人民的历史不可分开,将冼夫人及其家族的历史研究

---

① 王兴瑞:《冼夫人与冯氏家族:隋唐间广东南部地区社会历史的初步研究·序言》,北京:中华书局,1984 年,第 1 页。

② 如在文章中,吴晗认为冼夫人的出生地是广东高凉(今阳江县),该文被广州《羊城晚报》1961 年 1 月 28 日转载后,当年 11 月,中共电白县委办公室曾致信吴晗,对《冼夫人》一文提出商榷,文章根据电白县旧志的记载,电白县在历史上长时间属辖于高凉郡高凉县,冼夫人应是今天的电白县人,而非阳江县人。吴晗得知消息后,给电白县委办公室复函:"收到你们的来信,知道冼夫人的高凉,并非阳江,而是电白,十分感谢。"并表示《冼夫人》一文已经收入到新出版的《春天集》里,再版时当即改正。参见吴晗:《冼夫人》,原载《光明日报》1961 年 1 月 14 日,常君实编:《吴晗全集》第 8 卷,北京:中国人民大学出版社,2009年,第 136、139 页;《吴晗同志的复信》,中国人民政治协商会议电白县委员会文史资料研究委员会编:《文史撷英第 11 辑·冼夫人资料研究专辑》(1),1992 年,第 3~4 页。

清楚,对于探索中国古代南方历史,尤其是各族关系的历史,具有重大的意义。于是自 1961 年暑假,他开始着手实地调查搜集有关冼夫人的材料,至翌年 2 月稿成,寄给吴晗请教,并承其转介中华书局,1963 年书稿已付排成型,后因十年动乱作者不幸辞世,迟至 1984 年 6 月,书稿才由中华书局根据 1963 年付型样付印出版。①

《冼夫人与冯氏家族:隋唐间广东南部地区社会历史的初步研究》一书虽是一本 6 万余字的薄册,但具有重要的学术价值。该书根据文献资料和实地调查资料,重点考证了自南朝梁陈至隋唐,中央王朝统治岭南越地和海南岛的历史经过,全面评述冼夫人及其家族后裔拥护国家统一和民族团结的生平事迹,对中国古代岭南粤海地区民族关系史进行深入的分析,"提出一些颇有见地的探索,是截至目前关于冼夫人和广东南部地区古代民族历史最完备的著作"。② 民族学者陈光良认为,是著为"我国近代第一部系统研究冼夫人的专著,也是王兴瑞先生一生学术研究集大成的代表作",这部"开山"之作,奠定了他在冼夫人研究领域的学术地位。③

第三节　学术研究特色

王兴瑞走上学术的道路,得益于朱谦之和杨成志的指导,他接受过严格、系统的史学、人类学的训练,其在关于区域社会经济史以及南部族群社会研究的著述尤丰,计有专书《海南岛黎人研究》(佚)、《海南岛之苗人》、《海南岛经济史研究》(佚)、《冼夫人与冯氏家族:隋唐间广东南部地区社会历史的初步研究》四种,论文四十余种,不仅是"治史学、民族学、农学之珍贵的文献资产,同时亦系'海南'研究不可缺少的史料与借鉴",④得到了史学和民俗学界的敬重,甚至被誉为现在最著名的琼籍历史学家。总结其学术理论和方法,其特点主要如次:

第一,"地方史"研究的"在地化"。

王兴瑞出生于海南,对于当地历史文化情有独钟。早在 1934 年发表的

---

①　王兴瑞:《冼夫人与冯氏家族:隋唐间广东南部地区社会历史的初步研究·序言》,北京:中华书局,1984 年,第 1 页。

②　刘佐泉、冼冠强:《冼夫人和冼夫人文化研究刍议》,张磊主编:《冼夫人文化与当代中国:冼夫人文化研讨会论文集》,广州:广东人民出版社,2002 年,第 3~4 页。

③　陈光良:《王兴瑞学术论文选·序》,北京:长征出版社,2007 年,第 5 页。

④　王会均:《海南人类学家王兴瑞生平与著作》,《广东文献季刊》(台北)2000 年第 4 期,第 71 页。

《琼崖黎人概观》中就曾说道:"兴瑞因读史,又因生地关系,对琼崖岛黎人的材料颇为留意"。① 此后又在 1936 年拟定的《海南岛黎人研究计划》文中重申这一观点,说道:"瑞生长在海南,得地利之便,对于这件工作,责无旁贷,数年来念之在心,前后曾写成《海南岛黎人社会概观》、《从黎人研究说到研究古代史》、《研究黎人与开辟琼崖等论文》。"②同时,认为地方史研究需要学术分工,须身处不同地域的学者通力合作,根据各地的资料优势而有所偏重,因为在各地方,一般的史籍是比较缺乏的,只有各该地方的史料特别丰富(如地方志之类),地方史家也应该利用这个优点来进行局部的研究工作,建议在各大学设立地方史研究室,举行地方史料展览会,让许多不容易收集的私家保藏史料公布于世。而当地人研究当地的历史,最大的优势在于他们对该地方的一般历史,乃至风俗人情有一定程度的熟悉。因此,他主张"某地方经济史的研究工作,最好由该地方的人来担任,他在这个地方生长,这个地方的一切情形和历史沿革当然熟识,研究工作的进行自然比外人要顺利的"。③ 事实上,正是因为王兴瑞通晓海南黎苗语言及深谙当地风俗,加之其接受了海南地方历史长时间的浸润与系统的学术训练,才使他的黎苗研究与众不同,具有长久的生命力。

第二,历史学、民俗学、人类学、语言学等学科的交叉互融。

民族学自在中国自诞生之日起,就承载着为中国古史研究提供资料和旁证的任务。前文有述,杨成志深知民族学对古史研究的作用,他在一次演讲中曾说,民族学的研究在文化方面可做历史学的旁证、考古学的探讨、语言学的比较和社会学的考察。④ 王兴瑞师承杨成志,自然也深受其影响。他认为民族学的产生对于研究古代社会史意义重大。古代史研究距离现时年代久远,直接史料早已湮没无存,间接史料又因古代文字不发达,甚至没有记载,兼因种种侵蚀,其所留至今日很有限,而在这有限的材料中,又真伪参半。自民族学(ethnology)研究兴起,这一困难遂得缓解。民族学研究的对象,是世界上一切文化低级的野蛮民族。要言之,如美洲的印第安人、非洲土人等,他们保留着人类祖先过去活动的某种状态,研究其生活,即无异直接研究文明人的古代社会。⑤ 而中国"新史学"的成立,尤其是史前史的

---

① 王兴瑞:《琼崖黎人社会概观》,原载《琼农》1934 年第 9~11 期,詹慈编:《黎族研究参考资料选辑》第 1 辑,广州:广东省民族研究所,1983 年,第 137 页。
② 王兴瑞:《海南岛黎人研究计划》,《国立中山大学日报》1937 年 1 月 8 日,第 4 版。
③ 王兴瑞:《地方经济史研究方法导言》,《现代史学》第 4 卷第 4 期,1942 年 3 月,第 60 页。
④ 杨成志:《从西南民族说到独立罗罗》,《新亚细亚》第 4 卷第 3 期,1932 年 7 月 1 日,第 20 页。
⑤ 王兴瑞:《琼崖黎人社会概观》,《琼农》1934 年第 9~11 期,第 16、17 页。

发现,论功行赏,民族学"当仁不让",应居首功。① 历史学家对人类文化的由来,以至原始人种的分布诸问题之解答,感到非常困难。唯一比较可靠的方法,是求之于语言学的研究。因为人类的语言是比较固定的,往往保持着不少原始的质素。由语言学的研究,可供学界了解其他文化原始形态,因而希望从黎人语言的研究上,能够多少得到解答中国古代民族问题及文化问题的帮助。因此,历史学、民族学、语言学等多学科的交叉互动在王氏的黎苗研究中得到了集中的展示。

一般说来,海南有黎人广为人知,但是人们对于海南苗人却不甚了解,故而外人习惯上将苗人当成黎人之一种,称作"苗黎",所谓"四黎"即指黎、歧、侾、苗。王兴瑞通过实地调查并结合历史文献记载后,认为这种称呼有误。究其原因:一是史籍关于海南苗人的记载特别少,无从引起人们的注意;二是世人对于海南苗人的实际生活了解匮乏,更未能与黎人的生活做横向比较。他通过地方文献的分析认为海南苗人与黎人不是一个种属,他们自明代中叶来自广西。但是否就是广西的苗人,文献并没有明确的记载,所以只能通过语言的比较来确定海南苗人的种属问题。王氏运用现代语言学知识,通过比较亲自采集海南苗人的语言,与颜复礼、商承祚的《广西凌云瑶人调查报告》中记载的广西瑶人语言,加之刘锡蕃在《岭表纪蛮》中记载关于广西苗人的语言,三者综合列表比较分析,得出海南苗人与广西蓝靛瑶人语言几乎完全一致,据此推定"与其说海南苗人是广西的苗,毋宁说是广西的瑶,或者可以更确定的说,就是广西的蓝靛瑶",②从而有效地解释了海南苗人的来源及其种属问题。

第三、田野调查与民间历史文献分析研究相结合。

在《海南岛黎人研究计划》中,王兴瑞谈到中国古代史籍,自《汉书·地理志》以下,如《水经注》、《太平御览》、《太平寰宇记》、《文献通考》、《桂海虞衡志》、《岭外代答》、《古今图书集成》、《黎歧异闻》、《广东通志》、《琼州府志》,以至海南岛各县志,虽有不少关于黎人的记载,但"既嫌支离破碎,复仅属耳闻,而非目击,致捉风捕影,转相抄袭,遂失真相",正确可靠的材料太少,如果"专靠书本上的资料,古代史的真面目是永不会发现"。所以过去关于黎人的资料,实贫乏得可怜,更谈不到"研究"二字。唯一的补救方法,一是关于黎人文献之搜集;一是深入黎山做实际的

① 王兴瑞:《研究院文科研究所北江瑶山考察团日记》,《民俗·广东北江瑶人调查报告专号》第1卷第3期,1937年6月30日,第1页。
② 王兴瑞:《海南岛苗人的来源》,《西南边疆》1939年第6期,第56~62页。

考察"万不可少"。①

前文有述,在地方经济史研究中,王兴瑞尤注重民间文献的搜集与应用,认为地方志对于研究地方经济史的人之重要,可比拟于正史之于研究断代史者。各种省通志、府志、州志、县志中,关于各地方的经济状况,都有相当详细的记载,这于研究经济史的人是最宝贵不过的。不同时期的地方志须一一检阅,从前后各志记载的异同中,可以觅见该地方经济状况升降盛衰之迹。此外,尚有地方的档案;古代文集、笔记、杂录等私家著述;外国旅行家、传教士、政府官吏等人来华游记;行会、会馆和商会等地方经济团体的文件;账簿契约、族谱、金石、口传等均含有大量的经济史的材料。

王兴瑞的黎苗研究也能将田野调查与文献分析作有机的结合。如在《北江瑶人经济社会》一文中,为了从农业技术上考察各时代瑶人的农业生产实情,作者通过调查农业生产工具,并绘制简图,通过对正史及地方志文献、歌谣等资料的比较对读,考察瑶人的农业经济发展水平;通过民间传说、家先书来考察瑶人的婚姻制度等。② 在进入黎境之前,他曾有一篇考察黎汉交易的文章,大意谓黎人缺少米盐,完全靠汉人接济,在经过实地考察之后,才发现黎境产米甚富,常有大宗米谷运入汉人墟市,供给汉人,至今黎人尚有以米与汉人交易之物件,之前的推断竟是"大错特错"了。③ 在考察黎人的称呼和族群来源时,他首先梳理关于黎人记载的史籍,认为所谓"黎"最初只是汉人指称居住在黎母山土人的称呼,后来推而广之,海南的苗、瑶、罗罗、僰夷等人,这些原本不同的族群,起初生活、文化也有差异,后来经过长时间混化,正如共同趋向于汉化一样,成为一个复杂但无异于一个"种族"的总体,所以最终凡山居者皆称"黎"。同时,通过实地调查海南黎人,以及与安南、广东、广西等地民族的语言、文化、体制相比较,更加证实了关于海南黎族的来源有南北两元的论断。④

《海南岛之苗人》一书,根据地方传说、歌谣考证冼夫人在民间的真实形象,以及冼夫人信仰的传说背后所具有的社会史意义;通过正史文献、地方志,以及从民间调查所得的家谱、执照、口述、契约、经书、歌谣传说等资料的比较对读,将进化理论与人类学历史学派的方法相结合,深入考察了生活在

---

① 王兴瑞:《海南岛黎人研究计划》,《国立中山大学日报》1937 年 1 月 8 日,第 3、5、7 版。

② 王兴瑞:《广东北江瑶人的经济社会》,《民俗》第 1 卷第 3 期,1937 年 6 月 30 日,第 6~15、49~55 页。

③ 王兴瑞:《王兴瑞致朱谦之的信》,1937 年 2 月、3 月,《国立中山大学日报》1937 年 3 月 9 日,第 3 版。

④ 王兴瑞:《海南岛黎人来源试探》,《西南边疆》1940 年第 7 期,第 36~43 页。

海南岛的苗人的族源、人口、语言、社会经济、社会组织、风俗、宗教信仰、汉黎关系等诸多方面,提出一些富有创见性的见解。如对苗族社会组织的研究中,指出私有财产制度在海南岛苗族中虽然存在,但由于资本积累的机会非常有限,私人不能创造出较多的财富,每一家、每一人都是生产劳动者,贫富差距不明显,阶级对立现象几乎看不见。①《冼夫人与冯氏家族:隋唐间广东南部地区社会历史的初步研究》一书不仅显示出王氏深厚的文献考据根基,更是其娴熟运用正史、方志、家谱、民间传说与实际调查相结合研究取向的充分体现。文章根据官私文献、碑文、族谱、传说、庙宇、墓地来考证冼夫人出生地,认为冼夫人的故里可能在今天的电白县境,也可能在高州县境内,二者必居其一,并谨慎地指出,若要做出最后的定论,须待进一步深入实地调查后才能得出。②

最后,为政府开化海南黎苗张本。

在草拟的《海南岛黎人研究计划》中,王兴瑞明确表示,海南黎人考察的目的除了在学术上成一部满意的《海南岛黎人研究》专著,为历史学、人类学、语言学提供一些重要新材料外;在政治上,希望从研究工作中,得到实用意见,为国内民族问题做贡献,为政府化黎治黎及开发海南岛提供意见。③十余年后,他仍然坚持这一主张,尝谓:"民族学不仅是一种实践的科学,而且是一门实用的科学"。所以,王兴瑞向学界高声疾呼:"在今日开发海南岛的呼声中,我要唤起国人对于黎人研究工作的注意!"④

治理黎苗的合理政策,并非托诸空言,而是需要认清问题症结所在,方能对症下药。为此,王兴瑞梳理自汉至清历代政府治黎的经验和教训,并结合历史上有关治黎的建议,最后综合提出一个"总检讨"。他指出自汉至唐,完全实行"掠夺政策";宋代则采取加惠少数民族领袖的"德化政策";元明清三代则以"威服政策"为主,兼用"以夷制夷"等策略,以达到振兴教化,发展经济的目的。这些政策表面上与早期的掠夺政策迥然有别,但是骨子里无一不是以"狭义的民族主义为中心",以统治阶级的利益为前提。总而言之,这不过是历代政府巧妙利用"德化政策",以期更有效地实现其统治,但无法从根本上解决治黎问题。

① 王兴瑞:《海南岛之苗人》,珠海大学中国边疆研究室边疆丛书,广州:珠海大学,1948 年,第 41 页。
② 王兴瑞:《冼夫人与冯氏家族:隋唐间广东南部地区社会历史的初步研究·序言》,北京:中华书局,1984 年,第 7 页。
③ 王兴瑞:《海南岛黎人研究计划》,《国立中山大学日报》1937 年 1 月 8 日,第 1~7 版。
④ 王兴瑞:《海南岛黎人研究叙说》,《南方杂志》1946 年第 1 卷第 34 期,第 26~27 页。

　　在梳理历代治黎经验和现实调查研究的基础之上,王兴瑞提出治黎方针和政策的制定原则:(一) 打破狭义的民族主义为中心的政策,以孙中山提出的"国内各民族一律平等"为依据;(二) 在政府的领导下,发挥黎人的自发、自主权;(三) 政策的制定与实施,须以黎人的自身利益为前提;(四) 团结黎人,壮大中华民族的力量。在具体的政策实施上,应发展黎区的交通,大力促进经济生产,加大对黎区的教育投入,提高他们的文化生活水平。① 另外,《海南岛之苗人》的最后一章"汉黎苗诸族间的相互关系",详述汉黎苗三者之间的关系,不仅为消弭汉与黎苗之间的矛盾提出有针对性的建议,同时为政府开发海南提供学理上的指导。②

　　须特别指出的是,在史学论著的撰述方式上,王氏反对将所有的材料完全依照原文罗列出来,那样只能算是史料丛钞,不能叫做历史,尤不能称为发展的历史,因为历史并非等于史料的堆积;也反对将材料消化后用自己的话表达出来,此种方法虽有系统、有条理,但是客观的历史事实到底不尽是主观的解释,同是一种材料,因各人主观认识不同,而解释也往往互异,若以个人的解释为必是,便难免陷于武断。他主张历史专书应"引用材料而加以解释",凭借着系统的、哲学的、理论的主观基点去认识史料,解释史料,同时又用客观的史料来证明主观解释的正确性、真实性。结果,史料的引用不是死的堆积,而是有机的配合;主观的解释不是空洞的想象,而是有证有据的客观事实的反映。

　　纵观王兴瑞 1930 年代后的治学道路,其学术经历的特点,除了与在历史学家朱谦之和人类学家杨成志的影响下接受独特的学术训练密不可分之外,也离不开当时波及国内学界的社会史大论战的学术环境的浸染。更要留意到近代以来西学东传的学术新潮,使得西方的人类学(含民族学)、语言学等新知输入中国,趋新的学人接受了它们并将其应用到本土的民族研究中,推动了中国现代民族学研究的进步。王兴瑞生逢其时,得到了充分的、系统的现代史学和人类学学科的训练,在国内外学术潮流的推助下,配合其自身浓厚的乡土情结,谙熟海南当地的历史与风俗,特殊的学术际遇,最终成就了他独特的学术关怀、学术视野与学术方法,使他的地方经济史和黎苗研究具备了相当个性化的特点。时至今日,仍为我们提供了许多有益的教示。

---

① 王兴瑞:《历代治黎政策检讨》,《珠海学报》1948 年第 1 期,第 133~149 页。
② 王兴瑞:《海南岛之苗人》,珠海大学中国边疆研究丛书,广州:珠海大学,1948 年,第 3、124~125 页。

第七章　江应樑对西南社会的
调查和研究

　　江应樑(1909~1988),广西贺县人,生于云南昆明。祖父江海清(谷君)曾任前清云南地方盐提举,管理盐务,家资殷实,号称"江百万"。然江应樑年幼时,家道中落,被卖到寺庙里当小沙弥,在师父吴心圆(法名月溪)的资助下,继续读书。[①] 1923 年至 1927 年先后就读于云南省立第一师范学校、上海国立暨南大学预科。1928 年,获得云南教育厅奖学金升入暨南大学。四年大学生活,"读过一年中文系,一年社会学系,两年历史系"。[②] 1936 年考取中山大学研究院文科研究所史学部,在朱谦之和杨成志的共同指导下学习历史学和人类学。1938 年以《云南摆夷研究》获得史学硕士学位。1938 年毕业后,先后任教于中山大学历史系、珠海大学。建国后,历任云南大学历史系教授、西南边疆民族历史研究所所长、中国人类学学会第一届主席团成员等职。著有《大小凉山开发方案》(1944)、《西南边疆民族论丛》(1948)、《凉山夷族的奴隶制度》(1948)、《摆夷的经济生活》(1950)、《摆夷的生活文化》(1950)、《明代云南境内的土官与土司》(1958)、《〈百夷传〉校注》(1980)、《傣族史》(1984)等十余种。

第一节　西南农村社会的田野调查与成绩

　　自大学四年级起江应樑为了解决生计问题开始写文章投稿,发表数

---

① 江晓林:《江应樑传》,桂林:广西师范大学出版社,2005 年,第2、17 页。
② 江应樑:《江应樑自述》,高增德等编:《世纪学人自述》第 3 卷,北京:十月文艺出版社,2000 年,第 311 页。

篇论文,①只是他在这一时期的研究的方向比较杂乱,后来都没有继续下去,倒是从此逐渐建立了终生致力于学术研究的愿望。1935 年,国民党军统和 CC 系特务占领暨南大学,任教于暨南大学附中的江应樑被赶出学校,迫于生计南下广州。翌年夏,考入中山大学文科研究所史学部成为研究生,导师是朱谦之和杨成志。②

为什么要报考中山大学文科研究所研究生?据江应樑在《我怎样研究西南民族》一文中袒露,他自幼习闻长辈们谈论西南边民的特殊风俗习尚,并对此留下了"一些不可磨灭的印象"。进入大学之后,便开始从史籍中寻找年幼时对西南民族朦胧不解的答案,有意地将学习的兴趣偏向中国民族史,但是从书本上得到的西南民族的知识,对他来说"愈多涉猎而愈搅不清,始终理不出一个头绪"。③ 可以看到,这一时期江应樑虽然对西南民族的研究素有一定的兴趣,但是苦于没有专业老师的引导和浓厚的学术氛围而难窥学术的门径。

直到南下广州之后,才使江应樑幼年的梦想变为现实。在他的眼中,20 世纪 30 年代的中山大学文科研究所,已成为国内民族学、人类学重要的研究中心之一,曾说:

> 民国二十五年考入中山大学研究院,终仍以"西南民族"作研究专题,这又由于中山大学研究院的文科研究所,积十余年之时间,经国内名教授的倡导经营,对民族学(Ethnology)及人类学(Anthropology),有浓厚的研究空气与特殊的成就,他们对边疆民族尤其是民俗学(Folklore)的研究方法比较进步,从田野工作(Fieldwork)中寻取新的材料,来澄清过去书本上的分歧、错误记载。我倾心于这种新的研究方法,所以便决定把我的学问对象,集中到这一个小圈子里。这一决定,想不到也就决定了我十余年——也许是终身学术研究的对象。④

① 这一时期的文章主要有《唐宋时中国境内的外侨》(《南诏》1934 年创刊号)、《北京的文人政治》(《前途》第 1 卷第 1 期,1934 年)、《阿拉伯船舶东来贸易与两宋经济》(《新亚细亚》第 11 卷,1935 年)、《中国与南洋群岛之初期交通考》(《滇声》第 2 期,1935 年)、《中世纪东南亚海道上的航船》(《新亚细亚》1935 年第 11 卷)、《六朝时代中国境内之西域佛僧》(《新亚细亚》第 12 卷第 4 期,1936 年)等 6 篇文章。

② 江应樑:《江应樑自述》,高增德等编:《世纪学人自述》第 3 卷,北京:十月文艺出版社,2000 年,第 311~312 页。

③ 江应樑:《我怎样研究西南民族》,《文史春秋》第 2 期,1948 年 6 月 25 日,第 1 页。

④ 江应樑:《我怎样研究西南民族》,《文史春秋》第 2 期,1948 年 6 月 25 日,第 1 页。

　　江应樑对于文科研究所的印象，直至半个多世纪之后的回忆文章中，仍然强调 1930 年代中山大学文科研究所"对建设人类学这门学科是有长期历史并做出了成绩的，院内出版的《民俗》期刊，在国内外学术界很受重视，有关方面的图书资料收藏丰富，研究方针是理论研究、文献资料搜集与民族调查结合进行"。①

　　进入文科研究所之后，江应樑在学习中表现出极大的主动性。1936 年 11 月，他参加了杨成志组织的北江瑶山考察团，负责瑶人历史沿革、宗教信仰、社会生活、衣饰等方面的调查工作，归来后在《东方杂志》上发表《广东北江瑶人的生活》一文，随后在出版的《民俗·北江瑶人调查报告》专号中发表《广东瑶人之今昔观》、《广东瑶人之宗教信仰及其经咒》、《广东瑶人之房屋及工具》、《广东瑶人服饰》等四篇论文，占该专号全部论文数量的一半。在以上的几篇论文中，江应樑结合历史文献和田野调查资料认真考察了广东瑶人族群的历史、社会组织及经济生产、家庭组织、习性与嗜好、日常生活以及宗教信仰等。试图通过对瑶人历史上的探求，了解该族群的来源、发展、变迁的历史过程，以此来解释瑶人各种生活习性之所以如此及必然如此的因果关系。②

　　1937 年春，他自费参加中山大学和岭南大学合组的海南岛黎苗考察团，深入五指山考察黎苗，负责担任关于黎苗物质文化的观察和黎苗地区的各种饰品、面具、衣饰、艺术品的搜集任务。③ 是年三月，随杨成志、伍锐麟等人结束第一阶段调查任务返回广州，写成《历代治黎与开化海南黎苗》（南京，《新亚细亚》）和《黎苗瑶民族中狗的崇拜》（上海，《时事新报·学灯》）两篇文章。其中《历代治黎与开化海南黎苗》从纵的方面切入，重点考察了历代王朝在社会经济、种族及文化、地理及生活习性等方面的治黎方略，阐明数千年来政府平黎治黎失败的原因；再从横的方面，调查了解黎人的现实生活，指出国民政府治黎方案的缺点，从而提出自己的"治黎观"。④

　　海南岛黎苗调查的成功，促使中山大学文科研究所同仁考虑全面深入调查壮、黎、傣等族群的关系和社会状况。⑤ 其中主要分布在云南省境的摆夷（"傣族"旧称）和黎族同属百越一系，不仅族源相同，文化上也有许多相

① 江应樑：《江应樑自述》，高增德等编：《世纪学人自述》第 3 卷，北京：十月文艺出版社，2000 年，第 312 页。

② 江应樑：《广东瑶人之今昔观》，《民俗》第 1 卷第 3 期，1937 年 6 月 30 日，第 3 页。

③ 《海南岛黎苗考察团计划大纲》，《民俗》第 1 卷第 3 期，1937 年 6 月 30 日，第 10 页。

④ 江应樑：《历代治黎与开化海南黎苗之研究》，《新亚细亚》第 13 卷第 4 期，1937 年 4 月 11 日，第 41~51 页。

⑤ 江晓林：《江应樑传》，桂林：广西师范大学出版社，2005 年，第 54 页。

似之处。江应樑生于昆明,熟悉当地的风土人情,况已通过北江瑶人和海南黎苗调查实习,初步掌握了田野调查的理论和方法,因而成为云南摆夷调查的不二之选。江应樑晚年在《傣族史》的后记中回忆道:

> 我是学人类学的,有过几次实地调查的经验——随中山大学研究院调查了粤北瑶山的瑶族,参加中山大学研究院与岭南大学合组的海南岛黎苗考察团深入五指山调查。由于有了点调查经验,学了点人类学的基础知识,所以学校就放手把调查云南傣族历史社会的任务交给我。①

调查西南族群社会,是江应樑的夙愿。早在 1936 年夏,在报考中山大学文科研究所史学部研究生时,江应樑就提交了《研究西南民族计划》。② 1936 年 10 月,他在《昆明民俗志导论》中谈到,自己对于西南民族及西南历史,有着特殊的兴趣,曾拟研究云南民族开化史和民族移民史,并对现时云南全省汉人及苗人地理的分布作详细实地的考察,进而研究汉人对苗民征服的实迹。③ 此后,他为完成编撰《昆明民俗志》一书,限于个人"见闻搜求,诚恐不周",遂以中山大学民俗学会的名义拟定了《国立中山大学文科研究所民俗学会征求昆明民俗资料简则》,公开征求昆明一般生活情状(衣、食、住、行)、民间礼俗(生产、婚嫁、丧葬)、民间信仰(佛寺、道观、神庙、鬼怪、巫术、星相、卜筮等)、节令(节气、赴会)、地方传说、民间故事歌谣等。④ 这些工作,都为江应樑第一次云南之行作了必要的学术储备。

在正式前往云南调查之前,江应樑在导师杨成志的指导下拟定了《云南西部民族考察计划》。他认为"西南民族"四字,已为今日人类学和民族学学者所惯用的新兴名词,意指居住于中国西南边疆地区之未开化及半开化之人民,这些人从数量看,占全国人口十分之一以上;从分布地域上看,所居地域皆国家边防重地,或为物产富饶之区,对国家关系之重要,不言而喻。然数千年以来,由于汉人对"蛮夷"民族抱定一种歧视及鄙薄的心理,生活在这一地区的人民仍处于一种半原始环境之中,而未达到"与齐民等"的阶段。

① 江应樑:《傣族史·后记》,成都:四川民族出版社,1983 年,第 649 页。
② 江应樑:《江应樑自述》,高增德等编:《世纪学人自述》第 3 卷,北京:十月文艺出版社,2000 年,第 312 页。
③ 江应樑:《昆明民俗志导论》,《民俗》第 1 卷第 2 期,1937 年 1 月 30 日,第 29 页。
④ 江应樑:《国立中山大学文科研究所民俗学会征求昆明民俗资料简则》,《国立中山大学日报》1936 年 12 月 24 日,第 2 版。

云南作为西南民族的主要分布地带,滇西一带族系尤为众多,对其考查可兼得多数族群作为研究之对象,而考察结果则一方面可求得学术上的实证,一方面可作为政府开发边疆的参考,其意义非同一般。①

1937 年 7 月,江应樑到达昆明后,以马代步,途经漾濞、永平、永昌、龙陵等地,最后到达了芒市、遮放、猛卯、陇川等九个土司辖地,详细考察了滇西自大理以下迄腾龙沿边一带的摆夷社会的历史与社会,成为中国历史上第一个以人类学学者身份进入高黎贡山以西对傣族社会进行民族学研究的学者。② 1938 年 5 月,他结束了历时十月之久的滇西之行,顺利返回广州,完成了近 20 万字的《云南摆夷研究》一书,作为滇西之行的调查报告,获得了硕士学位。

1939 年,江应樑有意将该调查报告公开出版,预先约请罗香林为之作序,但后来不知因何未能公开出版,而将罗先生的序言公开发表出来,也正是这篇遗存的序言使得我们得以窥见该书的大致内容。从罗香林所作的序言中,可以看出,该书共分导论、僰夷之地理分布、僰夷之历史与传说、僰夷社会经济及政治组织、僰夷家族及婚姻制度、僰夷语言文字、僰夷宗教、僰夷民间生活与习俗、僰夷区中异种民族、结论,共十章。罗香林"略读一过,神为之旺",进而评论道:

> (该书)材料皆实际调查所得。论次悉依科学方法,其发现之多,并世言边区各部族之调查者,莫之能先也。其推究僰夷社会、土司及平民之关系为封建诸侯、地主与农民制度之遗影;推究僰夷家族与婚姻关系为亲族共分遗产与掠婚制度之遗影;推究僰夷文身、染齿为男女成年式之表示;推究夷民族积习柔懦为受佛教影响;推究僰夷文字为受之缅甸而已加改进,皆为不刊之论,足为说明人类进化理论根据,而于僰夷政治、经济、社会、文化之结所在,及应改进之机枢要领,与夫所以团结同化之道,一编之中,三致意焉。而治合科学研究与现实建设为一炉,又两跻极轨,信乎其难而可贵也。③

---

① 江应樑拟,杨成志指导:《云南西部民族考察计划》,《国立中山大学日报》1937 年 7 月 8 日,第 7 版。

② 江晓林:《关于〈滇西摆夷之现实生活〉·代序》,潞西:德宏民族出版社,2003 年,第 6 页。

③ 罗香林:《僰夷种属考:序江著〈云南西部之僰夷民族〉》,《广东日报·民族学刊》第 19 期,1948 年 9 月 20 日,第 4 版。罗香林:《僰夷种属考:序江著〈云南西部之僰夷民族〉(续完)》,《广东日报·民族学刊》第 20 期,1948 年 9 月 27 日,第 4 版。

岭南大学的伍锐麟教授和中央大学的黄文山教授是江应樑硕士论文答辩委员会的两位校外审察委员。从事社会学研究有年的伍锐麟对该文的评语是"材料丰富,叙述得体,分析周密,综合尤其精切";① 人类学家黄文山阅读过该文之后,在论文的封面题道:"作者对僰夷民族的文化之探讨渊博、周详,略与凌纯声之研究赫哲民族相类,诚为中国民族学初期之佳构"。② 黄文山提及的赫哲族研究,指的是 1930 年春夏期间中研院史语所研究员凌纯声与商承祚二人前往东北考察被称为"鱼皮鞑子"的赫哲族,历时三个月调查该民族生活状况和社会情形,归来后,两经寒暑,撰成《松花江下游的赫哲族》一书,1934 年作为中研院史语所单刊甲种之十四种出版,其突出的特点,一是以"物"为中心对赫哲族的日常生活进行科学的观察,从而体现出物质文化研究对于民族志书写的重要意义;二是田野调查材料与传统文献相结合,对东北诸民族及赫哲族详加考证;其三,图文并茂,留下了珍贵的图像资料。③ 该书一经出版,就引起了学界广泛的好评,被誉为"我国近年来最科学的民族调查报告,虽其中不免尚有缺点,然已造成中国民族学史上破天荒之著作"。④ 即使 40 余年后,仍被认为是中国"早期的民族学工作的圭臬"。⑤ 由此可知,黄文山将江应樑的摆夷研究与凌纯声的赫哲民族研究相提并论,无疑是对江应樑摆夷研究工作的充分肯定。正是凭借着对西南族群社会出色的研究成绩,江应樑于 1938 年 10 月得到了中英庚款两年的资助,受中山大学校方指派又回到云南继续调查摆夷社会。⑥

此时正值抗战,西南联大等高校和科研机构已经入滇,大批专家教授云集昆明,国民政府中央赈济委员会组织了滇西边地考察团,目的在于寻找一个可供移民垦殖的边区以应长期抗战之需,邀请了许多对边区有研究兴趣的大学教授参加,如北大的孙云铸、张锡褆两教授调查地质,清华的李景汉教授调查社会,李继侗教授调查植物,北平研究院动物研究所的陆鼎恒所长调查动物,江应樑也应邀参加,负责民族调查。这时滇缅公路方始修通,由西南运输处供给调查团两部专车,沿公路到了芒市、遮放、猛卯、陇川等地,对于江应樑来说,这是一次"故地重游",补充了在第一次考察中未获的一些

①　江晓林:《江应樑传》,桂林:广西师范大学出版社,2005 年,第 79 页。
②　江晓林:《关于〈滇西摆夷之现实生活〉·代序》,潞西:德宏民族出版社,2003 年,第 3 页。
③　凌纯声:《松花江下游的赫哲族》,中研院历史语言研究所单刊甲种之十四,南京:中研院历史语言研究所,1934 年。
④　徐益棠:《十年来中国边疆民族研究之回顾与前瞻:为〈边政公论〉出版及中国民族学会七周纪念而作》,《边政公论》第 1 卷第 5、6 期,1942 年 1 月 10 日,第 54 页。
⑤　王建民:《中国民族学史》(上),昆明:云南教育出版社,1997 年,第 169 页。
⑥　江应樑:《我怎样研究西南民族》,《文史春秋》第 2 期,1948 年 6 月 25 日,第 2 页。

宝贵资料。1938 年 12 月,江应樑随考察团结束滇西考察任务,顺利返回昆明,归来后写成《滇西摆夷的现实生活》一稿。①

　　1939 年春,中山大学从广州迁至云南澄江办学,江应樑回到中山大学继续教授"中国民族史"和"西南民族研究"两门课程。是年寒假,他主持中山大学文学院史学研究会与研究院文科研究所合组路南民族考察团,带领黄达枢、陈翙湛等前往路南的美则、滥泥青各少数民族村寨调查,并将所收集民俗物品及相关材料整理后在文学院内公开展览,写成《路南的撒尼人》一稿,经顾颉刚推荐作为"齐鲁大学国学研究院丛书"之一出版。② 此外,还组织学生在澄江、昆明、嵩明等地进行实地考察。③

　　1940 年 8 月,中山大学在许崇清代理校长的主持下,复由云南澄江迁往粤北山区坪石办学,④在此之前校方已安排江应樑继续留在云南,一方面为教育部开办的边疆民族训练班和中央政治学校边政专修科讲授"中国民族史",另一方面筹划进入凉山彝族和西双版纳傣族聚居地区进行社会调查事宜。⑤ 巴布凉山或称大小凉山,是四川、云南、西康三省接壤的一个原始而神秘的区域,江应樑对调查巴布凉山蓄愿已久,苦于没有经费支持,一直未能成行。此次凉山考察受学校派遣,得到中国边疆建设协会的协助,同时在顾颉刚极力推荐下,四川博物馆馆长冯汉骥答应资助部分考察费用,才使得

---

① 1940 年,江应樑将《滇西摆夷的现实生活》一稿附上照片数百帧交给国立编译馆付印,因当时该馆新迁到重庆,印刷不便,拟抽去照片只印文字,江应樑认为如果不附图,宁可不印,因此一直耽搁,渺无音讯。2003 年,其子江晓林根据江应樑的硕士论文《云南摆夷研究》和《滇西摆夷的现实生活》二书的残稿,辅以一些散落、零碎的笔记,经过精心校勘,出版了《〈滇西摆夷的现实生活〉笺注》一书,由德宏民族出版社出版。该书不仅恢复了江应樑《滇西摆夷的现实生活》一书的原貌,还附入了江晓林二十余年来多次到德宏做田野调查的研究心得,作为江应樑《滇西摆夷的现实生活》的后续研究。参见江应樑:《我怎样研究西南民族》,《文史春秋》第 2 期,1948 年 6 月 25 日,第 2 页;薛宝:《〈滇西摆夷的现实生活〉笺注及〈滇西土司区诸族图说〉简介》,《云南民族大学学报》2010 年第 1 期。

② 《路南民族考察团已获良好成果》,《国立中山大学日报》1939 年 9 月 26 日,第 2 版。关于该书在《顾颉刚日记》中有记载:1940 年 5 月 31 日曾计划"为江应樑《路南的撒尼人》作序";1940 年 7 月 10 日"看应樑《路南的撒尼人》"。遗憾的是,可能因战争的原因,该书最后没有正式出版,稿件也不知所踪。参见江应樑:《西南边疆民族论丛·序言》,广州:珠海大学,1948 年,第 4 页;顾颉刚:《顾颉刚日记》第 4 卷,1940 年 12 月 31 日,台北:联经出版公司,2007 年,第 383、399 页。

③ 江应樑:《摆夷的生活文化·自序》,上海:中华书局,1950 年,第 5 页。

④ 黄义祥:《中山大学史稿》,广州:中山大学出版社,1999 年,第 346 页。

⑤ 江应樑:《江应樑自述》,高增德等编:《世纪学人自述》第 3 先,北京:十月文艺出版社,2000 年,第 314 页。美国人类学家顾定国认为,江应樑留在云南调查巴布凉山的彝族,很大程度上是"杨成志认为江应樑是继续他十多年前首开先河的田野调查工作的最佳人选"。参见〔美〕顾定国:《中国人类学逸史:从马林诺斯基到莫斯科到毛泽东》,胡鸿保、周燕译,北京:社会科学文献出版社,2000 年,第 78 页。

江应樑的凉山之行得以"遂愿"。① 考察自 1940 年冬开始,至 1941 年 4 月结束,历时百余日,事后写成《凉山罗罗的氏族组织》一文。是年 7 月,又在原稿基础上扩充为《凉山夷族的奴隶制度》一书,惜因战争影响和生活的动荡,直至 1948 才正式出版。②

从凉山回昆明后,其时昆明与中山大学坪石间的交通已经中断,江应樑与学校失去联系,经友人介绍,任教于昆明近郊的国立东方语文专科学校,讲授"民族史"课程。③ 其后江应樑对边疆考察的兴趣丝毫未减,尤其是关于摆夷的调查研究。他认为,云南摆夷的主要聚居区域一是滇西腾龙沿边,二是耿马孟定一带,三是思普沿边的十二版纳(即元明时车里宣慰土司地,今称西双版纳)。以上三个地区仅思普沿边的十二版纳他未去过,而那里又是摆夷的大本营,民间保留的生活形态,较上两个地区更为原始,如能前往该地考察,那么摆夷研究就不必冠以"西部"二字,而是对云南摆夷的整体研究了。④ 在他晚年亲笔书写的一份简历中,有一段叙述便反映这种急切的心情:"我去西双版纳的心不死,总认为傣族聚居的两大区域,我只去了德宏一个地区,而西双版纳是保有原始形态的傣族聚居区,不到西双版纳,只能算见过半个傣族",并立下宏愿:"今生到不了西双版纳,死不瞑目!"⑤但是从昆明前往西双版纳路途不仅遥远,而且沿途盗匪猖獗,更重要的是筹措不到调查经费,使得这一计划迟迟未能实施。

1945 年,江应樑向时任云南省民政厅厅长陆崇仁提出前往十二版纳考察一年的请求,陆善意地为江应樑筹划,认为若以考察的名义入边一年,需要千万元以上的费用,省政府尚无此份公款可以支用,故建议他去做一任车里(今景洪)县长,这样既可以实践治边理想,也可以达到考察愿望。⑥ 于是,他遂以车里县长的名义,于 1945 年 7 月前往西双版纳。一到那里,他就迫不及待地调查了橄榄坝、大勐笼、小勐养、南糯山等村寨,与当地土著关系也相处得非常融洽。不料正在调查工作有序展开之时,1946 年 6 月,江应樑接到妻子在昆明离世的噩耗,便丢下县印,带着调查所得的材料急忙返回昆明,西双版纳之行也至此结束。1947 年,已经回到中山大学的江应樑在《云南摆夷研究》和《滇西摆夷的现实生活》两书的原稿基础上,加上在车里 8 个

---

① 江应樑:《凉山夷族的奴隶制度·序言》,广州:珠海大学,1948 年,第 1 页。
② 江应樑:《凉山夷族的奴隶制度》,广州:珠海大学,1948 年,第 2、78 页。
③ 江应樑:《江应樑自述》,高增德等编:《世纪学人自述》第 3 卷,北京:十月文艺出版社,2000 年,第 315 页。
④ 江应樑:《摆夷的生活文化·自序》,上海:中华书局,1950 年,第 5 页。
⑤ 江晓林:《江应樑传》,桂林:广西师范大学出版社,2005 年,第 110~111 页。
⑥ 江应樑:《摆夷的生活文化·自序》,上海:中华书局,1950 年,第 6 页。

多月时间里调查所得的资料,整理完成《摆夷的生活和文化》一书,1950 年由中华书局出版。①

第二节　著　述　特　色

自 20 世纪 30 年代中期至 40 年代中期,江应樑的田野调查足迹几乎遍及粤北山区、海南孤岛以及云南的全境,研究内容涉及摆夷、瑶、苗、彝、黎、回等族群的历史文化,刊出了大量的学术论著,②这些论著被誉为"我国现代民族学开拓期具有经典性意义的成果"。③ 其内容涉及西南族群社会的文化、制度、经济等方面,并从中反映出其个人治学的鲜明特色。这些特色主要包括:

首先是注重"到蛮夷民间去"发现历史。

早在 1937 年 1 月发表的《云南民族研究计划》中,江应樑便提出,除有关西南族群的历史演变部分以中外所藏的历史文献外,其余如人口分布、生活实相、传说故事、歌谣、风俗信仰、生活用具、生活用品、特殊之作品、艺术品、文字、经典及一切宗教品、民俗物、有历史价值之古物、图片等方面的文字或实物资料均须依赖实际调查所得。④ 此后,在《云南西部民族考察计划》中重申这一观点,他说:

> 考察云南民族,为本人西南民族研究计划中重要工作之一,数年来对于书本资料之搜集整理,数量上已略有可观,惟前人著书,凡有关蛮

---

① 江应樑:《摆夷的生活文化·自序》,上海:中华书局,1950 年,第 8 页。

② 根据江应樑调查研究内容的不同,大体可以将这些论著分为以下三个方面:一是关于西南摆夷、瑶、苗、彝、黎、回等族群社会的研究,如论文有《滇西摆夷的土司政治》、《滇西摆夷的社会经济》、《摆夷的家庭组织和婚姻制度》、《云南摆夷的社会组织》、《摆夷的种属渊源及人口分布》、《广东瑶人之今昔观》、《广东瑶人之宗教信仰与经咒》、《广东瑶人的过去与现状》、《苗人来源及其迁徙区域》、《滇南沙甸回族农村调查》等,著作有《凉山夷族的奴隶制度》、《云南摆夷研究》、《滇西摆夷的经济生活》、《摆夷的生活和文化》等;二是具有考证、概论性及理论方法介绍的文字,有《云南用贝考》、《诸葛亮与云南西部边民》、《昆明境内的非汉语边民》、《西南边疆的特种文字》、《评鸟居龙藏之〈苗族调查报告〉》、《我怎样研究西南民族》等论文;三是民族现实问题的研究,论文有《历代治黎与开化海南黎苗研究》、《云南西部之边疆教育》、《云南土司制度的利弊与存废》等,著作有《抗战中的西南民族问题》、《大小凉山开发方案》、《腾龙沿边开发方案》、《思普沿边开发方案》等。

③ 陈友康、罗家湘编著:《20 世纪云南人文科学学术史稿》,昆明:云南人民出版社,2003 年,第 400 页。

④ 江应樑:《西南民族研究计划》,《国立中山大学日报》1937 年 1 月 7 日;第 3、4、7 版。

夷、民族之事,率多道听途说,或竟系闭门意想所得,既不亲历调查,有无科学根据,故书本所载,实不能据以作研究资料,而今人之言研究西南民族者,除极少数外,亦不过用稍有条理之方法,将古人著作,加以整理推论,依然纸上谈兵,实不能稍为科学著作。本人所以不避艰险,依然愿只身深入边地,作实际之观察者,其目的实为求取一种真实而有价值之资料,以供学术上的研究及政府化夷工作上之参证。①

在江应樑看来,在探究族群历史演变方面,传统文献有着诸多不足之处。诚如其在《广东瑶人之今昔观》一文中所说,有关瑶人历史演变中所依据的古书记载存有三大缺点:一是古书对瑶人历史过程上的重要部分,多略而不载,如瑶人的移殖情形、移殖时代、社会经济状况、生活状况等,有的竟毫无记载,或仅能东鳞西爪得到一点线索;二是因古人著书存有一贯的偏见,以此种观念去记载夷民,往往与实情有出入,如古书所记历代汉民族对夷人的征讨等,往往过于张扬其事,甚至以杀人多而夸功;三是凡历代对边境“夷”民记载之典籍,除极少数外,资料来源多非亲见亲闻而得,大半为道听途说,甚或凭空假造,互相抄袭得来。如要弥补古书记载的不足,最直接简便的方法便是“到蛮夷民间去”实地调查,从瑶人社会中搜求直接史料,如瑶人亲口所述之传说、故事、歌谣及瑶人用汉字写出之经典、诗歌等资料。当然这些资料也有其自身的缺陷:一是传说多模糊,且无一贯真实性;二是民间调查所得文字中多夹入瑶人自造之汉字,文义晦涩不易解;三是“时”与“地”均不可靠。因此,在论文写作的过程中,须兼采三种史料:一是历代古书中关于瑶之记载;二是瑶人用汉字写出之经典;三是由瑶人口中探访得知的传说。② 通过比照考证以上三种史料而求其真实。

　　江应樑在《评鸟居龙藏之〈苗族调查报告〉》一文中,曾提出他的族群社会调查的方法论,说:民族调查作为一种新兴的学问,已普遍地为中外学者所重视,它综合了历史学、社会学、人类学、民族学、考古学、地理学等学科,同时调查结果又可以贡献给以上诸种科学。在调查未开化或半开化的民族时,其调查对象,应包括种属来源及演变、人口及地理分布、体质、习性、生活实相、宗教信仰、民俗、文化、语言、特殊事物等十项。在调查的过程中,应尽量站在纯粹学术的客观立场上,运用新的科学方法,所撰写的调查报告应求

---

① 江应樑拟,杨成志指导:《云南西部民族考察计划》,《国立中山大学日报》1937 年 7 月 8 日,第 8 版。
② 江应樑:《广东瑶人之今昔观》,《民俗》第 1 卷第 3 期,1937 年 6 月 30 日,第 4 页。

精确翔实,同时还应设法搜罗实物及拍摄照片。鸟居龙藏的《苗族调查报告》,总体看来不失为一本比较完善的民族调查书籍,其不足则在于缺乏历史演变的研究。在江应樑看来,调查报告一类的书籍,主要目的虽在于"记载观察所得的实象,但对任何一种事物,欲明其现状,不能不推究过去演变的情形",尤其是研究一个族群社会更不可少,但该书在绪言及结论中引用中国古籍关于苗人的记载,并不能使读者对苗族过去实绩及由过去演变至今日之阶段得一明确之认识。此外,调查报告中关于苗人生活实象以及文字和社会制度的记载过于简略。①

江应樑批评鸟居龙藏的《苗族调查报告》在关于苗人历史演变和社会制度、文字等方面的调查研究严重不足,更多的是夫子自道,借以阐述其治学理念和学术取径。他说:"我自己去实地作民族调查时,固然本着我个人此种见解去工作,而我对他人民族调查报告等类书籍,也根据我个人此种见解来评价,虽然这样未免觉得太主观或许更有些儿失之于粗略与幼稚。"②而他本人在云南西部族群社会的调查过程中,对于僰夷的历史演变和土司制度、经济社会状况、婚姻制度以及文字等方面便都给予了极大的关注。

如在《滇西摆夷之现实生活》的第一章论述"摆夷的来历",就是通过史料、地名和民族习俗的研究对滇西德宏地区傣族的族源及其流变进行梳理。江应樑认为断发、文身、巢居、食异物和善制铜器,这是百越民族迥异于其他民族的特殊风俗习性。而傣族所具有的这些习俗,与百越相同,应属于百越系。民族习俗的研究对人类学有着重要的意义,传统的所谓历史,只是成文史,而人类学"历史的重构"(鲍亚士语)工作的完成,有赖于先史学的方法——从现存人民(尤其是未受他种文化急剧影响的部族)中寻求和推究先史人民的风俗、语言、信仰等,再通过比较研究法,寻求人类文化相似的特质,并探究他们在历史上的相互关系。这是对传统史学的一大突破。③

土司制度是中国古代王朝对少数民族一种特殊的政治统治方式,一般认为这种制度始创于元,完成于明代,清因袭之,直至民国仍有部分的残留。元明清的土司制度,施行的区域不限于西南,但以西南各省为重点实施地区,其中尤以云南境内所设置的土职最多,职官种类也最为完备。虽然清代初年以云南为改土归流的重点地区,但是未改成而保留下来的最大、最多的

---

① 江应樑:《评鸟居龙藏之〈苗族调查报告〉》,《现代史学》第 3 卷第 2 期,1937 年 4 月。
② 江应樑:《评鸟居龙藏之〈苗族调查报告〉》,《现代史学》第 3 卷第 2 期,1937 年 4 月,第 1~2 页。
③ 江晓林:《关于〈滇西摆夷之现实生活〉·代序》,江应樑:《滇西摆夷之现实生活》,潞西:德宏民族出版社,2003 年,第 21 页。

土司地区也是在云南。① 正是民国时期土司制度在云南西部区域的遗留，使得江应樑一方面能收集到大量有关土司治内的各种地方文献，另一方面又能亲历土司治内的所有生活实相，最终将土司制度的研究建立在坚实的文献和田野考察的基础之上。

在《滇西僰夷的土司政治》一文中，江应樑利用调查所得地方志、族谱、文人笔记、正史等文献，对云南西部僰夷土司制度的沿革、土司治下之行政组织、职官以及土司之承袭等有关土司制度在基层社会实行的具体情况展开了认真细致的考察。其中有作者亲历亲见的记录和抄录下来的一些文书资料，如明清至民国时期的土司家谱、承袭的各种文书档案、百姓对土司的租役赋税，土司给民国政府的呈文等多种地方文献，今天已经成为研究近代土司制度的宝贵文献。② 著名历史学家梁方仲先生从容肇祖处借得该文，受读之下，赞其文章"取材审当可喜，叙事简明有法，允推佳构"。梁氏认为自清承明制后，虽无大改革，然改土归流，成绩颇著。民国以来，政府建立设治局专门管理地方行政，然实权仍操于土司手中，这是数百年来演变而成之特殊政治制度，至今尚未有多人作普遍精邃之研究，而江氏的文章，"颇采摭实际调查资料，弥觉可贵。良以此项问题之研究，必深入彼间，以求对于各民族之语言文字、风俗习惯有相当之熟悉，始可有伟大精邃之贡献也"。③

1957 年，江应樑出于自己研究的便利和指导学生学习上的需要，在数次云南调查所得材料的基础上，将明代有关云南境内土司设置的各种零散、纷乱、互相矛盾的文献材料，加以整理，其目的是为了解决明代在云南境内设置的土官与土司、土司分布区域及疆界的变动、大量设置土职的用意、土官土司的来历包括其族系、土司制度所发生的经济作用等问题。其所撰《明代云南境内的土官与土司》一书，向人们展示了明代土司制度的基本轮廓，详细记载了云南各府土职（土官、土司）的来历及其所在地，方便了研究者的检阅。④

除有关土司政治的研究之外，他还以居住于云南西部腾越、龙陵边外今之梁河、连山、盈江、陇川、瑞丽、潞西诸设治局所属各土司治内的僰夷民族

---

① 江应樑：《明代云南境内的土官与土司》，昆明：云南人民出版社，1958 年，第 1 页。

② 江晓林：《江应樑传》，桂林：广西师范大学出版社，2005 年，第 76 页。

③ 梁方仲：《〈滇西僰夷的土司政治〉读后记——兼论差发金银》，原载昆明《益世报·史学周刊》第 9、10 期，1938 年 4 月，江应樑：《西南边疆民族论丛》，广州：珠海大学，1948 年，第 188~189 页。

④ 江应樑：《明代云南境内的土官与土司》，昆明：云南人民出版社，1958 年，扉页。

为考察对象,完成了云南西部僰夷民族之经济社会的透视。在调查滇西僰夷社会的农业经济生产、佣工及手工业、商业、货币制度的基础上,江应樑发现,表面上,云南省政府在云南西部地区设置了梁河、盈江、连山、陇川、瑞丽、潞西等六个设治局治理地方政治,实际上,这些设治局的治权,并不似内地县政府能直接推行地方行政,各治区范围内的政治和经济大权并非操于设治局之手,而是由当地土司所掌握,其社会制度及经济组织,都呈现一种特异形态,社会机构上最显著的异象便是两个阶级——贵族与平民或地主与佃农——严格的对立。这种阶级的对立,是在数百年土司制度的政体下所形成的,僰夷之所谓贵族阶级,便是土司的一家一族,土司是世袭的统治者,从元明以迄现代,地方的统治权都掌握在一家一姓之手,土司为全境土地唯一的所有人,这一家一姓的远枝近族,便当然成为地方上的特殊阶级——贵族或统治者;而一家一族以外的全部社会分子,便成为另一个阶级——平民、佃户或被统治者。这两个阶级,不仅在政治上居于上下的地位,就是在整个的生活中,处处显示着彼此的差异。如贵族与平民绝对不通婚;贵族有受教育的特权而平民则否;贵族多汉化甚或洋化,平民则保持其固有的语言习俗;贵族的物质生活,不论在衣食住的哪方面,都显出与平民不同的两个方式与两种水准。其结论是,僰夷的生产阶段虽尚停滞在锄耕的农业阶段,但是滇缅公路的开辟,必将成为促进僰夷当前的社会制度及经济组织变动的主力。社会的核心,很可能有随时向工商阶段中迈进的趋势。就学术上而言,江应樑希望文化界人士,能多从这富有历史意味的社会制度及经济机构中,取得更多研究资料;就民族的大一统而言,希望政府能早日对此种不适存在于现时代的社会经济组织,加以改进。[①]

《僰夷民族之家族组织及婚姻制度》一文,则考察了梁河、连山、盈江、陇川、瑞丽、潞西诸设治局所属的南甸、干崖、盏达、陇川、猛卯、芒市诸土司辖地内的僰夷民族家族组织与婚姻制度。文章认为,从表面看,僰夷民族间似乎没有具体而坚强的家族组织,但在意识及亲属关系上,则又确然有着"族"的意识的存在。如,僰夷族系内部同姓不能通婚;有亲属关系或同姓中之年纪最长之人,在其亲属中或同姓中,隐然有受特殊待遇与尊崇之势;遇婚丧大事,必请族中之年长者到场;遇亲属中有争执事件,亦多请年长者调解。

但是,此种"族"的形成,是否建立于血统的关系上,尚值得研究。因为

---

① 江应樑:《云南西部僰夷民族之经济社会》,《西南边疆》创刊号,1938年10月,第63、65、80页。

在汉人社会中,一般对于血族的区分,皆以姓氏作标准,而云南西部僰夷民族,虽大多数都有姓氏,但是据当地土司口述,数百年前僰夷区域中住着一种长发夷,可以说是地道的僰夷民族,然其族中皆无姓氏,后来汉人移居此地,皆变其俗而与之同化,惟同化后却能保持其原来的姓氏,故今日有姓氏的僰夷,其实都是汉族而非夷族。姓氏既不能用来做区分宗族的标准,故僰夷民族虽意识中有血族的存在,却无具体的族的组织,其中很显著的现象如无宗祠、无宗族团体、除土司家外无族谱等。是以,僰夷社会组成之单位,不是家族而是家庭。此外,僰夷社会中的大宗在宗法制度中的意义及其被尊崇的地位较广泛且严格。

此外,江应樑还考察了僰夷的婚姻制度。贵族婚姻完全模仿汉人,而民间婚姻同时并行着自主结合、掠夺婚姻、买卖婚姻三种不同的婚姻制度。江氏还对僰夷民间两性结合的整个过程做出了详细的记载,认为若能将僰夷民间的两性结合情形,从求爱至迎娶以后的大团圆,摄成有声影片,将可称为一部富有情趣而兼具着历史学、人类学、社会学最高价值之巨片。[①]

《凉山夷族的奴隶制度》一书,对巴布凉山的地理环境、夷人的由来、奴隶社会的形成、部落支派、亲戚与冤家、家庭组织、家庭财产、生活文化等问题均有详细的阐述。文章认为巴布凉山的夷人社会仍是一个很典型的奴隶社会,山上的黑夷或黑骨头,是部落的统治者,白夷或白骨头或娃子,是部落的奴隶,在凉山由一家或一族黑夷统率着数百以至千家白夷,据有山中一个区域,即自称为一个部落,各部落各自独立,互不统属。何以此种奴隶社会形态至今仍能存在? 江应樑认为原因有三:一是沿袭其原有的部落制度;二是与外界关系绝对隔绝,内地的政治制度、社会形态始终未影响到山中的原始社会组织;三是采取了较有效的方法维持此种奴隶社会使之不至于崩溃,即两阶级血统的严格隔绝和黑夷对白夷的恩威并重。[②]

1941 年 4 月,清华大学社会学系教授李景汉在昆明指导国情普查所的人员训练工作并讲授调查方法,期间偶遇江应樑,江氏以《凉山罗罗的氏族组织》一稿相示,当晚李景汉在昏暗的油灯下一气读完,随后便写出一篇万余字的评介文章。李景汉首先对于江应樑"无伴侣,无随从,单身一人,批罗罗之毡,穿麻线鞋,吃包谷巴巴,住罗罗草棚,或半月不更衣,或三朝不洗面",深入被常人视为畏途的巴布凉山进行调查的学术献身精神,表达出由

---

① 江应樑:《僰夷民族之家族组织及婚姻制度》,《西南边疆》第 2 期,1938 年 11 月,第 22~44 页。

② 江应樑:《凉山夷族的奴隶制度》,广州:珠海大学,1948 年,第 76、77 页。

衷的敬佩之情。又说,"事实是最好的证人",唯有真正的社会事实,才能产生出深刻的社会认识;也唯有深刻的社会认识,才能产生出正确的建国途径,作为一位受过人类学和社会学长期训练的有丰富学识和实地考察经验的学者,江应樑更是一位理论的实行家。在李景汉看来,虽然抗战前,"深入民间进行实际社会调查"等口号已引起了国人的注意,但所举行的研究也多限于沿海省份,而空前严重的国难使许多人来到内地和边疆,于是"开发边地"、"考察边疆社会"的呼声又成为极时髦的口号,但不幸是大多数学者都是多说少做,"对于边疆的实地研究工作,直到现在仍然是多闻雷声,少见雨下"。因此,像江应樑这样既有理论经验又有实践的专家深入不毛之地、从事实际调查的学人,实在是凤毛麟角,其《凉山罗罗的氏族组织》不愧是"一本有价值的第一手资料"。① 有意思的是,李景汉的评介文章刊出 7 年之后,直至该书出版之前江应樑才初次拜读到。②

江应樑晚年回忆中谈到他 1949 年以前在广东、海南、四川、云南等地的田野调查中积累了许多族群社会生活素材,所以在这一时期所有的论著,都是使用田野调查的材料,并结合历史文献资料,加入个人见解而写成。即使在中华人民共和国成立后,人类学被视作为殖民主义服务的学科而被取消,江应樑被迫转入历史系后,他也并非完全单纯埋头故纸堆进行工作,"所写的文章都是偷偷地把民族调查的材料与历史文献材料结合起来进行研究"。③

十一届三中全会之后,人们对于人类学和社会学的误解得到了澄清,全国性的人类学会和社会学会也随之成立,中山大学人类学系也率先得到恢复,于是江应樑才得以公开讲授"人类学"课程,主张"人类学与民族史结合研究",强调现实民族调查、考古材料、语言比较与历史文献材料的有效结合,来解决民族史研究上的疑难问题。此外,江应樑给我们提供了一条参加田野调查的亲身经验,他本人看过很多秦始皇征讨西瓯,使监禄凿渠沟通湘漓二水的史志及私家相关记录文章,"但始终得不到一个具体概念,到了兴安县看了灵渠遗迹,才知究竟怎样沟通湘漓二水的"。④ 这其实是在告诉我们田野调查不只是收集文献材料,深入历史发生的现场对调查者解读或理解文献和研究者的思维启迪有着意想不到的作用。

① 李景汉:《凉山罗罗之氏族组织:一个实地调查的介绍》,《边政公论》1941 年第 1 卷第 3、4 期合刊,第 16、17 页。
② 江应樑:《凉山夷族的奴隶制度》,广州:珠海大学,1948 年,第 2 页。
③ 江应樑:《江应樑民族研究文集·自序》,北京:民族出版社,1992 年,第 1~2 页。
④ 江应樑:《论人类学与民族史研究的结合》,《思想战线》1983 年第 2 期,第 70 页。

其次是注重利用调查过程中观察的仪式和所得的实物、口述传说证史。

江应樑认为研究初民宗教,"最要者为详细描写其拜神仪式的举行",因此,在粤北瑶山的田野调查过程中,每当听说某处瑶人有祭神之事时,都不惧翻山越岭地去参与观察;每有神庙所在地,虽在峻岭高峰间,不惜挥汗前往查看。其中在一个寂静的深夜,为了观看瑶人打猎获鹿后祭肉神的仪式,江应樑与一瑶童手持火把,绕过几个山峰去观看瑶人举行仪式的整个过程,并抄得瑶人出猎祭肉神的经典文献,甚至还乘机"偷得"瑶人神庙中的"还愿纸封"若干和"祈年告天表文"数张。① 归来后,根据多次的观察再用瑶人各种经典传说中所载者来参证、研究瑶人的宗教问题,认为今日瑶山瑶人之宗教信仰,除一部分保有其原始的自然崇拜的形式外,受到汉人道教影响极深。②

在深入滇西调查的过程中,江应樑发现摆夷的住宅大多为竹篱茅舍,但在众多茅舍之中必有气象恢宏的大建筑——佛寺,他详细考察了寺庙建筑,以及摆夷"赕佛"、"进洼"、"做摆"、"浴佛"、"跳摆"等仪式的过程及消费,惊奇地发现摆夷经济生活中最大的消费是宗教上的支出。③ 此外,还搜集了不少民族服饰和民俗、宗教用品,拍摄大量的照片,先后在昆明、广州和香港举办了展览,并将这些物品中的大部分赠送给昆明民众教育馆和中山大学研究院。④

《云南用贝考》是江应樑1937年写成《昆明民俗志导论》后,在所收集的资料中检出了云南民间使用海贝的有关材料,并以云南民间遗留大量海贝的实物和口述传说为佐证,"乘兴所至"而写成。据其平日生活中观察,直至民国时期云南边境的一般"夷"人,仍将海贝视作财宝,在云南汉人家中,也能于篋底箱角中见到零星的海贝,且居于乡间的父老均能口述这些海贝为先辈所用钱币,直至清代,随着与汉人的交往更为直接频繁,以及铜钱的大量鼓铸流通,几千年来通行云南的海贝遂失去货币的功能。然另一方面,海贝在"夷民"生活中,并未完全失去其固有的价值,交易虽不通用,但直至清代,"夷民"仍保有用海贝的习惯,在他们的心目中,海贝不仅是一种宝贵的装饰品,同时也仍具有某种货币的含义或价值,以

① 江应樑:《广东瑶人之宗教信仰及其经咒》,《民俗·广东北江瑶人调查报告专号》第1卷第3期,1937年6月30日,第2页。
② 江应樑:《广东北江瑶人的生活》,《东方杂志》第35卷第11号,1937年6月1日,第39页。
③ 江应樑:《摆夷的经济生活》,岭南大学西南社会经济研究所专刊甲集第五种,广州,1950年,70~81页;江应樑:《摆夷的生活文化》,上海:中华书局,1950年,第241~246页。
④ 江应樑:《口述自传》残稿,转引自江晓林:《关于〈滇西摆夷之现实生活〉·代序》,昆明:云南人民出版社,1958年,第20页。

致民间"仍多藏贝而不藏银"。云南民间视海贝为宝物的这一社会现象，引起了江应樑极大的研究兴趣，认为"海贝在云南汉夷民族的经济史上，实是一件极重要的物件"。①

江应樑在梳理了《本草纲目》、《汉书》、《新元史》、《天下郡国利病书》、《续文献通考》等历史文献中关于海贝作为交易货币的记载后，提出贝为我国秦汉以前民间的主要货币，自秦汉后钱币始兴，贝的使用渐被废除。王莽时虽也一度用贝，但短时间后便被废止，从此在中国钱币史上，再无用贝币的记载。惟云南境内，两汉时虽已成为中国郡县，但与中国其他地区的政治、经济关系仍然不甚紧密，故仍未改其通用原始贝币之习；唐宋时，云南出现南诏国及大理国政权，这时中国的货币制度更不能直接通行云南，直到元明时期，海贝依然为云南民间的主要货币，且对中央政府的纳粮上税，亦均以贝缴纳。直至明末清初，始渐通用铜钱银两而废止用贝。

江应樑总括历史文献关于海贝的记载，指出云南海贝的废行主要有三个原因：一是明清时云南产铜，不仅供云南本省铸钱，且能大量供给邻省及京师，因此市面钱币的流通得以顺畅，民间应用亦感到方便，乃渐渐舍海贝而使用铜钱；二是政府提高银钱、压低海贝的价值，因而海贝的使用便被淘汰；三是云南自元成为一行省后，经明一代的经营，与内地其他地区在政治、经济等方面的交流加强，货币的统一自是必然的政策与趋势，因此海贝被废除而代之以钱币，也是内地移民已在云南取得了政治、经济实权的一种表现。

不过，江应樑对云南海贝的研究远不止于此，在他看来，中国历史上的边境各民族中，虽也有一些曾用贝币，但一经和内地交通后，都很快转用铜钱，何以云南会至元明而仍用海贝作货币？这实在是一个特殊现象。

据《云南通志·风俗篇》和《天下郡国利病书·云贵篇》等文献，云南用贝相沿至明不废的原因有：(1) 庄蹻将内地用贝之制传入滇；(2) 秦虽废贝用钱，但庄蹻王滇，并未奉行；(3) 后世钱虽流入云南，但钱文有好坏，须拣选，不若贝只计数，较为简易不欺，故民乐用。江应樑认为以上三种解答的理由并不充分。其一，庄蹻王滇是"变服从其俗以长之"，未必把内地制度输入滇中，即使将内地用贝之制传入，倘云南本土没有这种货币的出产，亦未必便能用贝。其二，秦之废贝，滇虽未奉行，但汉魏时益州、永昌等郡之建立，隋唐两宋多次向云南用兵，内地用币制度及钱币难保不传入，何以滇中不废贝而用钱。其三，如果以简易便当论，用铜钱实较用贝便易得多，海贝

---

① 江应樑：《云南用贝考》，《新亚细亚》第 13 卷第 1 期，1937 年 1 月 1 日，第 19 页。

一则易于破碎,再则体积太大不便携带。江氏进一步指出,云南民族绝不至单独违反这一般的情势而认海贝之行使较铜简易,因而舍弃铜钱用海贝。因此,他认为云南所以不用铜钱的原因可能是:(1)自己不会铸钱,境内没有足够流通的钱币;(2)海贝是因为没有铜钱而使用的,并非海贝较铜钱方便而舍钱用贝。

但云南在这样长久的一段历史过程中,何以除钱币外,不采取第三种物件做交易的媒介,却专以海贝作货币?对此问题,江应樑作出两个假设:(1)云南本境或其紧邻之处,必有海贝的出产处;(2)历史上必有一个通用贝币的地区,长久与云南发生密切的经济关系,此种关系,一度甚至较其与内地的经济交往还要密切。顺着这一假设,江应樑从历史文献资料中发现,贝为海产,云南四境不滨海,古代滇池、洱海中是否产贝,对此,江应樑不敢断言。不过据文献中所载云南所用的贝,大致是经由安南或缅甸而流入,历史上和云南有较多交往的国家,有吐蕃、安南、暹罗等。吐蕃是不用贝的,安南在唐宋时多用中国钱,这两个国家可以排除。在《皇朝文献通考·暹罗》和《明史·外国传·暹罗》中有关于暹罗用贝的记载,且连海贝的名称都与滇中相同。考秦汉之时,永昌为通海要道,在交阯、广州尚未成为海上国际商埠时,西亚或南洋船只东来均在缅甸、暹罗登岸而入云南。据此,作者大胆推论:自汉唐以来,云南土著民族和暹罗长期有密切的经济联系,暹罗用海贝,所以云南也以海贝为货币,暹罗与云南之经济关系,一度较中国内地与云南之经济关系为深切,故元明以前,内地虽也有铜钱流入云南,但却不能使滇中废贝而用钱。元明以后,云南与暹罗之经济关系乃渐不如与中国内地之深切。在此趋势之下,货币的使用必以经济关系较深之一方的货币作主体,但元及明末以前,因为钱币数量不敷流通,故海贝之使用仍继续盛行,直到明末清初云南大量铸造铜钱以后,铜钱有充分的供给,于是海贝之使用乃废止。[①]

虽然作者指出,对于云南用贝的考证答案不失"武断",希望将来能有充分的资料来打破或证实这种假设,但是该文关于云南使用海贝的考证,作者以现今云南残留的海贝实物和口述传说入手,从云南与中国内地及暹罗经济联系出发,通过历史文献的考释,提出了富有启发性的推论,无论在结论和研究方法上都有相当的借鉴意义,因而至今仍被学界"认为是研究云南古代货币的权威之作"。[②]

---

① 江应樑:《云南用贝考》,《新亚细亚》第13卷第1期,1937年1月1日,第19~28页。
② 江晓林:《江应樑传》,桂林:广西师范大学出版社,2005年,第52页。

《诸葛亮与云南西部边民》①则是江应樑利用调查过程中所见碑刻实物结合历史文献、口述传说而写成的一篇历史翻案文章。诸葛亮南征路线及其所到地带,虽有不少研究者关注,然至今尚无确切的结论,其原因在于可取为据的直接史料极为贫乏。江应樑曾两度到达滇西边区,其中1937年第一次调查时滇缅公路尚未兴筑,至大理以后均以马代步,当作者经过穷荒僻壤,惊奇地发现在澜沧江和怒江两岸,高黎贡山间,以至滇缅沿边各地,处处有诸葛遗迹,父老边民人人能述武侯故事,然江应樑本人却怀疑武侯当年并未远至滇缅沿边各地,何以今日却有如是之多的遗迹遗事? 于是写出《诸葛亮与云南西部边民》一文。

蜀汉丞相武侯诸葛亮,在云南全省各区中,是一位被广泛崇拜敬仰的神灵,武侯祠在任何城市村镇中均可以看到,孔明之名,虽村妇孺子,也多知之,其神威厚德,广被南中,一千余年来,受南中人民的供奉敬仰。不过,江应樑发现,滇人敬奉武侯,从民族及地方区域上说也有一种程度不同的趋势:一是"夷民"较汉民敬奉尤为虔诚;二是边区较内地敬奉尤为普遍;三是就边区"夷民"来说,对武侯敬仰之最深者,莫如西部一带之边地"夷民";四是武侯南征遗事,以西部各地流传最广,而武侯的南征遗迹,亦以西部一带最多。

作者通过两次对边地"夷民"的考察而行走于云南西部各个边区中,深觉诸葛武侯之遗威遗德,所加于西部各"夷族"间者,实在"深"且"广",同时,在所经各地所采访到的武侯南征遗迹,似乎确实显示着当时孔明南征,曾亲到云南西部边区各地,与住居边地各"夷族"发生了很多关系。其中,在云南西部边区中崇信孔明最甚者首推"开钦族",诸葛武侯普遍地被奉为民族中的最高神灵。散居在怒江沿岸的腾越、龙陵边区的"傈僳"族,也敬孔明若神明。以至彼时外籍传教士,多深入傈僳山头诸族传布基督教,为要取得诸"夷民"对基督教的信仰,于是编造了一个滑稽的故事,他们在族中宣布说:上帝有二子,长为孔明,次为耶稣,过去长子掌事,所以要信奉孔明,现长子已退休,由次子耶稣掌事,所以不应当再信奉孔明要信奉耶稣。由此可见,诸葛武侯在云南西部边地"夷族"中,已成为一个被普遍崇敬的偶像。

据江应樑的实地考察,诸葛遗迹在滇中,以旧永昌府(今保山,永平诸县

---

① 《诸葛亮与云南西部边民》一文原载《西南边疆》第6期,1939年5月,后收入氏著《西南边疆民族论丛》,改名为《诸葛武侯与南蛮》,广州:珠海大学,1948年。两文内容一致,本文所引该文的材料均来自《西南边疆》杂志。

境)内为最多,自大理西上,直至滇缅边境,有天威迳、诸葛寨、诸葛营、三海七墩、神箭墩、诸葛旗台、诸葛井、粮堆、保山断脉、右军台、诸葛城、镇翼石堆、十九古街、盘蛇谷、哑泉、关索岭、孟节寺、孔明碑等武侯南征遗迹十八处,其中在大理、漾濞、永平、腾冲各一处,在龙陵境内有两处,其余十二处均在保山境内。除实物遗迹外,尚有诸葛武侯的两个史事遗留:藤甲兵遗族、孟获遗族。而依据大量文献史料,诸葛武侯或其南征部队所可能到的云南境内地带,则是滇池及武定、元谋、大姚、平彝、曲靖、陆良等地,并未到云南西部一带。至此,问题似乎已经圆满解决了。但是,作者的思考仍没有结束,进一步提出问题:既然诸葛武侯未到云南西部一带,为何大理永昌以至滇缅边区一带,却一致的有武侯曾经亲临其地的传说,处处留有武侯南征的遗迹,边地人民对武侯有着特殊的敬奉崇仰,这又将如何来解答? 复何以有武侯到永昌一带的传说?

江应樑认为这个传说的起源和当时守永昌拒雍闓的吕凯很有关系。今保山县属之金鸡村,即汉不韦县故址,吕凯一家可以说是最早移殖于云南西部边区的中原汉民族,当雍闓反叛时,吕凯为永昌郡功曹,与府丞王伉等闭境拒闓,后来诸葛武侯上表吕凯、王伉等人忠于蜀汉的功绩。江应樑看到时保山金鸡村中有吕侯祠和吕凯故宅,宅前有插戟石,后有点将台,并有吕氏祖墓,乡人对吕季平崇敬极深。江氏询问保山当地文人士子,何以证武侯必至永昌,彼等所答之唯一理由,便是吕季平为金鸡村人,武侯若不至永昌境,何以识吕凯? 江应樑认为这或者便是滇中人士一致相传武侯遍历西部各地的原动力。

在云南西部各县境中考察过程中,江应樑在大理、永昌、腾越、龙陵诸地,曾向云南西部各县境的父老遍访地方传说和武侯故事,试图据此种地方传说来推证武侯南征路线,结果不论士大夫或乡老农妇口中所说的武侯故事,以及各地方所流传的盘蛇谷、孟节寺、哑泉、藤甲兵等武侯遗迹,显然是从《三国志演义》一书中转述出来,因《三国志演义》乃杂采正史及糅合民间传说故事而写成,其书一出,风行各地,甚至一般人多视其所载者为真实史事。

最后作者结论:云南西部边民,对诸葛武侯有极深的敬仰,甚至将武侯奉为宗教中最高的神灵,而大理、永昌、腾越、龙陵诸地武侯南征之遗迹,似乎昭示着武侯南征确曾亲至滇西各地。但考之史实,武侯南征不可能到永昌等地。至于武侯虽未亲至西部,而西部各地远被其声威者,其原因在于:一是因里人之崇敬吕凯,由吕凯与武侯的关系,乃推演到武侯曾经亲到永昌的传说;二因武侯曾到永昌等地的传说已为一般所深信,再受到《三国志演义》一书的影响,因而武侯南征遗迹,乃被附会而大量制造出来;三是武侯曾在其征服区域中,建立了多种文物制度,而近日居住西部边地崇信孔明之山头等族,是从东北部迁移来的,也许当日这些"夷民"的居住区,正是武侯足迹所到地,亲受武侯文化的感化,于是武侯成为其民族崇拜的偶像,后来其族迁移西方,所崇拜之人物,亦随之而迁移于西部边区一带。①

这篇文字因为否认了诸葛武侯到过滇西诸地,去除了滇西地区有关诸葛武侯"光荣的古迹"的光环,颠覆了滇西"夷民"的历史记忆,实在未免大煞风景。② 然而,从学术上看,历史研究的魅力在于求实求真,这也正反映出江应樑在学术研究中忠于史实的学术品格。

最后,需要特别指出的是,江应樑认为从事西南族群社会的调查,除供学术研究之外,还在于为政府开化边疆出谋划策。他在《西南民族研究计划中》说道:

> 今日言救中国者,莫不为谓根本决策在求中华民族之复兴,但欲求民族复兴,首须澈底了解整个民族中各个个体之现实状况,进而谋求解除各个体间的隔阂,使统一于一个目标之下,始可言与复兴之道。西南民族其数不算少,与国人之隔绝却最深,国人对其生活实相之了解亦极模糊,故对西南民族作实际之研究,实即复兴中华民族之初步切要工作。③

全面抗日战争爆发之后,一时西南成为全国抗战的大后方。为了消除过去人们对西南民族的误解和歧视,团结抗战,江应樑根据在滇西调查时亲历经验,写出《抗战中的西南民族问题》一书,于 1938 年 10 月作为"抗战丛刊"之一在重庆公开出版。该书论述西南民族的过去与现状,西南民族与抗战前途的关系,以及调整西南民族的具体方案,认为开化西南民族之前,首先应以培养边疆人才为先锋,然后才能筹定开发西南的政策措施。④ 1943年 9 月,云南省政府欲从事改革边疆行政,成立了边疆设计委员会,拟对云南全省作一番调查研究工作,聘江应樑担任主任委员一职。在职期间,江应

---

① 以上引文参见江应樑:《诸葛亮与云南西部边民》,《西南边疆》第 6 期,1939 年 5 月,第42~55 页。

② 江应樑:《西南边疆民族论丛·自序》,广州:珠海大学,1948 年,第 3 页。

③ 江应樑:《西南民族研究计划:研究院文科研究所史学部研究生研究计划》,《国立中山大学日报》1937 年 1 月 7 日,第 2 版。

④ 江应樑:《抗战中的西南民族问题》,重庆:中山文化教育馆,1938 年。

樑根据几次实地调查的资料先后撰写了《大小凉山开发方案》、《腾龙沿边开发方案》、《思普沿边开发方案》三本小册子，为开发西南地区的社会经济积极谏言献策，取得了重要的成绩，从而赢得了历史学家顾颉刚的肯定，称其为"边疆工作可用人才"之一。①

___

① 顾颉刚：《顾颉刚日记》第 4 卷，1940 年 12 月 31 日，台北：联经出版公司，2007 年，第466 页。

第八章　"中华民族是一个"的讨论与西南边疆民族研究

　　"九一八"事变后,日本在华北策划"五省自治",华北、平津危急。为了粉碎日寇分裂中国的阴谋,以傅斯年、顾颉刚为首的学者,在学界发出"中华民族是整个"、"中华民族是一个"的呼吁,同时也引起了学界同行的质疑。目前学界关于"中华民族是一个"辩论的研究不在少数。这些文章将本次论辩的讨论焦点集中在顾颉刚、白寿彝、张维华、费孝通、翦伯赞等少数几个人物身上,认为参与讨论的学者除了费、翦二人之外,均同意或发挥顾颉刚的观点。盖因此次论辩双方以《益世报》为主要论辩阵地,故能引起学界的广泛重视。然而,除了在《益世报》发表的相关文章之外,学界仍有不少文章涉及此次论辩,尤其在同一时期以杨成志、胡体乾、吴宗慈等为代表的具体从事于西南民族历史调查和研究的南方学人,他们的不同意见则完全没有进入研究者的学术视野。除此之外,顾颉刚、傅斯年提出的"中华民族是一个"的历史背景,与1930年代末日本在幕后支持泰国鼓吹"大泰国主义",妄图分裂中国西南傣族聚居地密切相关,而这些在以上的几篇文章中则没有涉及。本章拟在前人研究的基础之上,广泛搜集、充实相关史料,"详人所略",探隐、勾连此次学术辩论过程中政治、人事与学术之曲折关系,结合彼时国内外的政治局势和论辩各方所持的具体语境,从更广的视野上,揭示其中折射的学术与政治,及其他错综纠葛的社会因素,以加深对民国学术史某些特点的认识。

第一节　暹罗更名与西南边疆危机

　　围绕着顾颉刚提出的"中华民族是一个"展开的这场论辩,与1939年暹罗更改国名引起的西南边疆危机感有直接的关系。暹罗改名为"泰"("泰"乃"自由"之意),表面观之,与明初高丽改称"朝鲜",清中期安南改称"越南"类同,似无新奇之处,然细察之,却并非如此简单。①

暹罗本为君主专制国家,第七世国王蒲莱吉波克(Prajadhipok)是位绝对的亲英派,然在 1932 年 6 月 4 日,国内少壮派军官发动政变,政权落入人民党之手,暹罗过渡到立宪君主政体,英暹友好关系从此衰落,取而代之的是日暹关系迅速升温。② "九一八"事变之后,日本在政治上极力拉拢暹罗,目的无非是使暹罗同情日本对中国的侵略,以免日本在国际上处于孤立无援的境地。1933 年初,国际联盟(简称"国联",League of Nations)召开谴责日本占据中国东北的会议表决中,其中 42 票赞成,1 票反对(日本),仅有暹罗 1 票弃权,暹罗此举引起英美等国的惊异。③

在日本的怂恿下,暹罗投入法西斯的怀抱,少壮派军人以一种近乎浮躁的"爱国主义"情绪来塑造暹罗。④ 1938 年,少壮派军官銮·批汶颂堪(Phibunsongkhram)自兼国务总理,对外奉行反华、亲日、疏英法的外交策略。与此同时,文人阿谀附和军人政府,高唱"大泰族主义",其中历史学者銮·威集·瓦他干(Vichitr Vadakarn)是策动新改国名的幕后主持人。1938年,他发表公开演讲,斥责华侨不利于暹罗,尤甚于犹太人不利于德国,并称泰族在中国西南等地人口是暹罗全国人口的 2 倍多,这些暹罗境外之泰人"但闻暹罗有泰人则喜"。⑤ 此种论调的目的在于宣传暹罗与中国境内的傣族同根同源具有现实的族群认同基础。

1939 年 5 月,威集发表广播演说,为暹罗改国名鸣锣开道。据其调查,泰人之发源地在中国的西南,现散布在滇、黔、桂、粤、川等地的泰人共有 1 950 万人之多。这些泰人的风俗与暹罗相类,且操流利泰语,更有部分泰族人联合成为独立之部落,对泰人有着广泛的认同。威集演说之目的,在促起"泰族人对于自身之独立自由而感到欢欣,并促而团结合作,领导泰族进于繁荣之域"。⑥

---

① 苏鸿宾:《暹罗改变国号之意义》,《南洋研究》1939 年第 8 卷第 3 期,第 77 页。
② 大江:《英日在暹罗的冲突》,《国际评论》1937 年第 1 卷第 4 期;怀亚特(Wyatt D. K.):《泰国史》,郭继光译,上海:东方出版社,2009 年,第 358 页。
③ 佚名:《日本南进政策与英日利害之冲突:日本与暹罗关系日趋密切》,《中外经济情报》1937 年第 187 期,第 9 页。
④ 佚名:《投入法西斯怀抱的暹罗(曼谷通讯)》,《杂志》1938 年第 3 卷第 1 期,第 15 页。
⑤ 张凤岐:《暹罗改名"泰国"与中国西南泰族之前途》,《新动向》1939 年第 3 卷第 4 期,第 920~921 页。
⑥ 苏鸿宾:《暹罗改变国号之意义》,《南洋研究》1939 年第 8 卷第 3 期,第 87 页。

相比銮·威集的演讲,批汶颂堪在征求更改国名意见时,言辞更加直接,谓:"在中国居留的泰族人,与汉族比较疏远,有一部分甚且划定区域,不受任何方面之统治。"①暹罗两位政要的言辞,暗示中国境内的泰族人应不受中国的统治,其目的与希特勒借口日耳曼族分布于中欧、东欧,须任其团结并而为一国之说相同。即在泰族大团结的民族意识下,鼓动中国西南泰族脱离出去,加入暹罗,并借中国泰族之存在,待机侵占中国西南之滇、黔、桂、粤、川各省,最终形成一个"泛泰族"国家。

国人对于日本策划建立伪"满洲国"和华北五省自治的阴谋仍心有余悸,此时全国的政治、经济、文教中心也被迫移至西南。然而,即便苟安西南边隅,也未能逃脱日本支持暹罗策划将中国西南分裂出去的阴谋。傅斯年对暹罗政治宣传的用意和国际时局的判断远在暹罗正式改国号之前。1939年初,他就已察觉暹罗宣传滇桂是其故居、妄图收复失地的言论将会酿成西南边疆的危机。他在给顾颉刚的信中道出了担忧:

> 今来西南,尤感觉此事政治上之重要性。夫云南人自曰"只有一个中国民族",深不愿为之探本追源,吾辈羁旅在此,又何必巧立各种民族之名目乎。今日本人在暹罗宣传桂、滇为泰族 Thai 故居,而鼓动其收复失地……则吾辈正当曰"中华民族一个"耳。至于闭户作学问,以其结果刊为不能流行之学术刊物,更或供政治之参考,自当一秉事实,无所顾虑,然不当使其民众化也。
>
> 此间情形,颇为隐忧,迤西为甚。但当严禁汉人侵夺蕃夷,并使之加速汉化,并制止一切非汉字之文字之推行,务于短期中贯澈其汉族之意识,斯为正图。如巧立民族之名,以招分化之实,似非学人爱国之忠也。②

傅氏认为抗战后的西南在政治上的重要地位不言而喻,云南人自己承认"只有一个中国民族",而不少羁旅在西南的学者,何必借民族研究之名巧立各种民族的名目。日本人在暹罗宣传桂、滇为泰族故居,而鼓动其收复失地,如果继续巧立民族之名,以招分化之实,非学人爱国之忠,应宣传"中华民族是一个"。为了避免学界给少数民族巧立名目,引起国家分裂的危险,傅斯年建

---

① 乃迁:《暹罗改国名为泰国》,《世界知识》1939 年第 9 卷第 9 期,第 277 页。
② 傅斯年:《傅斯年致顾颉刚》,1939 年 2 月 1 日,王汎森、潘光哲等编:《傅斯年遗札》第 2 卷,台北:中研院历史语言研究所,2011 年,第 954、955 页。

议顾颉刚放弃使用"边疆"、"民族"两个带有歧视性的用词,以免刺激云南当地的土著居民,甚至为复杂的境外势力所利用。刊物的内容莫谈一切巧立名目之民族,应尽力发挥"中华民族是一个"之大义,证明夷汉一家。①

傅斯年痛斥在滇学人"巧立民族之名,以招分化之实",其中一重要之原因便是日本人支持暹罗更改国名为"泰",宣传"大泰国主义",妄图收复泰族历史上曾经在西南地区的领土,在中国西南地区如法炮制一个新的伪"满洲国"。

顾颉刚在日记和《中华民族是一个》一文中,分别记录了傅斯年的信件与他写作这篇文章的关系。他在日记中写道:"昨得孟真来函,责备我在《益世报》办《边疆周刊》,登载文字多分析中华民族为若干民族,足以启分裂之祸,因写此文(《中华民族是一个》)以告国人。"又在文中概述信件的内容大意为:

> 现在日本人在暹罗宣传桂、滇为掸族(即泰族——笔者注)故居,更鼓动其收复失地。某国人又在缅甸拉拢国界内之土司,近更收纳华工,志不在小。在这种情形之下,我们决不能滥用"民族"二字以召分裂之祸。"中华民族是一个"这是信念,也是事实。我们务当于短期中使边方人民贯彻其中华民族的意识,斯为正途。夷汉是一家,大可以汉族历史为证。即如我辈,北方人谁敢保证其无胡人的血统,南方人谁敢保证其无百越、黎、苗的血统。今日之西南,实即千年前之江南、巴、粤耳。此非曲学也。②

傅斯年这封言辞"恳切"关于西南边疆危机的来信,引起了顾颉刚的"共鸣"和"同情"。虽然顾氏认为他本人"在西南还没有多走路,不配讨论这个问题",但是过往的历史经验告诉他,日本人曾假借"民族自决"的名义在东三省硬造一个伪"满洲国",后又想造出一个伪"大元国"和伪"回回国",现在"想用掸(泰)族作号召以捣乱我们的西南",美总统威尔逊喊出的"民族自决"的口号,竟为日本盗窃去作为其侵略的粉饰之辞。③ 读完傅斯年言辞"恳切"的信函,顾颉刚遂决意宣传"中华民族是一个"。

西南地处中国边陲,是中国少数民族分类最多的地区,为了避免学界给少数民族巧立名目,引起国家分裂的危险,傅斯年在信中还建议顾颉刚将来

---

① 傅斯年:《傅斯年致顾颉刚》,1939 年 2 月 1 日,王汎森、潘光哲等编:《傅斯年遗札》第 2 卷,台北:中研院历史语言研究所,2011 年,第 953~955 页。
② 顾颉刚:《中华民族是一个》,《益世报·边疆周刊》第 9 期,1939 年 2 月 13 日,第 4 版。
③ 顾颉刚:《中华民族是一个》,《益世报·边疆周刊》第 9 期,1939 年 2 月 13 日,第 4 版。

要谨慎使用"边疆"和"民族"两个名词。在傅斯年看来,与"边疆"一词相关的"边地"旧为贱称,而"边民"自古就是"不开化"的异名。傅斯年建议顾颉刚放弃使用"边疆"一词,其主要原因在于这一带有歧视性的用词会刺激云南当地的土著居民,产生不必要的摩擦。傅斯年不无担心地告诉顾颉刚:"此等感觉云南读书人非未有也,特云南人不若川、粤人之易于发作耳"。而"民族"一词之界说源于孙中山《民族主义》①一书,此书关于"民族"概念的界定,在彼时仍然具有法律上之效力,由政府机关支持的刊物,尤不应与之相违。基此考量,傅斯年建议顾颉刚,废止"边疆"一词,将《益世报·边疆副刊》更名为"云南"、"地理"或"西南"等;将来的非专门性刊物,务以讨论地理、经济、土产、政情等为限制,而莫谈一切巧立名目之民族;更重要的是,要尽力发挥"中华民族是一个"之大义,证明夷、汉为一家。如此,必将有利于处在艰难抗战时期的国家利益。②

事态的发展,应验了傅氏的担忧。1939 年 6 月 4 日,在少壮派军官发动政变的七周年之际,暹罗正式宣布改国号。同一日,时任史语所研究员的陶云逵以中国民族学者的立场,在昆明《益世报》上发表《关于暹罗改国号名为"泰"》一文驳斥暹罗更改国名之谬误,明确指出此举为日本暗中播弄之勾当。他呼吁国人警惕暹罗的政治家盗用"民族主义"为口号施行其政治策略,此种行径正如希特勒借口民族一体之说吞并捷奥。暹罗改国名的背后是日本暗中"施其播弄之术",暹罗借"民族一体"的思想被高呼之际,向滇、桂、越、缅伸手,故他特别提醒政府当局注意暹罗政治的新动向。③ 继有陈序经发表《暹罗与泰族》,认为暹罗大肆宣传因蒙元灭大理,泰族被迫自云南迁至暹罗,唐之南诏是他们的祖国,中国西南是他们的故乡,所以想当然地认为西南的僰夷、僚、仲家、僮等族,都是泰族的支流,以此煽动西南边民的民族主义情绪,势必会影响到西南边疆的稳定。因此,暹罗改国名为泰,是从"国家"主义而趋于"民族"主义,不能不说是暹罗"大泰民族主义"膨胀的表现。④

顾颉刚先后两次撰文揭露暹罗改国号对中国时局产生的不利影响。1939 年 9 月,顾颉刚自昆明寄出《暹罗改国号与中国之关系》一文,由香港《天文台·半周评论》刊出。文章指出暹罗改号是其狭隘的"泰族至高"思

---

① 孙中山认为秦汉以来,中国是一个民族造成一个国家,他所谓的民族主义即为"国族主义"。见孙中山:《民族主义》,上海:明智书局,1926 年,第 1 页。

② 傅斯年:《傅斯年致顾颉刚》,1939 年 2 月 1 日,王汎森、潘光哲等编:《傅斯年遗札》第 2 卷,台北:中研院历史语言研究所,2011 年,第 953、954 页。

③ 陶云逵:《关于暹罗改国号名为"泰"》,《益世报》(云南)1939 年 6 月 4 日,第 2 版。

④ 陈序经:《暹罗与泰族》,《今日评论》1939 年第 2 卷第 1 期,第 9~11 页。

想的表现。一方面"表示这个国家只是泰族底国家";另一方面又表示"凡泰族均应属于这个国家"。暹罗政府大唱收复泰族已失故土之口号,妄图使用希特勒对待捷克的办法来对待中国的西南边疆,炮制"凡泰族均应属于暹罗,则至少与泰族同族的摆夷所在地之云南西南部应划归暹罗"。顾氏认为,暹罗更名对中国的影响"并不是暹罗改号本身之客观地必须产生的结果,而是由于主观改号之主观的结果"。① 云南问题专家张凤岐认为顾氏的立论,"和盘托出暹罗改国名之阴谋"。② 两月后,顾颉刚又在《新中国时报》上发表《中国人应注意暹罗的态度》一文,重申暹罗改号的直接后果会扰乱中国抗战建国的西南根据地,动摇后方民族的抗战意志,使日本坐收渔人之利,最终实现其独霸东亚的野心。③ 此外,滇史研究专家周钟岳(白族)、方国瑜(纳西族)也分别从历史学的角度驳斥了暹罗更改国号的依据。④ 中共机关报——《新华日报》也刊出专文揭露暹罗大举排华,帮助日本侵略中国的事实。⑤

暹罗对大泰族主义的宣传,也引起了国民政府及西南边省官员的密切关注。对于暹罗宣传的"大泰族主义",虽然尚未发生实际破坏作用,但足以让贵州省政府主席杨森"不能不承认隐忧重重",生怕泰人与境内的夷胞联手,以致星火燎原,终会大爆发。在 1940 年 4 月 25 日,国民政府在致云南省政府的密函中表示:暹罗自改称泰国后,以"大泰族主义"号召,对云南泰族人极为注意,此举乃效仿希特勒大日耳曼民族主义之故,饬令云南省政府要"加切注意",查明泰族具体分布区域以及活动情形等问题。⑥

毋庸置疑,由暹罗改国号给西南边疆带来的危机,引起了政学两界的高度重视,其直接后果是让傅斯年和顾颉刚开始认识到审慎处理西南民族边疆问题的重要性。只有在西南边疆危机这个大的历史背景之下来认识"中华民族是一个"的讨论,以免以后出的观念来倒述此次论辩,才能更加接近于历史的本真。

---

① 顾颉刚:《暹罗改国号与中国之关系》,《天文台·半周评论》(香港)第 292 期,1939 年 9 月 14 日,第 2 版。
② 张凤岐:《暹罗改名"泰国"与中国西南泰族之前途》,《新动向》1939 年第 3 卷第 4 期,第 921 页。
③ 顾颉刚:《中国人应注意暹罗的态度》原载 1939 年 11 月 5 日《新中国日报》,《宝树园文存》第 4 卷,北京:中华书局,2011 年,第 145~148 页。
④ 周钟岳:《云南各夷族及其语言研究》,《新动向》1939 年第 3 卷第 3 期;方国瑜:《僰人与白子》,《益世报》1939 年 10 月 2 日,第 4 版。
⑤ 任坚:《暹罗排华的真象》,《新华日报》1939 年 10 月 4 日,第 2 版。
⑥ 王连浩、陈勇:《抗战时期国民政府及知识界对大泰族主义之回应》,《南京大学学报》2012 年第 3 期,第 87、89 页。

第二节　人情世故与学术歧见

顾氏《中华民族是一个》所要表达的思想主旨，大致在1935年傅斯年发表的《中华民族是整个的》中便已谈及。傅氏认为平津一带"华北五省自治运动"的舆论，不仅是伪造民意，更是扰乱人心、破坏国家领土完整的阴谋，应以民族主义的立场，尽法惩治。中华民族说一种话，写一种字，据同一种文化，行同一伦理，俨然是一个家族。"中华民族是整个的"这句话，既是历史的事实，更是现在的事实。① 傅氏以中原汉族为中心的视角来解释"中华民族是整个的"的主张，并没有包括汉族周边若干小的民族，有失偏颇。但是，该文刊出后，由于契合时局的需要，彼时学界多从不同视角出发肯定并发挥"中华民族是整个的"的主张，②并未见有反对的意见。

全面抗战爆发之后，顾颉刚密切关注边疆危机。1938年底，顾氏刊出《"中国本部"一名亟应废弃》。文章指出，由日本传来的"中国本部"一词是敌人分化我们的工具，谈中国"本部"就让人立刻感到东三省、内外蒙古、新疆和西藏非中国领土，不妨放弃，任由帝国主义侵略。文章结尾特意强调，在废弃"中国本部"一词的同时，"五大民族"的称谓也"必应废弃"。但作者并未继续申述缘由，希望以后再谈。③ 傅斯年对顾颉刚的批评与责备，也与其"久蓄"于心中的问题相契，当日就写下《中华民族是一个》，讨论废弃"五大民族"的称谓。④

顾颉刚开篇便指出："凡是中国人都是中华民族——在中华民族之内我们绝不该再析出什么民族——从今以后大家应当留神使用这个'民族'二字"。他进一步阐述道：民族不一定要组织在血统上，也不建立在共同文化上，"只要能在中国的疆宇之内受一个政府的统治，就会承认都是同等一体的人民"，"我们只是在一个政府之下营生活的人，我们绝不该在中华民族之外再有别的称谓"，"我们从今以后要绝对郑重使用'民族'二字，我们对内

---

① 傅斯年：《中华民族是整个的》，《独立评论》1935年第181号，第5~7页。
② 楚人：《中华民族是整个的》，《现代青年》1936年第5卷第3期。瀚：《中华民族是整个的》，《圣公会报》1936年第29卷第1期，第2~3页；王孟恕：《关于中小学史地教材的一个中心问题："中华民族是整个的"》，《图书展望》1936年第4期，第5~8页。
③ 顾颉刚：《"中国本部"一名亟应废弃》，原载《益世报·星期评论》（云南）1939年1月1日，收入《宝树园文存》卷四，北京：中华书局，2011年，第88~93页；《中华民族是一个》，《益世报·边疆周刊》第9期，1939年2月13日，第4版。
④ 顾颉刚：《顾颉刚日记》第4卷，台北：联经出版公司，2007年，第197页。

没有什么民族之分,对外只有一个中华民族"!①

文章发表后,引起了费孝通的质疑。费氏指出:国家和民族不是一回事,不必否认中国境内有不同民族的存在。国家内部发生民族间的分裂,并非各民族不能共生,根本原因在于各民族间政治上的不平等。因此,在费孝通看来,谋政治上的统一,不一定要消除"各种各族"的界限,而是在消除政治上的不平等。对于顾颉刚通过宣传"中华民族是一个",以防止敌人分化的认识,费孝通认为国家的安全和强盛,需要国内各文化、语言、体质的团体在政治上的紧密合作,绝非取消了几个名词就可以达成。②为了避免在名词上纠缠不清,费孝通没有使用"民族"一词,但他所说的"各文化语言体质团体、分子"等,其实指的就是民族。也就是说,费氏认为"中国是一个包含多个民族的国家"。③

图 8-1 费孝通

顾、费持论孰更高明,不应简单肯定或否定一方。1940年,冯友兰著文批评顾颉刚为倡导"古史辨运动",竭力打破中国"民族出于一元的观念",证明中国民族出于多元,抗战后意识到日本人利用中国民族多元,企图分裂中国,遂又主张中国民族多元之说应该废止。显然,冯氏对于顾颉刚观点的前后反复不以为然,进而指出:民族出于一元或多元的讨论,实质是"传统"与"历史"之争。譬如"日出"、"日落"、"嫦娥奔月"是人们的传统认识,而这些认识与现代天文科学掌握的客观历史不符;关帝庙里的关公形象源自人们对《三国演义》的传统认识,而《三国志》中的关公形象是历史事实。天文学家不会去反对"日出"、"日落",梅兰芳也不会强逼天文学家必以为月中有嫦娥;人们也没有为关公立庙,而强迫修改《三国志》。这种办法看似不通,其实是真通;看似不合理,其实最合理。一个民族与一个人同样既有其

① 顾颉刚:《中华民族是一个》,《益世报·边疆周刊》(云南)第9期,1939年2月13日,第4版。

② 费孝通:《关于民族问题的讨论》,《益世报·边疆周刊》(云南)第19期,1939年5月1日,第4版。

③ 周文玖、张锦鹏:《关于"中华民族是一个"学术论辩的考察》,《民族研究》2007年第3期,第24页。

图 8-2 冯友兰

物质上的联续,亦有其精神上的联续。民族精神上的联续,要有历史与传统的支撑。在这个意义上,冯氏强调:"说中国民族是多元底,是依照历史。说中国民族是一元底,是依照传统。"此传统虽与历史不合,但可各行其是,并行不悖。① 冯氏之意,在于批评这场争论割裂了历史与传统之间和谐的内在联系。

后来顾颉刚除了继续主张应废除"用名乱实"的"中国本部"、"五大民族"两名词之外,在文章的结尾还不忘"率直奉劝"在滇从事人种学和人类学研究的学者们在论文或调查报告中不要使用"苗民族"、"瑶民族"、"罗罗民族"、"摆夷民族"等西南民族的字样,以免令"帝国主义者拍掌大笑",误会他们真是一个民族,为帝国主义分化中国施以援手,最终陷国家于支离破碎的境地。② 有意思的是,顾氏所提及的几种民族正是杨成志的学生江应樑对生活在云南境内的西南民族的基本分类。1939 年 1 月 23 日,江氏在顾颉刚主编的《益世报·边疆周刊》上发表《云南境内之西南民族》,指出"西南民族"是现代人类学上一个新名词,主要指散居在中国西南诸省高原及山区地带未开化及半开化的民族。西南民族的集中居住区在云南,并将云南境内的西南民族分为罗罗系、僰夷系、苗瑶系、藏族系、缅甸系。在文中,江应樑分别阐述上述五种民族系的各自特点。其中以他最为熟悉的傣族研究为重点,突出云南西部的傣族在政治制度、社会经济、宗教信仰、文化构成、居住地区等五个方面与他种民族的异趣之处。③ 江应樑在此时突出云南境内傣族的独特性,虽限于学术讨论范围,但在客观上具有为暹罗政府所宣扬的"大泰族主义"提供现实依据的可能。

顾颉刚"敬告"虽未指明具体针对何人、何派,但是他所提到的苗、瑶、罗罗、摆夷等西南诸民族研究,却是中山大学文科研究所同仁多年来集中

---

① 冯友兰:《历史与传统》,《冯友兰论人生》,北京:人民文学出版社,2012 年,第 90~92 页。

② 顾颉刚:《续论"中华民国是一个":答费孝通先生》,《益世报·边疆周刊》(云南)第 20 期,1939 年 5 月 8 日,第 4 版。

③ 江应樑:《云南境内之西南民族》,《益世报·边疆周刊》(云南)第 6 期,1939 年 1 月 23 日,第 4 版。按:这篇文章在江氏自己编订的《江应樑民族研究文集》(北京:民族出版社,1992 年)未曾收入,在该文集末所附的"江应樑主要著译目录"中也未提及。

研究和关注的对象,且在学界已形成重要影响力。杨成志不仅是国内最早从事罗罗调查研究的学者,且成绩最为卓著,先后出版二十余种罗罗研究的论著,赢得了学界的广泛认可。黄文山认为"国内研究罗罗族专家,以杨氏为巨子,当无问题"。① 杨成志本人也是瑶族研究的专家,弟子王兴瑞则致力于黎、苗研究,著有《海南黎苗调查报告》,江应樑则是以摆夷为研究对象,完成了三十余万字的《云南摆夷调查报告》。顾颉刚所提及的苗、瑶、罗罗、摆夷等民族,正是杨成志及其弟子十余年来最主要的研究对象,其学术成绩有目共睹,学界将他们称为中国民族学研究的"西南学派"。② 既然"中华民族是一个"论题的提出是由于西南边疆民族危机而引起,那么我们自然就会联想到,对于西南民族研究最有成绩、影响最大的杨成志及其同仁的态度,不仅显得十分重要,而且对于进一步认识这场争辩具有重要的学术意义。

1938 年 10 月,广州沦陷,中山大学奉命从广州迁往云南澄江继续办学,翌年 2 月底完成搬迁工作。3 月 4 日,杨成志专程赴昆明看望他的老师顾颉刚,并告诉顾氏《中华民族是一个》被重庆《中央日报》转载,顾颉刚"闻之甚喜"。③ 杨成志对该文的密切关注,由此可见一斑。

在杨成志后来发表的系列文章中,其对待"中华民族是一个"所持的立场与顾、傅迥异,但是杨成志为何没有立刻加入论战之中,而是一直选择保持沉默,直到论战的高潮过去? 一种可能的解释在于,杨成志等人所从事的西南民族研究事业,正与顾颉刚和傅斯年在中山大学任教期间的积极提倡和扶植有关。十余年前,傅斯年在中山大学促成了杨成志、史禄国等人参加的中国有史以来第一次有计划的云南民族调查活动,开创了"中国学术界上作西南民族之集团研究"的先河。④ 与此同时,顾颉刚为了提倡西南地区的民族研究,在学界第一次喊出"西南民族研究"这个新名词,并鼓励包括杨成志在内的研究所同仁在西南民族研究尚未开垦的新领域,不畏困难、幼稚,"向前! 向前! 向前! 从幽谷爬上平地,从平地升到山巅"!⑤ 杨成志也在晚年回忆到,在他进入中山大学语史所之后,就"在傅斯年、顾颉刚等领导主持下提倡到'民间去',开展民俗学与民族学调查研究活动"。⑥ 也正是在

---

① 黄文山:《民族学与中国民族研究》,《民族学研究集刊》1936 年第 1 期,第 19 页。

② 李绍明、王利平等:《20 世纪上半叶的中国边疆和边政研究——李绍明先生访谈录》,《西南民族大学学报》2009 年第 12 期,第 40 页。

③ 顾颉刚:《顾颉刚日记》第 4 卷,台北:联经出版公司,2007 年,第 206 页。

④ 《国立中山大学语言历史研究所两种专号出版》,《申报》1928 年 7 月 4 日,第 5 版。

⑤ 顾颉刚:《瑶山调查专号跋语》,《语史所周刊》1928 年第 46~47 期合刊,第 127、131 页。

⑥ 杨成志:《杨成志自述》,高增德等编:《世纪学人自述》第 2 卷,北京:北京十月文艺出版社,2000 年,第 110 页。

傅、顾的积极引导中,杨成志立下"愿以终身贡献西南民族的学问,克苦忍劳,以图有成"的学术宏愿。①

傅斯年和顾颉刚敬告学界从事人类学、民族学研究的学者慎用西南民族的称谓一事,学界一般利用傅斯年给朱家骅、杭立武的信件作为一手材料,认为这些"敬告"针对的是吴文藻及其弟子费孝通。理由是傅斯年认为吴文藻在 1938 年 11 月参与组织成立的云南民族学会提倡西南民族研究,"绝富于危险性"。② 事实上,云南民族学会只能算是中国民族学会在战时的特别组织。成立于 1934 年底的中国民族学会,主要由徐益棠、何子星、黄文山、孙本文、商承祚、胡鉴民、凌纯声等人发起。成立之初,会员有 40 余人,包括蔡元培、顾颉刚、杨成志、吴定良、刘咸、吴泽霖、杨堃、吴文藻、江绍原、陶云逵、欧阳翥、李方桂、林惠祥等,均为彼时国内民族学界一时之选。抗战爆发后,中国民族学会会员星散,会务因此停顿,后因昆明人才集中,研究便利,于 1938 年 11 月成立云南民族研究会,公推史语所研究员李济为会长,顾颉刚、吴定良、梁思永、罗莘田等十三人为理事。③ 傅斯年的师友、同事,如蔡元培、顾颉刚、李济、吴定良、陶云逵、凌纯声等均名列其中。

图 8-3 吴文藻

饶有意味的是,这封信还进一步透露出傅斯年与吴文藻的根本矛盾所在。吴文藻主持燕京大学社会学系时,曾力邀史语所研究员李方桂加入,未获成功。后来,吴文藻主持云南大学社会人类学系时,再次力邀即将从耶鲁讲学回国的李方桂加盟,由此引起傅斯年的震怒。傅斯年认为吴文藻不在云南大学认真教课,专门"挑拨"史语所同仁,致使研究所上下"乱轰轰",此种"同行相倾"的举止,"太琐碎,太可耻"!顾、傅在 20 年代提倡研究西南民族,至抗战时形势大变,民族矛盾上升,东部国土多沦于敌手,国民政府退

---

① 杨成志:《杨成志致函傅斯年》,1930 年 7 月 20 日,傅斯年档案:元 64—9,台北傅斯年图书馆藏。

② 傅斯年:《傅斯年致函朱家骅、杭立武》,1937 年 7 月 7 日,王汎森、潘光哲等编:《傅斯年遗札》第 2 卷,台北:中研院历史语言研究所,2011 年,第 1013 页。

③ 徐益棠:《十年来中国边疆民族研究之回顾与前瞻:为〈边政公论〉出版及中国民族学会七周纪念而作》,《边政公论》1941 年第 1 卷第 5、6 期合刊,第 58 页。

守西南,如再强调西南边疆民族问题,将置国民政府于何地? 杨、江等都属学术问题的具体研究,吴、费所为,在傅斯年看来却是一种涉及国策的政治宣传。所以,傅斯年认为吴文藻留在西南将对国家不利,甚至不惜函请朱家骅利用行政权力将吴文藻调离云南。①

1949 年以前杨成志和吴文藻齐名,人类学界有"南杨北吴"之说。杨成志既是中国民族学会重要成员,也是成立于 1936 年的中国民族学会西南分会的实际负责人,②傅斯年、顾颉刚所反对的对苗、瑶、罗罗、摆夷等民族的研究,都不是吴文藻、费孝通师徒的主要学术研究领域。正如前文所述,杨成志及其同事所从事的罗罗、瑶、苗、摆夷等西南民族研究的事业,正与当年顾、傅二人的积极提倡有关。傅斯年不遗余力攻击吴文藻及其弟子费孝通,而却绝口不提在西南民族研究领域最具影响力的中山大学同仁,尤其是杨成志及其弟子江应樑等人,内中的人事因素尤为明显。

从这个角度来看,我们就不难理解为何杨成志等人虽与顾颉刚的观点迥异,但未直接参与论战;傅斯年、顾颉刚反对云南学界从事罗罗、摆夷等西南民族研究,但又未直接点名。南方学界同仁不同意顾颉刚、傅斯年的"中华民族是一个"的主张确是不争的事实。其间折射出的是傅斯年、顾颉刚与杨成志等人彼此心照不宣,不愿因学术见解的不同而公开决裂的事实。所以选择合适的时机和方式来发表歧见又不至于伤及私交,将是考验杨成志及其同事的一个严肃课题。人情世故与学术分歧之间的错综纠葛也尽显于此。

第三节 "国族"构建与"民族"研究

南方学界最早著文回应"中华民族是一个"的是中山大学社会系主任胡体乾。1939 年 6 月,胡氏发表《关于"中华民族是一个"》,此时论战的高潮已然过去。针对顾氏所谓国内各族原无界限,只是帝国主义利用"民族"一词来分化才引起裂痕的观点,胡氏提出了商榷。他认为"民族"一词原是中国用以指称欧美各族,在此之后推及国内各族,其中并无恶意。即使中国学界不用"民族"一词,也不一定就能达到感情融洽、裂痕消除、意志统一的局面。顾氏力陈国内各族早已混合,难以看出各族的界限。对此,胡体乾认

① 傅斯年:《傅斯年致函朱家骅、杭立武》,1937 年 7 月 7 日,王汎森、潘光哲等编:《傅斯年遗札》第 2 卷,台北:中研院历史语言研究所,2011 年,第 1012~1018 页。
② 王建民:《罗致平先生对中国民族学的贡献》,白翠琴编:《罗致平文选》,广州:花城出版社,2004 年,第 452 页。

为,"世无纯种"已为人类学所公认,若是有混合即成一族,则人类早成一族了,最突出的如文化方面的服装,本来 30 分钟可以改过来,但却保持了 30 个世纪不变。各民族存在的真实性,不能一笔抹杀。① 在民族政策方面,胡氏认为中国系融合多族而成,人数众多,历史久远,其民族政策特殊且智慧之处在于"未同化的许其自治,已同化的待以平等"。若使各族心悦诚服而精诚团结,则须先认识各族,出版研究各族的鸿篇巨著。②

胡体乾批评顾氏为了达到民族政策实现的主观需求,不惜否认国内多民族存在的客观事实,这是一种激于感情而曲解事实、附合国家政策需要,非站在科学立场上的态度。但是,他同时又认为民族政策的达成,辅以适当口号的宣传,也有必要,即在中华民族成为一个的进程中,"中华民族是一个"的口号,与中国历史上"天下一家,中国一人"、"五族同胞"等说法一以贯之,有利于加强各族同化的信念。③

1939 年 8 月,杨成志发表《西南边疆文化建设之三个建议》的长文,全文约 2 万余字,其中在第一部分"国族政策与民族研究之分类关系"中不仅指出了顾、费论辩的核心问题所在,还根据他本人十余年来西南民族研究的经验,提出了在国族构建中,"中华民族"意识的培养与民族研究之间的辩证关系。

杨氏首先是分析政治"民族"——国族与自然"民族"的区别,反对顾颉刚建议学界尽量避免"民族"一词的使用。全面抗战爆发后,西南成为中国抗战建国依赖之所。杨成志认为就整个国家政治与国民义务关系而言,值此中华民族正处危急存亡之际,实不必有民族之区分,政治宣传对于塑造全民抗战必胜、建国必成之信仰具有重要意义。然而,处理边疆民族危机问题,非仅靠政治宣传所能达成。如果没有科学根据之理论,断不能建其言;没有实际行动,断不能立其功,故理论与实践实为边疆建设的前提。

杨氏认为,西南地区的边疆建设与民族问题的处理不可分割。在中国学术界中,"民族"一词与"国族"(nation)、"国家"(state)、"国籍"(nationality)、"国民"(citizen)、"部族"(tribe),及小而至氏族(clan or sib),大而至种族(race)等词常含混谬用,尤其是近来关于"民族问题"(national problem)或"民族解放"(national emancipation)或"民族自决"(national self-determination)等问题的新书出版后,更使一般青年读者受其影响,动辄将国家政治、国际关系等议题咸视为"民族问题"。青年之外,即便是号称为学界

---

① 胡体乾:《关于"中华民族是一个"》,《新动向》1939 年第 2 卷第 10 期,第 725~728 页。
② 胡体乾:《序岑著〈西南种族论〉》,《责善》1941 年第 2 卷第 13 期,第 5 页。
③ 胡体乾:《关于"中华民族是一个"》,《新动向》1939 第 2 卷第 10 期,第 728 页。

中人,往往更分不开历史背景、文化交流、语言混化、宗教影响与风俗、仪式的传播或借用等种种关系,误与"民族"二字混为一谈。

针对学界对于"民族"认识的混乱,杨成志给出了自己的看法:广义的"民族"是指"世人认同一传统或同一宗教,或同一文化政治,或同一语言,或同一惯俗,或同一意识,或情感之某一人群或集团",这一概念大约相当于"国族"(nation)、"民族"(nationality)的意思;狭义的"民族"一词的使用,与"人种"(race)相同,均限于生物学或生体学范围内,是指一种自然集团,借以探讨民族集团(ethnic group)或民族(ethnic)之真谛,与广义上所使用之国族或民族所含有的政治意义不同,故研究民族的专门学问不称为Nationalogy(国族学),而独称为 Ethnology(民族学)。

在杨成志看来,顾、费二人的文章,其内容几乎充满关于"民族"一词之讨论,二人因立场不同,见解自异,各有所偏,无足为怪,但总体来说颇能代表彼时中国学界对"民族"概念见解的纷殊。作为两人的共同朋友,杨成志指出他们关于"民族"一词观点不同之处在于:费孝通所言民族似近乎ethnic,即多偏于客观之民族志(ethnography)范围;而顾颉刚所言之民族接近 nation,即倾向于主观民族论(nationalism)。① 后来,杨成志在《民族学与民族主义》中又进一步阐述:民族学研究的对象是科学探讨的自然民族(ethnic);民族主义所注重的是"国族"需要的政治民族(nation)。②

既然看出顾颉刚和费孝通所讨论"民族"一词的分歧所在,杨成志进一步指出,值此抗战之际,作为民族学的学术研究之客观"民族"与国家政治权力所构筑的"国族"关系密切,不可分割。换句话说,在看到了顾颉刚和费孝通对"民族"概念不同理解的同时,杨成志还看到了二者之间存在着内在的联系。具体如下:

(一)政治权力下的"国族"构建。杨成志特举国际四强国的国族构建策略为例。如德国是利用人种信仰与同种语言之关系以扩张其国家权力的典型;意大利则宣传恢复古罗马帝国光荣历史,发扬拉丁文明,或地中海人种创造精神,这是合历史、文明与人种三元素而造成复兴国家、民族之代表;苏联因地理辽阔,人种、文化、语言悬别等因,欲团结国人不至于分崩离散,只有在"民族自决"的旗帜下,组成苏维埃联邦共和国,这是适应当地环境需要,而造成民族大团结之典范;美国成为联邦共和国,实由黄、白、黑三大人

① 杨成志:《西南边疆文化建设之三个建议》,《青年中国季刊》创刊号,1939 年 9 月 30 日,第279、280 页。
② 杨成志:《民族学与民族主义》,《民族文化》1942 年第 2 卷第 8、9 期合刊,第 3 页。

种之结合体促成,凡欧美各国籍民族旅美寄居以后,无不入美籍自称为美国国民,此为"美国化"之潜在势力直接与间接所造成。

德、意、苏、美四国国族构建的历史经验和教训,可为中国的民族政策借鉴者甚多,若能融合上述四国之优点,不偏不倚,取长补短,最为上策。简言之,应具四种态度:一是纠正德国人人种学说,以鼓励中华民族能永久生存于世界,不为他族所灭,亦不侵略他国,为根本之信仰;二是追随意大利发扬过去光荣之史迹与灿烂文明,作为中华民族复兴之基础;三是酌取苏联尊重其国内各民族固有之语言与文化的方法,以应付中国满、蒙、回、藏、苗诸人民,促进大中华民族团结之立场;四是采用美国国籍化之理论与实施,提高国内各族的国民教育,作为实施汉化的方针。

(二)民族学研究上之"民族"。杨成志首先批评文化领袖以担心引起民族隔阂甚至分裂心理为由,以"政治之民族政策,盖蔽科学之民族研究"。撰诸世界各国民族理论,民族存在的客观事实,不容抹杀,而对落后民族的开化工作,需要可靠的学术研究作为根据。若国家仍采用"废药忌医"之消极态度,恐其"欲盖弥彰",甚至酿成"物极必反"之结果。英、美、意、苏四国政府都极力提倡人类与民族科学的研究,各国大学均设立民族学、人类学研究所和博物馆,他们坚信国家的民族政策之推行,如果不是依据民族科学的研究成果作为政治实施的指南,实不足以言根本建设。反观中国教育当局,适站相反的立场,不仅放弃民族研究之提倡,且拟避免"民族"一词之沿用或宣传。教育当局若将民族研究与国族政策混为一谈,则"断断乎不可也"。

总而言之,杨氏认为中国的民族研究不应因可能引起民族隔阂而遏止,或来取消极的态度,而应该将民族研究发扬光大,在尊重各族文化前提下,最终消除各族之间的隔阂。否则,立场不固,不论如何宣传"中华民族是一个",终不合人类科学之原理。

其次,正视历史上汉人与少数民族之间的分歧,实现"中华民族是一个"的认同,根本之途在于实现民族平等,将国族构建与民族研究有机结合。

中共党员、云南大学教授楚图南在《益世报·边疆周刊》上发表《关于云南的民族问题》,认为汉人挟其优越的军事、政治势力殖民云南的历史,"纯粹是一部民族争斗的历史"。① 此后,干城又在《边疆周刊》上著文重申"汉人殖民云南,是一部用鲜血来写的斗争史"。② 此话引起傅斯年及

---

① 楚图南:《关于云南的民族问题》,《益世报·边疆周刊》(云南)第 5 期,1939 年 1 月 16 日,第 4 版。

② 干城:《云南民族学会成立》,《益世报·边疆周刊》(云南)第 6 期,1939 年 1 月 23 日,第 4 版。

其友人"不甚其骇异",斥责干城所谓的"鲜血史",不过是其不懂历史,妄论史事罢了。① 又说,此辈学者的言论"不特以此等议论对同化加以打击,而且刺激国族分化之意识,增加部落意识",轻则使人生气,重则使之有分离汉人之意识,如此闹"民族"下去,国家必得不到好处。② 与傅、顾回避自古以来汉族与少数民族之间发生斗争的历史不同,杨成志认为,大可不必否认客观存在的历史,关键在于如何因势利导,团结这些民族。如果政府善利导之,他们可成为抗战的勇士,若仍遗弃之,则终为心腹大患。据文献记载,自汉通"西南夷",唐服"南诏",迄元、明、清以来,虽前后厉行"改土归流"政策,设土司制度以羁縻,然终归收效甚微,且往往激起叛变,铸成边患。观自宋千余年来,历代屡次大动兵戈,或大施挞伐,所谓"平蛮"、"征瑶"、"讨夷"、"伐苗"之役,接踵不息,史不绝书。摆在眼前的事实是,这些未开化的民族居于崇山峻岭、深林大菁之中,习俗、语言殊异,虽称中华之民,实则无异化外之族。此种现象,关系国家各族团结及抗战后方治安巩固,诚堪顾虑,其预防与处理,未可须臾忽视。

纵观欧美诸国,均由各民族组合而成,之所以能蔚成团结强盛,是因为各国政府能使国内各族,不分彼此,同受文化、教育、政治熏陶之下而使然。相比而言,西南诸省之苗、瑶、蛮、夷、罗罗、摆夷等,约有二三千万浅化部族,至今中央尚未设立任何组织,对其进行开化。杨成志认为当前政府提出"国内无异族,国外有同胞"之口号,实际上不过是政治理论宣传而已,要使"国内真无异族,国外方有同胞",需要政府尽其领导之责,实现孙中山主张的"中国境内各民族一律平等"之原则,使各民族尽脱野蛮之生活,同沾中华之国风,方能收"言行一致"之效果。③

图 8-4 翦伯赞

① 傅斯年:《傅斯年致顾颉刚》,1939年2月1日,王汎森、潘光哲等编:《傅斯年遗札》第2卷,台北:中研院历史语言研究所,2011年,第955页。
② 傅斯年:《傅斯年致朱家骅、杭立武》,1939年7月7日,王汎森、潘光哲等编:《傅斯年遗札》第2卷,台北:中研院历史语言研究所,2011年,第1016页。
③ 杨成志:《西南边疆文化建设之三个建议》,《青年中国季刊》创刊号,1939年9月30日,第285~286页。

此言之意,也正如中共史家翦伯赞批评顾颉刚为宣扬中华民族意识而否认少数民族存在的客观事实所说:主观意愿并不能改变中国少数民族存在的客观事实,"团结"不但应该承认其他民族的存在,而且应该扶助他们独立自由的发展,只有法西斯的"种族学说"才鼓吹一种妄自尊大的民族偏狭性。①

因此,杨成志认定"国族"(nation)与民族(ethnic)之真正含义,可分而又可合,前者属于"政治支配之权力结合体,而后者则为自然或生物之血统集团"。以政治力量使各族团结于主权国家之内,这是 20 世纪任何国家所取之一般自然趋势,中国自不能例外。其所不同之处在于,欧美列强采用科学的"民族"研究成绩,以实施其政治的"国家"政策。无论是治理其国内之人民,还是治理其侵略下的国外之殖民,多依据其本国之人类学家或民族学家研究报告而定政策,故百余年来,帝国主义之殖民地愈发展,而人之科学(science of man)进步愈见发扬其效用,被公认为"实用科学",原因就在此。

第三,组建西南民族学院,培养边疆民族工作人才。

杨成志始终相信,以民族学的立场实地考察西南民族的生活与文化,其研究的成果可供政府作同化政策参考,贡献于整个中华民族的统一与团结问题,使两千余万的西南浅化部族,能够变成中华的真国民。② 但是,相较于国外将人类学、民族学的研究机构的研究成果作为政府制定国内民族政策或国外的殖民政策的参考,中国仅设有蒙藏委员会,专门处理蒙古、西藏等地区少数民族事务,对于如何开化有三千万之众的西南边民,至今没有合理的"具体方案",政府所实行"政治方针"不是以"科学根据"为出发点,而偏重"人事安插",忽略"专材任用",如此下去,统一的民族意识就不会轻易实现。

十余年的西南民族调查和研究工作,使杨成志亲眼见到西南各省浅化民族所受"穷"、"苦"、"愚"、"病"四层镣锁的束缚,同时惨遭"土吏"、"土酋"、"土豪"之三重压迫的现实。面对这些可称为"非人类"的可怜民众,他们盼望中央的"开化"如急望云霓。杨成志重申当前社会不应害怕提出"民族"一词而引起反感,如仍持"忌药废医"的态度,终将酿成"物极则反"之骚动,此在政治观点上,应早日实行对西南民族的"实惠"工作。杨成志深知国际上许多研究中国西南民族之机关,如安南之"法国远东学院"、缅甸印度之"英国皇家人类学会分会"或"皇家亚细亚学会分会"、成都美国人设立的华

---

① 翦伯赞:《论中华民族与民族主义:读顾颉刚续论"中华民族是一个"以后》,《中苏文化》1940 年第 6 卷第 1 期,第 28 页。

② 杨成志:《民族学与中国西南民族》,《更生评论》1938 年第 3 卷第 4 期,第 25~27 页。

西大学之"西南研究所",及英法美德之天主教会或耶稣教会等等。数十年来,在西南研究中成绩显著,然而这些成绩却未引起中国学术界的注意,即使是国内的文化或教育当局也默然无视。国人主动放弃吾国自己学术研究之园地,而任由外国人代庖,实乃非国家学术之幸!

基于此,本着学术救国之热忱,为拯二三千万西南边民于水深火热之中,杨成志主张在西南地区组建"国立西南民族学院",如此不仅使中国民族科学之建立得到实现,且能培养"到边疆去"的青年干部,使三千万浅化部族逐渐成为中华公民与抗战卫国的战士。他拟在云南昆明、广西桂林、贵州贵阳、四川成都等省会附近分别选址建院,或者可以在川、滇、黔三省交接的交通核心区(如云南的昭通)联合设立"总院"。① 杨成志计划在西南各省设立民族学院培养少数民族工作专材,这一构想比中国最早的专门培养少数民族干部的院校——延安民族学院(建于 1941 年),还要早两年。新中国成立之后,中央政府以延安民族学院为基础,创办中央民族学院,又在四川、云南、贵州三省先后建立了中国第一批民族院校。二者之间虽无直接联系,但是为国家培养少数民族干部以从事少数民族工作的主观办学思路是一致的,由此杨成志的先见之明可见一斑。

综上所述,杨成志针对"中华民族是一个"问题的讨论,与顾颉刚和费孝通不同之处在于,他在坚持科学人类学、民族学的学科态度的同时,并非停留在抽象名词的讨论上,而是把培养国民的民族意识与客观现实联系起来,不仅指出了顾颉刚与费孝通在此次论辩中的主要分歧在于对"民族"概念理解的不同,而且颇具创造性地从理论和实践两个层面提出作为政治权力之下的"国族"构建,与作为学术层面的"民族"研究,不仅可以并存,而且还能有机结合。

杨成志关于西南"民族"相关问题的主张,也深刻影响其学生江应樑。1937 年,江应樑阐述他对研究西南民族的一贯见解:中华民族非汉民族可以概括,也不是汉、满、蒙、回、藏五族可以概括,以汉族代表中华民族是绝大的错误,把中华民族分做汉、满、蒙、回、藏五族更是绝大的荒唐。中华民族是一个整体的民族,西南民族则为此整体民族中之一个大支派,②稍后又补充到,西南民族是中华民族整体之一部分,应包括苗、罗罗、僰夷、溪蛮、黎、瑶人。③ 在《抗战中的西南民族问题》一书中,他谈到在辛亥革命之后,将数

---

① 杨成志:《西南边疆文化建设之三个建议》,《青年中国季刊》创刊号,1939 年 9 月 30 日,第 286~287 页。
② 江应樑:《广东傜人之今昔观》,《民俗》1937 年第 1 卷第 3 期,第 1~5 页。
③ 江应樑:《广东北江傜人的生活》,《东方杂志》1938 年第 35 卷第 11 期,第 29 页。

千万的西南民族遗弃在"五族共和"之外的做法,"是一种不必掩饰的错误"。整个民族的团结是抗战胜利的基础,而西南民族若不加入团结,不能称之为中华民族的团结,西南民族被遗弃在民族团结的核心以外,直接使抗敌前线上缺少大批生力军,间接授敌以"以子之矛,攻子之盾"的机会。①

江应樑在承认中华民族是"整个的"、"统一的"的前提之下,又承认多民族存在的客观事实。多年的西南民族研究与调查经验,使江应樑深刻认识到民族调查研究的成果,是开化西南边民的有益参考。他说,"试看近代国家,当其征服一个殖民地时,莫不先以学术专门人才去做国家的先锋,政府根据这些先锋的调查报告,始筹定开发的政策。帝国主义国家之开发殖民地,与中国开化西南民族,目的不同,但初步的工作方法却可采效,因为我们此时再不能承袭昔人的错误,做闭门造车的工作了"。② 显然,江应樑与其师杨成志都是从民族学是一门实用性科学的角度出发,来讨论学术研究对于政府民族政策制定的现实意义。

西南民族研究成果为边疆社会服务的理念,为中山大学从事西南民族研究的学人所接受。中山大学历史系教授吴宗慈是江应樑授课老师之一,曾讲授"中国民族同化史"等课程。吴氏早年曾奉孙中山之命,在川滇一带从事过军事和政治工作,期间曾有开发川、滇、黔三省辖境以及凉山夷区的建议,为边省当局所采纳。1939 年,江应樑邀请吴宗慈为他的《云南西部㑩夷民族调查》(即《云南摆夷调查报告》)作序,吴氏通过为江书作序之机,公开支持江应樑民族研究的立场,质疑"中华民族是一个"的实际宣传效果。

在序言中,吴氏首先肯定了江应樑的研究成果,不仅补中国西南史志记载和民族问题上的附会之不足,进而以实际调查所得,为今日施政之凭借,可作为推进政治文化之依据。他说:江氏的工作,"非仅民族学之幸,各低化民族之幸,中华民国之民族精神大团结,实利赖之"。

在吴宗慈看来,中山大学是西南民族研究的重镇,长久以来形成了优良的学科传统。当江应樑和王兴瑞在研究院读书时,就继承了从历史与政治两方面进行民族学研究的人文学术传统:即前期为历史研究工作,该阶段主要从事于古今载籍之搜讨工作,以明其族源,悉其演变状况,进而研讨该族目前之现实问题;后期为政治实施工作。吴宗慈认为中国各民族间混合同化之事迹,异常繁杂,在经过二千年来之生存、竞争、改造,各民族不断融合于一个文化系统之内,共同构成了庞大的中国民族。但是仍有若干少数民族,至今

① 江应樑:《抗战中的西南民族问题》,重庆:中山文化教育馆,1938 年,第 14、15 页。
② 江应樑:《抗战中的西南民族问题》,重庆:中山文化教育馆,1938 年,第 42 页。

未能同化。个中原因,与其说是低化民族生性顽梗难驯所致,毋宁说是历代统治者心存歧视的结果。面对中日民族的这场大决战,如何团结国内各个民族,乃是政治及政治方法的问题。而具体到政治上如何设计,如何运用实施,则须依赖民族学研究的结果,即"民族研究"是"政治实施"的先导。

在上述理念下,吴宗慈认为傅斯年、顾颉刚等人所宣传的"中华民族是一个"的实际效果非常有限,他说:

> 今之注意民族团结者,尝以"中国民族是一个"为号召,从政治上暂时效用言,无可非议。第事实所存,未可空言收效。例如西南各省汉夷之称,西北甘新等省汉回之称,如满蒙藏等种种异名,均为本其历史蜕变遗迹而未能泯没。夫名之所存,何伤于实,要视其实之融洽力如何,初不必竞竞于其名之或异也。伊古以来,匈奴、鲜卑、沙陀、契丹、金源,种种异名之民族,今何在哉? 盖融合而为一矣。故能着手于实际根本之方法,则不必哓口音为"中国民族是一个"之号召,自然有异苔同岑之感应。否则号召自号召,事实自事实,终亦漠不相关而已矣。
>
> 然则根本方法安在哉? 一言蔽之,则在居统治地位者,真能以平等相待耳。先之以平等相待之精诚,然后一切政治、文化、经济,始得有所凭藉,而设计,而施行。或谓近年国民政府,何会以不平等政策,低化民族。诚然,今政府方提倡低化民族教育,期渐谋知识上平等,而后及其他。顾其负执行之责之一切官吏,能否副政府所期,恐适成其东西背驰者。在如此现状下,不但搜集断纸残编,终属空言而鲜实到,即政府所定政策,其效亦等于零。惟然今之研究民族学者,正当从事实地调查,俾对政府既定政效,有以补偏救弊,于执行官吏之敷衍颟顸有以绳愆纠缪,庶几民族学最大、最后之目的,乃有充分达策之一日。今不欲团结民族斯已耳,如其欲之,舍注重实际工作,岂有他途可循哉? 此从政治工作方面研讨之经过也。[①]

吴宗慈的意思是,中国现在多种民族并存,这是客观现实,不可否认。自古以来的匈奴、鲜卑、沙陀、契丹等民族,早已被融合不复存在,关键在于民族融合力如何,而与名称无关。所以他认为顾颉刚等人所提出的"中华民族是一个"的口号,从政治上来看,不过是一种宣传手段而已,这种无视汉夷之别历史事实的态度,其结果无异于"掩耳盗铃",会导致宣传口号与历史事

---

① 吴宗慈:《云南西部僰夷民族调查序》,《史学专刊》1939 年第 3 卷第 1 期,第 101~106 页。

实相脱节,这种自欺欺人的做法,更无益于抗战时期民族的团结。相反的,研究低化民族的社会历史,实行平等的民族政策,方是彼时政府政治工作之出路。

第四节 学术与事功的分合

由以上分析,可以看到南方学界同仁与顾颉刚、傅斯年在"中华民族是一个"问题上的分歧所在:

第一,在民族矛盾问题的形成上。从事民族学研究的学者认为,各民族间不平等,是民族矛盾的根源。而傅、顾却认为,民族矛盾的形成不能简单地归咎于不良统治所造成,在西南边疆危机的背景下,过分宣扬西南民族的突出特点,无形中为境外势力所利用,成为分裂中国的口实,也会造成民族矛盾。

第二,南方学界同仁都接受"中华民族"这一概念,但与此同时也承认苗、瑶、摆夷、罗罗、黎、苗等多民族存在的客观事实。在此基础上,他们认为客观深入的民族研究不仅不会影响到"中华民族"意识的构建,还可以为国家在民族政策的制定方面提供有益的参考。与之相对,傅斯年和顾颉刚在宣传"中华民族是一个"的同时,否认多民族存在的客观事实,其原因在于如果突出各民族独有的文化与体质特征,则会强化各民族的"部落意识",刺激国族分化的意识,从而弱化各族对于"中华民族"的认同感。

第三,从事人类学、民族学的南方学者认为,人类学学科的产生和发展源于欧洲国家的殖民需求,凡出任殖民地服务的官吏,均先受过人类学的洗礼,从这个意义上说,民族学是一门应用科学。欧美各国治理殖民地,常采用人类学家所考察之资料作为治理殖民之根据。而彼时中国西南边疆资源亟须开发,边民急待开化,可以利用欧美百余年来在殖民地经营经验与效果作为边疆建设的参考。二者虽立场不同,用意则一致。① 相反的,傅斯年则认为随着帝国主义殖民扩张进程发展起来的人类学,所凭借的是上古及遗留的初民社会,不能简单地套用于中国。因而斥责从事人类学、民族学研究的学者"受西洋人恶习太深",只知拾取"帝国主义在殖民地发达之科学"的牙慧,而不了解政治,忘其所以。②

① 杨成志:《西南边疆文化建设之三个建议》,《青年中国季刊》创刊号,1939 年 9 月 30 日,第297 页。
② 傅斯年:《傅斯年致朱家骅、杭立武》,1939 年 7 月 7 日,王汎森、潘光哲等编:《傅斯年遗札》第 2 卷,台北:中研院历史语言研究所,2011 年,第 1016 页。

杨成志提出"国族"构建中的政治宣传与"民族"的学术研究的辩证关系,以及吴宗慈所谓的"民族研究"是"政治实施"先导的观点,都是希望"以客观的立场来推进主观的事功",杨成志将其称为"计划政治"的新表现。① 这一观点在当时民族学界并非个案。

民族学家徐益棠在回顾自"九一八"事变以后十年的边疆民族研究时,认为"中华民族主义之鼓吹"是抗战时期中国民族学发展的重要趋势之一。在中国,已放弃"尊汉卑夷"等歧视少数民族的政策,如何团结边民,除实际研究与设施外,"中华民族是一个"理论的宣传甚属必要,惟理论宣传的基础,须特别郑重,至少不相矛盾。彼时学界常以学术研究与政治措施分为两途,"在学术上可以分割,在政治上必须合一"之立论,似乎并不适当。在他看来,"学术与政治,如鸟之双翼,车之双轮",二者不能联系与调整,其他尚复何望?且从学理言之,应改为"在学术上可以合一,'行政'上必须分割也"。②

徐益棠曾与杨成志同时在巴黎追随法国人类学之父莫斯学习人类学、民族学,他们与同时期在欧洲学习人类学的陶云逵、杨堃、刘咸、吴定良一起,号称人类学"六君子"。③ 回国之后,徐益棠、杨成志、吴文藻等人共同发起成立中国民族学会,推动民族学研究。后来成立的云南民族学会,则受到傅斯年的猛烈攻击,嘲讽该学会的存在是个"笑话"。④ 在其攻击之下,该会如"昙花一现,遽而夭折"。⑤ 徐益棠的言论,实际是质疑傅斯年、顾颉刚所提出的"中华民族是一个"的主张,罔顾事实,取消"民族"研究,以政治需要凌驾于学术之上,不符合民族学研究的学术规范,代表了彼时民族学界的一般看法。

中国最早的西南民族研究,源于傅斯年和顾颉刚等人在 1920 年代末的大力倡导,"西南民族"的概念也正是在他们的倡导下才广为学界所知。然而十余年过去了,为何当时的倡导者竟然改变初衷?究其原因,主要在于时局的骤然变化,与傅斯年、顾颉刚彼时的亦学亦政的身份亦有关。

① 杨成志:《边政研究导论:十个应先认识的基本名词与意义》,《广东政治》1939 年第 1 卷第 1 期,第 53 页。
② 徐益棠:《十年来中国边疆民族研究之回顾与前瞻:为〈边政公论〉出版及中国民族学会七周纪念而作》,《边政公论》1941 年第 1 卷第 5、6 期合刊,第 62 页。
③ 徐益棠:《车里摆夷的生命环·序》,陶云逵:《陶云逵民族研究文集》,北京:民族出版社,2012 年,第 443 页。
④ 傅斯年:《傅斯年致朱家骅、杭立武》,1939 年 7 月 7 日,王汎森、潘光哲等编:《傅斯年遗札》第 2 卷,台北:中研院历史语言研究所,2011 年,第 1016 页。
⑤ 徐益棠:《十年来中国边疆民族研究之回顾与前瞻:为〈边政公论〉出版及中国民族学会七周年纪念而作》,《边政公论》1941 年第 1 卷第 5、6 期合刊,第 58 页。

1920 年代,顾氏在学界竭力倡导研究学问的人只该"求真",完全不用考虑应用问题,因为"致用"是政治家、教育家、社会运动家的任务。① "九一八"事变后,顾氏的观点发生变化。他认为在承平之世,学术不急于求用,因采取"为学问而学问"的态度,坚持真理,不问功用,犹如富人不必忧心衣食,学问随性所嗜。然当国势凌夷、蹐天踏地之际,所学必求致用,犹如蓬门荜户之家,先图温饱,再求创业。② 在他创办的《边疆周刊》发刊词中,呼吁学者不忘研究民族史和边疆史,要将"边疆的情势尽量供给政府而请政府确立边疆政策",以"共同抵御野心国家的侵略"。③ 1944 年,顾氏谈及主张"中华民族是一个"的原因时,其中谈到政治与纯学术研究不同之处在于:学术工作要同中求异,政治工作要异中求同。抗战时期国人"实在不应当横梗族类的成见,贻国家以不利"。④

顾氏对中国民族问题的看法,前后之所以截然相反,明眼人一看便知:在顾氏看来,学术研究非为政治的需要服务,但是若影响到国家统一、民族团结的重大政治议题应区别对待,即为了政治的需要,甚至可以不惜牺牲学术为代价。然而杨成志等人则从人类学的学科特质出发,仍然停留在"人类科学具有两方面的趋向:一是纯粹的科学研究,一为应用科学探讨"上,即客观的研究是第一步,应用是第二步。⑤ 这是顾颉刚、傅斯年与杨成志等人分歧的根本所在。

彼时傅、顾已功成名就,成为国内知识界的代表人物,他们的言论足以影响到整个学界乃至社会的舆论风向,或许他们本身也有不得已之处,但是与政治的靠近也非常明显。朱维铮认为,傅斯年、顾颉刚通过讲"中华民族是一个",为蒋介石的政治服务,并得到了蒋介石的认可。1939 年 2 月中下旬,国民参政会一届三次会议在重庆举行,蒋介石替代投日的汪精卫任议长,提出《国民精神总动员纲领》。随即重庆的国民党机关报——《中央日报》全文转载《中华民族是一个》,顾颉刚感到"德不孤也"。⑥ 傅斯年更在给朱家骅、杭立武的信中直接痛斥:"今中原避难之'学者',来此后大在报

① 顾颉刚:《一九二六年始刊词》,《北京大学研究所国学门周刊》1926 第 2 卷第 13 期,第 1、8~9 页。
② 顾颉刚:《禹贡学会研究边疆学之旨趣》,1936 年 1 月 2 日,《宝树园文存》卷四,北京:中华书局,2011 年,第 215 页。
③ 顾颉刚:《发刊词》,《益世报·边疆周刊》第 1 期,1938 年 12 月 19 日,第 4 版。
④ 顾颉刚:《〈顾颉刚文集〉第一册序录》,1949 年 11 月 7 日,《宝树园文存》卷四,北京:中华书局,2011 年,第 14 页。
⑤ 杨成志:《边政研究导论:十个应先认识的基本名词与意义》,《广东政治》1939 年第 1 卷第 1 期,第 53 页。
⑥ 朱维铮:《顾颉刚从政》(上),《东方早报·上海书评》2009 年 4 月 19 日,第 4 版。

屁股上做文,说这些地方是罗罗,这些地方是㑩夷,更说中华民族不是一个,这些都是'民族',有自决权,汉族不能抹视此等少数民族。更有高调,为学问作学问,不管政治"。傅斯年认为这种人最可恨,如果以"一种无聊的学问,其恶影响及于政治,自当在取缔之例",政府须对"民族学"取"一个断然的立场"。① 依傅斯年所论,民族学自应在取缔之列。

然而,持论双方无论对错,历史已然做出了选择。傅斯年和顾颉刚对于"中华民族"的认识,明显影响到国民政府民族政策的制定。1942年,蒋介石开始起草《中国之命运》书稿,其中第一章"中华民族的成长与发达"绝口不提三民主义中的"民族主义",只认可"中华民族是多宗族融和而成",以"宗族"替代"民族",把中国境内各族群比喻成"同一血统的大小宗支",②完全否认多民族的存在。《中国之命运》关于民族问题的论述,可视作国民政府民族政策工作纲领。既然来自政府层面的政治宣传不提"民族",流风所及中国学界,此后但凡牵涉到民族的问题,都用"边疆"、"边政"问题来替代。许文珊在《抗战以来中国史学之趋向》一文中就曾指出,傅斯年、顾颉刚以"热烈的情绪"呼吁"中华民族是一个"后,影响了史学界的研究方向。至1943年蒋介石撰著《中国之命运》,用"宗族"二字称谓国内各民族,随后即被普遍使用,不仅影响了民族心理,同时也影响了历史学术。③

在国内政治的压力下,杨成志和吴文藻开始重新考虑在既要保证民族学学科存在的前提下,又不提及"民族"、"边疆"等概念,以适应国家的政治需求的问题。1941年,杨成志发表《边政研究导论:十个应先认识的基本名词与意义》,成为国内构建"边政学"研究的第一人。在其对中国"边政学"的构建中,自始至终坚持由多学科参与,但民族学任"主角"的主张。④ 1942年,吴文藻又发表《边政学发凡》,提出从"理论"和"实用"两方面出发,政治学和人类学"同时着眼",人类学是研究边疆民族文化的"中心科学"。⑤ 杨、吴二人先后阐述"边政学"的理论,成为民国学界构筑"边政学"的源流,并非偶然现象。

究其原因,诚如顾颉刚所言,抗战时期随着许多人类学、社会学学者迁

① 傅斯年:《傅斯年致朱家骅、杭立武》,1939年7月7日,王汎森、潘光哲等编:《傅斯年遗札》第2卷,台北:中研院历史语言研究所,2011年,第1015、1016页。

② 蒋介石:《中国之命运》,重庆:正中书局,1943年,第1、2页。

③ 许文珊:《抗战以来中国史学之趋向》,孙本文等编:《中国战时学术》,重庆:正中书局,1946年,第128页。

④ 汪洪亮:《民国时期的边政研究与民族学:从杨成志的一篇旧文说起》,《民族研究》2011年第4期,第38页。

⑤ 吴文藻:《边政学发凡》,《边政公论》1942年第1卷第5、6期,第1、10页。

至昆明后,他们觉得居住在云南的罗罗、摆夷、古宗、名家等族都是调查研究的绝好对象,若说"中华民族是一个",那就不承认罗罗、摆夷是"民族",对于那些从事于人类学、民族学研究的学者,"好像失掉了调查和研究的立场似的"。①

　　显然,顾颉刚所谓害怕失去立场的"学者",是指反对"中华民族是一个"宣传的民族学、人类学学者,同时也一语道出为何以傅斯年、顾颉刚、白寿彝、张维华等为首的历史学者从现实出发,而以费孝通、杨成志、吴宗慈、徐益棠、江应樑等为代表的民族学学者从民族学学科性质和学术规范出发,在对待"中华民族是一个"问题的态度上发生分歧的真实原因。因此,从一定程度上看,"边政学"是在"中华民族是一个"的论辩中,由人类学、民族学的学者根据现实政治需求与民族学学术规范的特质提出来的、溶合学术与政治的"折中之学"。

---

① 顾颉刚:《〈顾颉刚文集〉第一册序录》,《宝树园文存》第 4 卷,北京:中华书局,2011 年,第 14 页。

参 考 文 献

一、报　　纸

《大公报》
《光明日报》
《广东日报》
《国立中山大学日报》
《国立中山大学校报》
《国立中山大学校刊》
《申报》
《私立岭南大学校报》
《香港华字日报》
《益世报》(天津、昆明)
《正义报》
《中山大学周报》
《中央日报》

二、期　　刊

《北京大学研究所国学门周刊》
《边疆通讯》
《边事研究》
《边政公论》
《大风》(香港)
《大陆杂志》
《地学杂志》

《滇声》

《东方杂志》

《东方早报》

《独立评论》

《风物志》

《更生评论》

《广东政治》

《国际评论》

《国立第一中山大学语言历史学研究所周刊》

《国立中山大学图书馆周刊》

《国立中山大学校友通讯》

《国立中山大学语言历史学研究所周刊》

《今日评论》

《"中央研究院"历史语言研究所集刊》

《岭南学报》

《民间文艺》

《民俗》

《民俗学刊》(澳门)

《民族文化》

《民族学研究集刊》

《南方杂志》

《南洋研究》

《南诏》

《前途》

《青年中国季刊》

《琼农》

《厦大周刊》

《社会经济研究》

《社会学讯》

《社会研究周刊》

《圣公会报》

《食货》

《史学专刊》

《世界知识》

《私立岭南大学校报周刊》

《天文台》(香港)

《图书展望》

《文史春秋》

《文史杂志》

《文学》

《文讯》

《西南边疆》

《西南研究》

《现代青年》

《现代史学》

《新动向》

《新华日报》

《新亚细亚》

《燕京学报》

《禹贡》

《杂志》

《责善》

《中山学报》(坪石)

《中苏文化》

《中外经济情报》

《珠海学报》

三、文化机构概览

《国立暨南大学一览》(1930 年度)

《国立中山大学文科概览》(1930 年 10 月)

《国立中山大学研究院年报》(1937 年)

《国立中山大学语言历史学研究所概览》(1930 年 1 月)

《岭南大学西南社会经济研究所概况》(1949 年 5 月)

《南开大学经济研究所概况》(1940 年 6 月)

《十年来南开大学经济研究所》(1937 年)

《私立岭南大学一览》(1943 年 6 月)

四、档 案 文 献

1. 广东省档案馆档案

《1941 年研究院及各研究所报告》,档案编号:20—(1)—21。

《研究生院研究生硕士及各院系代表》,档案号:20-(2)-309。

《研究院研究生登记学籍表》,档案号:20-(2)-304。

《中山大学研究院文科研究所 1942 年下学期研究工作报及 1943 年度上学期研究计划书》,档案号:全宗号(020)—目录号(001)—卷号(0021)—起止件号(015)—起止页号(072—073)。

杨成志:《关于请从速发给出国护照和旅费一事的笺函》(1931 年 10 月 19 日),档案号:全宗号(020)—目录号(003)—卷号(0171)—起止件号(018)—起止页号(042—043)。

杨成志:《关于请准予派往法国或美国留学等情的呈》(1930 年 9 月 29 日),档案号:全宗号(020)—目录号(003)—卷号(0113)—起止件号(022)—起止页号(042—044)。

杨成志:《研究调查费用》,档案号:20—(4)—(1427),第 40 页。

杨成志:《杨成志致邹鲁的信》(1940 年 3 月),档案号:20—(2)—8。

2. 台湾"中央研究院"历史语言研究所档案及历史语言研究所藏傅斯年档案

《国立中山大学函稿二则》,史语所档案,档案号:元 186—8。

《云南民族调查备忘录》,史语所档案,档案号:元 183—13。

Articles of Agreement(1928 年 4 月 16 日),史语所档案,档案号:元 46—14。

S. M. Shirokogoroff, *Scheme of Ethnological Investigations*, March, 1928. 史语所档案,档案号:元 46—7。

S. M. Shirokogoroff to Fussenien, September, 5, 1928. 史语所档案,档案号:元 186—13。

S. M. Shirokogoroff, *Anthropological Investigation*, January, 4, 1929. 史语所档案,档案号:元 46—8。

S. M. Shirokogoroff, *Preliminary Report on The Investigation Work in Yunnan in July*—October, 1928. 史语所档案,档案号:元 46—5。

陈宗南:《陈宗南、汪敬熙致戴传贤函》(1928 年 10 月 3 日),史语所档案,档案号:元 186—8。

顾颉刚:《顾颉刚致戴传贤函》(1928 年 10 月 1 日),史语所档案,档案号:元 186—10。

华秀升:《华秀升致顾颉刚函》(1928 年 9 月 18 日),史语所档案,档案号:

元 186—1。

容肇祖：《容肇祖致函傅斯年》（1928 年 9 月 19 日），史语所档案，档案号：
　　元 186—5。

容肇祖：《容肇祖致函傅斯年》（1928 年 9 月 28 日），史语所档案，档案号：
　　元 186—3。

容肇祖：《云南种族及民俗调查报告书》，史语所档案，档案号：元 186—1。

容肇祖：《云南种族及民俗调查报告书》，史语所档案，档案号：元 187—1。

沈鹏飞：《沈鹏飞致傅斯年函》（1930 年 5 月 8 日），史语所档案，档案号：元
　　46—41。

杨成志：《杨成志致函傅孟真》，史语所档案，档案号：元 64—4。

杨成志：《杨成志致函傅斯年》（1930 年 7 月 20 日），傅斯年档案，档案号：
　　元 64—9。

五、史料与专书

1. 日记、回忆录、书札、学记

陈其津：《我的父亲陈序经》，广州：广东人民出版社，1999 年。

东莞市政协编：《容庚容肇祖学记》，广州：广东人民出版社，2004 年。

费孝通：《师承·补课·治学》，北京：三联书店，2002 年。

顾潮编：《顾颉刚日记》，台北：联经出版公司，2007 年。

广州岭南大学社会系部分学生编印：《纪念社会学家杨庆堃教授》，2005 年
　　3 月。

江晓林：《江应樑传》，桂林：广西师范大学出版社，2005 年。

马亮宽、李泉：《傅斯年传》，北京：红旗出版社，2009 年。

陶希圣：《潮流与点滴》，北京：中国大百科全书出版社，2009 年。

王汎森、潘光哲编：《傅斯年遗札》，台北：“中央研究院”历史语言研究所，
　　2011 年。

夏和顺：《全盘西化的台前幕后：陈序经传》，广州：广东人民出版社，
　　2010 年。

许烺光：《边缘人：许烺光回忆录》，台北：南天书局，1997 年。

郑潮波：《固守教坛：陈序经的人生之路》，海口：海南出版社，2008 年。

中国社会科学院近代史研究所编：《胡适来往书信选》，北京：中华书局，
　　1979 年。

2. 文集

白翠琴编：《罗致平文选》，广州：花城出版社，2004 年。

常君实编:《吴晗全集》,北京:中国人民大学出版社,2009 年。

陈传汉等编:《东方的觉醒:陈序经学术研讨会论文选集》,延边大学出版社,2000 年。

杜正胜、王汎森编:《新学术之路》,台北:"中央研究院"历史语言研究所,1998 年。

高平叔编:《蔡元培全集》,北京:中华书局,1988 年。

高增德编:《中国现代社会科学家大辞典》,太原:书海出版社,1994 年。

高增德等编:《世纪学人自述》,北京十月文艺出版社,2000 年。

耿云志主编:《胡适遗稿及秘藏书信》,合肥:黄山书社,1994 年。

顾颉刚:《顾颉刚全集》,北京:中华书局,2011 年。

顾颉刚:《顾颉刚日记》,台北:联经出版公司,2007 年。

贵州省民族研究所编:《民国年间苗族论文集》,贵阳,1983 年。

何国强编:《粤海虞衡册一秋:伍锐麟调查报告集》,香港:国际炎黄文化出版社,2005 年。

黄淑娉:《黄淑娉人类学民族学文集》,广州:中山大学出版社,2003 年。

黄夏年编:《朱谦之文集》,福州:福建教育出版社,2002 年。

江应樑:《江应樑民族研究文集》,北京:民族出版社,1992 年。

教育部教育年鉴编纂委员会编:《第二次中国教育年鉴》,上海:商务印书馆,1948 年。

李明瑞编:《岭南大学》,香港:岭南(大学)筹募发展委员会,1997 年。

梁钊韬:《梁钊韬民族学人类学研究文集》,北京:民族出版社,1994 年。

刘耀荃、李默编:《乳源瑶族调查报告》,广州:广东省社科院,1986 年。

刘昭瑞编:《杨成志文集》,广州:中山大学出版社,2004 年。

欧阳哲生主编:《傅斯年全集》,长沙:湖南教育出版社,2003 年。

瞿宣颖:《中国社会史料丛钞》,上海:商务印书馆,1937 年。

《世界华商经济年鉴》杂志社:《世界华商经济年鉴 2001—2002》,北京:《世界华商经济年鉴》杂志社,2003 年。

孙本文等编:《战时中国学术》,重庆:正中书局,1946 年。

陶云逵:《陶云逵民族研究文集》,北京:民族出版社,2012 年。

王春煜、庞业明编:《王兴瑞学术论文选》,北京:长征出版社,2007 年。

王聿均、孙斌合编:《朱家骅先生言论集》,台北:"中央研究院"近代史研究所,1977 年。

王钊宇总纂、岭南文化百科全书编纂委员会编:《岭南文化百科全书》,北京:中国大百科全书出版社,2006 年。

杨哲编：《钟敬文生平思想及著作》，石家庄：河北教育出版社，1991年。

叶春生等编：《典藏民俗学丛书》，哈尔滨：黑龙江人民出版社，2003年。

易汉文主编：《中山大学专家小传》，广州：中山大学出版社，2004年。

张磊主编：《冼夫人文化与当代中国——冼夫人文化研讨会论文集》，广州：
　　广东人民出版社，2002年。

中山大学人类学系、人类学博物馆编：《人类学论文选集》，广州：《中山大
　　学学报》编辑部，1994年。

中国人民政治协商会议电白县委员会文史资料研究委员会编：《文史撷英
　　第11辑·冼夫人资料研究专辑》，1992年。

中国人民政治协商会议广东省广州市委员会文史资料研究委员会编：《广
　　东文史资料》第13辑，1964年。

中国社会科学院考古研究所编：《夏鼐文集》，北京：社会科学文献出版社，
　　2000年。

中国社会科学院历史研究所、中山大学历史系合编：《纪念顾颉刚先生诞辰
　　110周年论文集》，北京：中华书局，2004年。

中山大学人类学系编：《梁钊韬与人类学》，广州：中山大学出版社，
　　1991年。

周大鸣主编：《杨成志人类学民族学文集》，北京：民族出版社，2003年。

3. 专书

博厄斯（Franz Boas）著，杨成志译：《人类学与现代生活》，上海：商务印书
　　馆，1945年。

岑家梧：《西南民族文化论丛》，岭南大学西南社会经济研究所甲集第七种，
　　广州，1949年。

曾昭抡：《大凉山夷区考察记》，昆明：求真出版社，1945年。

查·索·博尔尼（Charlotte Sophia Burne）著、杨成志译：《民族学问题格》，
　　广州，国立中山大学语言历史学研究所，1928年。

陈序经：《疍民的研究》，上海：商务印书馆，1936年。

陈序经：《南洋与中国》，岭南大学西南社会经济研究所专刊甲集第一种，广
　　州，1948年。

陈友康、罗家湘编著：《20世纪云南人文科学学术史稿》，昆明：云南人民出
　　版社，2003年。

戴裔煊：《干兰：西南中国原始住宅的研究》，岭南大学西南社会经济研究
　　所甲集第三种，广州，1948年。

董家遵：《中国收继婚之史的研究》，岭南大学西南社会经济研究所甲集第

八种,广州,1950年。

冯友兰:《冯友兰论人生》,北京:人民文学出版社,2012年。

傅衣凌:《福建佃农经济史丛考》,私立福建协和大学中国文化研究会,福州,1944年。

顾潮:《历劫终教志不灰:我的父亲顾颉刚》,上海:华东师范大学出版社,1997年。

顾定国(Gregory E. Guldin)著、胡鸿宝等译:《中国人类学逸史:从马林诺斯基到莫斯科到毛泽东》,北京:社会科学文献出版社,2000年。

郭声波:《四川历史农业地理》,成都:四川人民出版社,1993年。

怀亚特(Wyatt D. K.)著、郭继光译:《泰国史》,上海:东方出版社,2009年。

黄福庆:《近代中国高等教育研究:国立中山大学(1924—1927)》,台北:"中央研究院"近代史研究所,1988年。

黄淑聘、龚佩华:《文化人类学理论方法研究》,广州:广东高等教育出版社,1996年。

黄文山:《文化学及其在科学体系中的位置》,岭南大学社会经济研究所专刊乙集第一种,广州,1949年。

黄义祥:《中山大学史稿》,广州:中山大学出版社,1999年。

江绍原:《中国古代旅行之研究》,上海:商务印书馆,1935年。

江应樑:《摆夷的经济生活》,岭南大学西南社会经济研究所专刊甲集第五种,广州,1950年。

江应樑:《摆夷的生活文化》,上海:中华书局,1950年。

江应樑:《傣族史》,成都:四川民族出版社,1983年。

江应樑:《江应樑民族研究文集》,北京:民族出版社,1992年。

江应樑:《抗战中的西南民族问题》,重庆:中山文化教育馆,1938年。

江应樑:《凉山夷族的奴隶制度》,广州:珠海大学,1948年。

江应樑:《明代云南境内的土官与土司》,昆明:云南人民出版社,1958年。

江应樑:《西南边疆民族论丛》,广州:珠海大学,1948年。

江应樑著、江晓林笺注:《滇西摆夷之现实生活》,潞西:德宏民族出版社,2003年。

蒋介石:《中国之命运》,重庆:正中书局,1943年。

勒高夫(Jacques Le Goff)、诺拉(Pierre Nora)等主编,姚蒙编译:《新史学》,上海译文出版社,1989年。

李默:《韶州瑶人:粤北瑶族社会发展跟踪调查》,广州:中山大学出版社,2004年。

梁山、李坚：《中山大学校史(1924-1949)》,上海教育出版社,1983 年。

梁钊韬：《中国古代的巫术：宗教的起源和发展》,广州：中山大学出版社,
　　　1999 年。

梁钊韬：《中国民族学概论》,昆明：云南人民出版社,1985 年。

林惠祥：《文化人类学》,上海：商务印书馆,1934 年。

凌纯声：《松花江下游的赫哲族》,南京：中央研究院历史语言研究所,
　　　1934 年。

罗香林：《百越源流与文化》,台北：正中书局,1955 年。

马乘风：《中国经济史》,上海：商务印书馆,1935 年。

庞新民：《两广瑶山调查》,上海：中华书局,1935 年。

桑兵：《晚清民国的国学研究》,上海古籍出版社,2001 年。

施爱东：《倡立一门新学科：中国现代民俗学的鼓吹、经营与中落》,北京：
　　　中国社会科学出版社,2011 年。

施耐德(Axel Schneider),关山等译：《真理与历史：傅斯年、陈寅恪的史学
　　　思想与民族认同》,北京：社会科学文献出版社,2008 年。

史禄国(S. M. Shirogoroff) 著,吴有刚、赵复兴等译：《北方通古斯的社会组
　　　织》,呼和浩特：内蒙古人民出版社,1984 年。

苏同炳：《手植桢楠已成荫：傅斯年与中研院史语所》,台北：学生书局,
　　　2012 年。

孙中山：《民族主义》,上海：明智书局,1926 年。

王汎森：《傅斯年：中国近代历史和政治中的个体生命》,北京：三联书店,
　　　2012 年。

王建民：《中国民族学史》,昆明：云南教育出版社,1997 年。

王明珂：《华夏边缘：历史记忆与族群认同》,杭州：浙江人民出版社,
　　　2013 年。

王铭铭：《什么是人类学》,北京大学出版社,2002 年。

王文宝：《中国民俗学发展史》,沈阳：辽宁大学出版社,1987 年。

王兴瑞：《海南岛之苗人》,广州：珠海大学,1948 年。

王兴瑞：《冼夫人与冯氏家族：隋唐间广东南部地区社会历史的初步研
　　　究》,北京：中华书局,1984 年。

伍锐麟：《三水疍民调查》,岭南大学西南社会经济研究所专刊甲集第二种,
　　　广州,1948 年。

严耕望：《治史三书》,沈阳：辽宁教育出版社,1998 年。

阎明：《一个学科与一个时代：社会学在中国》,北京：清华大学出版社,

2004 年。

杨成志：《广东人民与文化》，广州：中山大学研究院文科研究所，1943 年。

杨成志：《云南民族调查报告》，广州：中山大学语言历史学研究所，1930 年。

尤金. N. 科恩等著，李富强译：《文化人类学基础》，北京：中国民间文艺出版社，1987 年。

吴泽霖、陈国钧等著：《贵州苗夷社会研究》，贵阳：贵州文通书局，1942 年。

直江广治著，林怀卿译：《中国民俗学》，台南：世一书局，1980 年。

钟敬文：《疍歌》，上海：开明书店，1927 年。

钟敬文：《民间文艺丛话》，广州：中山大学语言历史学研究所，1928 年。

六、论　文

滨下武志：《漫论华南研究和资料中心的设立》，《华南研究资料中心通讯》1995 年第 1 期。

陈春声：《中国社会史研究必须重视田野调查》，《历史研究》1993 年第 2 期。

陈春声：《走向历史现场》，《读书》2006 年第 9 期。

何国强：《析中国民族学北派和南派的学术倾向：以吴文藻、杨成志为例》，《思想战线》2005 年第 5 期。

胡逢祥：《"科学方法"输入后的中国现代史学之走向》，《学术月刊》2008 年第 3 期。

黄国信、温春来、吴滔：《历史人类学与近代区域社会史研究》，《近代史研究》2006 年第 5 期。

黄克武：《民族主义的再发现：抗战时期中国朝野对"中华民族"的讨论》，《近代史研究》2016 年第 4 期。

黄天华：《民族意识与国家观念：抗战前后关于"中华民族是一个"的论争》，《"1940 年代的中国"国际学术会议论文集》，2007 年 8 月。

江应樑：《论人类学与民族史研究的结合》，《思想战线》1983 年第 2 期。

李大龙：《对中华民族（国民）凝聚轨迹的理论解读：从梁启超、顾颉刚到费孝通》，《思想战线》2017 年第 3 期。

李绍明、王利平等：《20 世纪上半叶的中国边疆和边政研究：李绍明先生访谈录》，《西南民族大学学报》2009 年第 12 期。

刘小云：《20 世纪前半期杨成志西南民族研究述论》，《学术研究》2008 年第 5 期。

刘小云:《知行两相难:史禄国云南调查事件探析》,《学术探索》2007 年第
　　4 期。

娄贵品:《"西南研究"与中国边疆学构筑:以〈国立中山大学文学院边疆学
　　系组织计划纲要〉为中心的考察》,《思想战线》2011 年第 2 期。

马戎:《如何认识"民族"和"中华民族":回顾 1939 年关于"中华民族是一
　　个"的讨论》,《中南民族大学学报》2012 年第 5 期。

梅方权:《史禄国与中山大学人类学》,《中山大学研究生学刊》2002 年第
　　4 期。

彭华:《陈寅恪"种族与文化观"辨微》,《历史研究》2000 年第 1 期。

容观夐:《中山大学人类学教学和研究述略》,《广西民族学院学报》2001 年
　　第 5 期。

桑兵:《从眼光向下回到历史现场:社会人类学对近代中国史学的影响》,
　　《中国社会科学》2005 年第 1 期。

施爱东:《早期民俗学者的田野考察及其方法探索》,《西北民族研究》2006
　　年第 1 期。

施爱东:《中山大学民俗学会与早期西南民族调查》,《文化遗产》2008 年第
　　3 期。

汪洪亮:《民国时期的边政研究与民族学:从杨成志的一篇旧文说起》,《民
　　族研究》2011 年第 4 期。

王会均:《海南人类学家王兴瑞生平与著作》,《广东文献季刊》2000 年第
　　4 期。

王连浩、陈勇:《抗战时期国民政府及知识界对大泰族主义之回应》,《南京
　　大学学报》2012 年第 3 期。

萧凤霞、刘志伟:《宗族、市场、盗寇与疍民:明以后珠江三角洲的族群与社
　　会》,《中国社会经济史研究》2004 年第 3 期。

薛宝:《〈滇西摆夷的现实生活〉笺注及〈滇西土司区诸族图说〉简介》,《云
　　南民族大学学报》2010 年第 1 期。

张轲风:《历史时期"西南"区域观及其范围演变》,《云南师范大学学报》
　　2010 年第 5 期。

张寿祺、曾昭璇:《哲人已逝,业绩长留:记梁钊韬教授生前在学术上的贡
　　献》,《广州研究》1988 年第 10 期。

赵世瑜:《从中国的视角看华南研究》,《华南研究资料中心通讯》1999 年第
　　14 期。

赵世瑜:《历史人类学:在学科与非学科之间》,《历史研究》2004 年第 4 期。

周大鸣:《中山大学人类学系与中国人类学的发展》,《中山大学学报》2009
  年第 6 期。

周文玖、张锦鹏:《关于"中华民族是一个"学术论辩的考察》,《民族研究》
  2007 年第 3 期。

周文玖:《从"一个"到"多元一体":关于中国民族理论发展的史学史考
  察》,《北京大学学报》2007 年第 4 期。

七、英 文 文 献

B. Laufer, Review: Social Organization of the Manchus, A Study of the Manchu
  Clan Organization, *American Anthropologist*, New Series, Vol. 26,
  No. 4. , 1924.

C. W. Bishop, Review: Anthropology of China, *Geographical Review*, Vol. 18,
  No. 2, 1928.

I. A. Lopatin, Review: Social Organization of the Northern Tungus with
  Introductory Chapters concerning Geographical Distribution and History of
  These Groups, *American Anthropologist*, New Series, Vol. 33, No. 4. 1931.

INOUE Kōichi, Introductiory Notes, *Asian Folklore Studies*, Vol. 50,
  No. 1, 1991.

L. C. Hopkins, Review: Social Organization of the Manchus, *Journal of the
  Royal Asiatic Society of Great Britain and Ireland*, No. 4, 1925.

L. H. D. B., Review: Anthropology of Eastern China and Kwngtung Province,
  Man, Vol. 27, Jan., 1927.

Leslie Spier, Review: Growth of Chinese, *American Anthropologist*, New Series,
  Vol. 27, No. 3, 1925.

Leslie Spier, Review: Progress of Physical Growth among the Chinese, Volume
  I: The Chinese of Chekiang and Kiangsu, *American Anthropologist*, New
  Series, Vol. 29, No. 1, 1927.

M. Kryukov, The Academic Style of the Institute of History and Philology and
  S. M. Shirokogoroff,杜正胜、王汎森主编:《新学术之路》,台北:"中央
  研究院"历史语言研究所,1999 年。

P. Pelliot, Social Organization of the Northern Tungus, with Introductory
  Chapters concerning Geographical Distribution and History of These
  Groups, *T'oung Pao*, Second Series, Vol. 28, No. 1/2, 1931.

S. M. Shirokogoroff, *Anthropology of Eastern China and Kwangtung Province*,

Shanghai: The Commercial Press, 1925.

S. M. Shirokogoroff, *Ethnical Uint and Milieu*, Shanghai: Edward Evans and Sons, 1924.

S. M. Shirokogoroff, *Process of Physical Growth Among the Chinese. Vol. 1. — The Chinese of Chinese of Chekiang and Kiangsu*, Shanghai: The Commercial Press, 1925.

S. M. Shirokogoroff, Ethnographic Investigation of China, *Folklore Studies*, Vol. 1, 1942.

The South West Social and Economics Institute Lingnan University: A Review its Activities , May, 1949, Canton, China.

Young Ching -Chi, Introduction to the Report of An Ethnographical Investigation of Yao People,《民俗·广东北江瑶人调查报告专号》1937 年第 1 卷第 3 期。

后　记

　　我对中国西南研究的关注始于硕士研究生阶段，其后十年，又展开了一些专题研究，最终形成了今天的样子。十年的时间，见证了一个史学门外汉在学术道路上的点点滴滴。今天回头来看，这本小书不是我满意的作品，甚至有诚惶诚恐、如履薄冰之感。然而，这毕竟是学步之作，此刻呈现出来，也是对众多师友扶持与鼓励的一次学业汇报。

　　在研究生与博士后阶段，我先后进入华东师范大学和南开大学两座史学史研究重镇学习，深以为幸！华东师大在中国近现代史学领域积淀深厚；南开大学则在中国古代史学方面成就突出。在求学期间，两位导师胡逢祥先生、乔治忠先生充分尊重我的个性与兴趣，如果没有他们的理解、宽容与帮助，就不会有这部小书的付梓。

　　工作以来，我进入了一个充满活力的学术团队。大家彼此没有恭维，鲜有违心的肯定，身处其中，我所收获的大多是同仁在教学、科研方面不留情面的批评，这也是我不断前行的动力，对此，我心存感恩。

　　书稿获得国家社科基金后期资助项目的立项，特别感谢上海古籍出版社副总编吕瑞锋先生的大力支持，责编盛洁老师为拙稿出版付出甚多，于此一并致谢。

　　由于个人在人类学、民族学方面的学养不足，对于书中某些问题的处理，或存在不足不当之处，真诚期待同行的批评。

王　传

戊戌年霜降于樱桃河畔

图书在版编目(CIP)数据

民国时期广东学人与中国西南研究 / 王传著. —上
海:上海古籍出版社,2018.11
ISBN 978-7-5325-8950-0

Ⅰ.①民… Ⅱ.①王… Ⅲ.①文化史—研究—西南地
区—民国 Ⅳ.①K297

中国版本图书馆 CIP 数据核字(2018)第 172009 号

国家社科基金后期资助项目

民国时期广东学人与中国西南研究
王 传 著
上海古籍出版社出版发行
(上海瑞金二路 272 号 邮政编码 200020)
(1)网址:www.guji.com.cn
(2)E-mail:guji1@guji.com.cn
(3)易文网网址:www.ewen.co
上海商务联西印刷有限公司印刷
开本 700×1000 1/16 印张 15 插页 2 字数 262,000
2018 年 11 月第 1 版 2018 年 11 月第 1 次印刷
ISBN 978-7-5325-8950-0
K·2530 定价:68.00 元
如有质量问题,请与承印公司联系